Start mit dem Computer

Bild für Bild

Start mit dem Computer

Sehen und Können

CAROLINE BUTZ

Markt+Technik

Bibliografische Information der Deutschen Bibliothek
Die Deutsche Bibliothek verzeichnet diese Publikation in der Deutschen Nationalbibliografie; detaillierte bibliografische Daten sind im Internet über http://dnb.ddb.de abrufbar.

Umwelthinweis:
Dieses Buch wurde auf chlorfrei gebleichtem Papier gedruckt.

10 9 8 7 6 5 4 3 2 1

09 08 07

ISBN 978-3-8272-4146-7

Umschlaggestaltung: Marco Lindenbeck, webwo GmbH, mlindenbeck@webwo.de
Lektorat: Birgit Ellissen, bellissen@pearson.de
Korrektorat: Claudia Mantel-Rehbach
Herstellung: Martha Kürzl-Harrison, mkuerzl@pearson.de
Satz: Caroline Butz, www.carobutz.de
Druck und Verarbeitung: MediaPrint, Paderborn
Printed in Germany

Liebe Leserin, lieber Leser,

einen leichten und verständlichen Einstieg bietet Ihnen dieses Buch in die „Computerei". Bild für Bild finden Sie Anleitungen, zum Beispiel zu den Themen: „Zusammenstöpseln" Ihres Computers, Umgang mit Windows, Sichern Ihrer Arbeit, Ordnen Ihrer Dateien und Ordner, Briefe schreiben, Internetverbindung einrichten, kostenlose E-Mail-Adresse einrichten, E-Mails versenden und empfangen, PDF kostenlos erstellen, Musik auf MP3-Player hören und Fotos bearbeiten.

Die hier eingesetzten Programme sind gängige Produkte, die Sie sowieso auf Ihrem Computer finden, oder sogenannte Freeware und Shareware (meist kostenlose Programme), die Sie sich jederzeit aus dem Internet holen können. Zum Ausprobieren erhalten Sie alles kostenlos.

Also dann, packen Sie's an! Viel Spaß beim Durcharbeiten dieses Buches.

Ihre Autorin
Caroline Butz

Inhaltsverzeichnis

5 Das A und O: Meine Arbeit speichern 57

6 Geschickte Dateiablage: Wie schaffe ich Ordnung? 71

7 Schnell mal einen Brief schreiben 89

1

Tastatur und Maus voll im Griff

Start

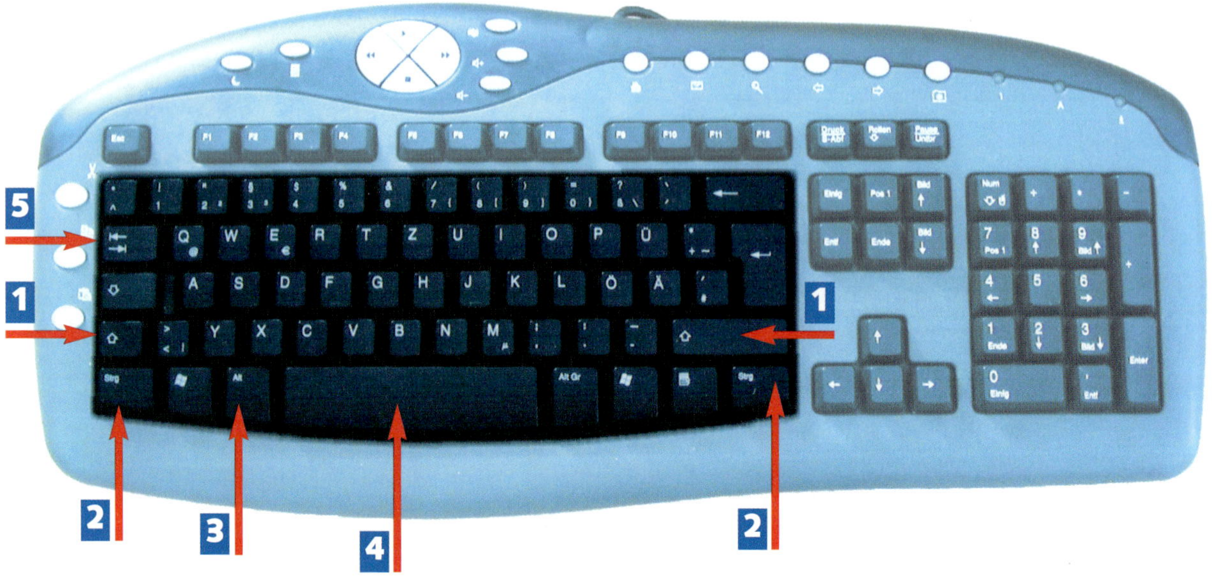

1 Die [⇧]-Taste (Umschalttaste) drücken Sie, wenn Sie einen Großbuchstaben erzeugen möchten. Diese Taste finden Sie zweimal auf der Tastatur (links und rechts).

2 Die [Strg]-Taste (Steuerungstaste) wird in der Regel in Kombination mit einer anderen Taste oder der Maus gedrückt.

3 Ebenso wird die [Alt]-Taste in Kombination mit einer weiteren Taste oder der Maus bedient.

4 Mit der [ ]-Taste (Leertaste) erzeugen Sie ein Leerzeichen.

5 In Dialogfeldern hüpfen Sie mit der [⇆]-Taste (Tabtaste) von einem Eingabefeld und von einer Option zur nächsten.

Das Tastenfeld, das im Prinzip genauso aussieht wie auf der Schreibmaschine, bedienen Sie auch so. Einfach eine Taste drücken, und schon erscheint auf dem Bildschirm der entsprechende Buchstabe bzw. die entsprechende Ziffer. Im Unterschied zur Schreibmaschine hat die Computertastatur einige zusätzliche Tasten mit besonderen Funktionen.

WISSEN

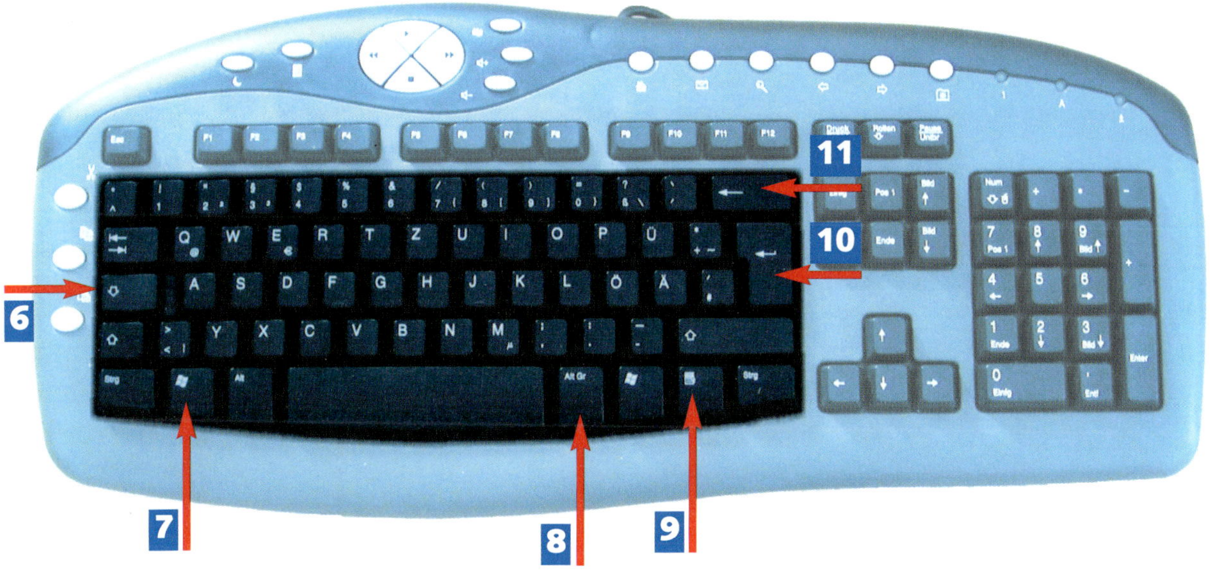

6 Mit der ⇩-Taste (Feststelltaste) lässt sich die Großschreibung fixieren. Sie muss mit einem erneuten Drücken wieder gelöst werden.

7 Über die [Windows]-Taste rufen Sie das Start-Menü von Windows auf. Das lässt sich natürlich auch über einen linken Mausklick auf *Start* öffnen.

8 Die Tastenkombination AltGr+E ermöglicht Ihnen, das Euro-Zeichen über die Tastatur einzugeben.

9 Die abgebildete Taste finden Sie auf neueren Tastaturen. Sie ruft das sogenannte Kontextmenü auf (entspricht dem rechten Mausklick).

10 Um beim Schreiben einen neuen Absatz zu erzeugen oder die Eingaben eines geöffneten Dialogfelds zu bestätigen, drücken Sie die ↵-Taste (Eingabetaste).

11 Mit der ⇦-Taste (Rücklöschtaste) lässt sich Text in Pfeilrichtung löschen. Ende

Das Kontextmenü lässt sich nicht nur über die abgebildete Taste 9 (Windows-Taste) aufrufen, sondern ebenso über einen rechten Mausklick.

HINWEIS

Wenn Sie mit der rechten Maustaste auf ein Element klicken, erscheint das **Kontextmenü**. Je nachdem, worauf Sie klicken, erscheinen darin unterschiedliche Befehle.

FACHWORT

Auf einer englischen Tastatur finden Sie statt der Strg-Taste die Ctrl-Taste (Control) vor. Sie hat aber die gleiche Funktion wie die Strg-Taste.

HINWEIS

Start

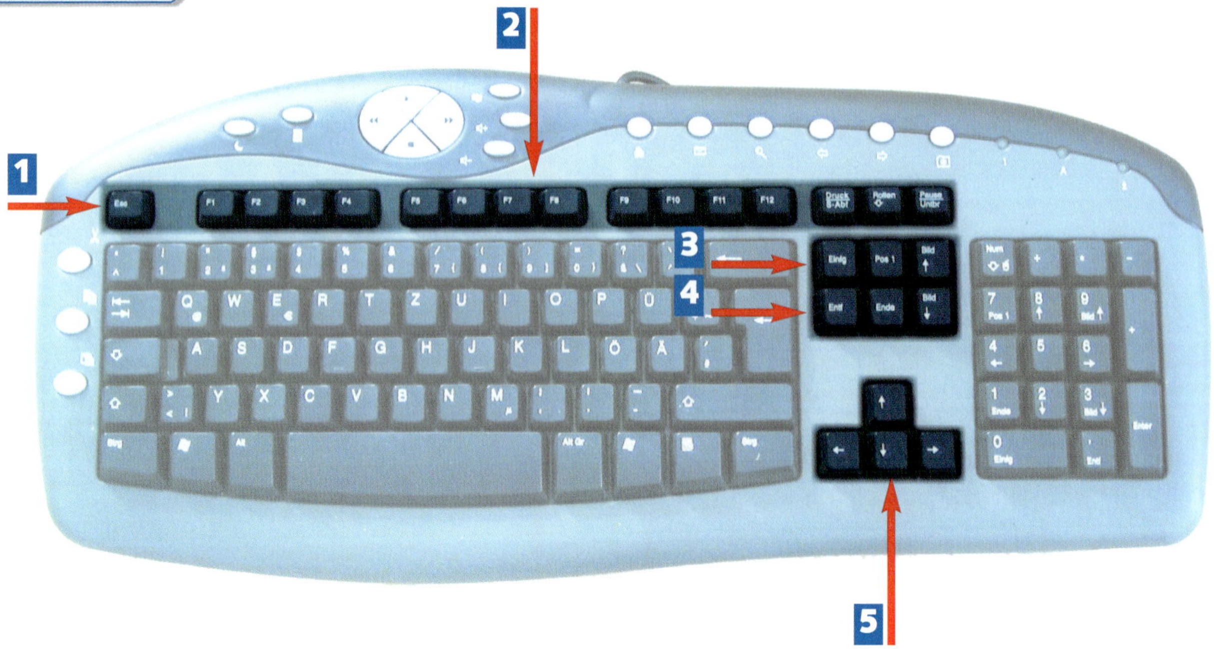

1. Mit der Esc-Taste (Escape-Taste) können Sie Befehle abbrechen, beispielsweise ein geöffnetes Dialogfeld schließen, ohne die darin vorgenommenen Eingaben zu übernehmen.
2. Die Funktionstasten F1 bis F12 erfüllen ganz spezielle Aufgaben bei der Computerbedienung. Beispielsweise ruft die F1-Taste die Hilfe auf.
3. Beim Tippen überschreiben Sie Text, wenn vorher die Einfg-Taste gedrückt wurde. Mit einem erneuten Drücken schalten Sie diesen Modus wieder aus.
4. Im Text löscht die Entf-Taste den Text rechts neben dem blinkenden Cursor. Ansonsten werden markierter Text bzw. andere markierte Elemente (z.B. Bilder) gelöscht.
5. Mit den Richtungstasten, auch Cursortasten genannt, bewegen Sie den Cursor in Pfeilrichtung nach links, rechts, oben oder unten.

Einige Tasten funktionieren nur in Kombination mit einer weiteren Taste, wie zum Beispiel die ⇧-Taste. Halten Sie die ⇧-Taste gedrückt und drücken Sie zusätzlich einen Buchstaben, um einen Großbuchstaben zu erzeugen.

WISSEN

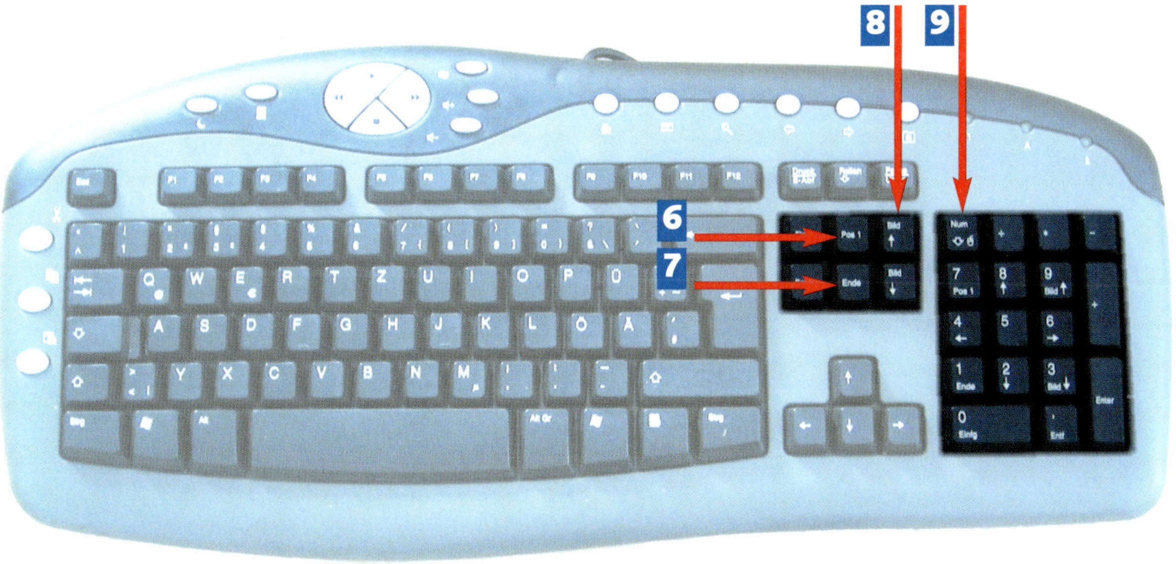

6 Mit der Taste Pos 1 springen Sie im Text an den Zeilenanfang.

7 Drücken Sie die Ende-Taste, um den Cursor an das Zeilenende zu bewegen.

8 Mit den beiden Tasten Bild ↑ und Bild ↓ bewegen Sie den Bildschirmausschnitt nach oben bzw. nach unten.

9 Die Num-Taste schaltet das numerische Tastenfeld ein oder aus. Wenn es aktiv ist, leuchtet oberhalb ein Lämpchen und Sie können die gewünschten Ziffern eingeben.

Ende

Das numerische Tastenfeld auf der Tastatur ist sehr praktisch, wenn Sie viele Zahlen eingeben und Rechenoperationen ausführen müssen.

TIPP

Beim Schreiben eines Textes erscheint nicht der gewohnte Mauszeiger, sondern ein vertikaler „Strich". Die genaue Bezeichnung dafür lautet **Cursor.**

FACHWORT

Wenn Sie das numerische Tastenfeld ausschalten, schreiben Sie keine Zahlen mehr. Das Pfeilsymbol unter der Zahl ist jetzt aktiv und Sie bewegen sich durch das Dokument.

HINWEIS

Start

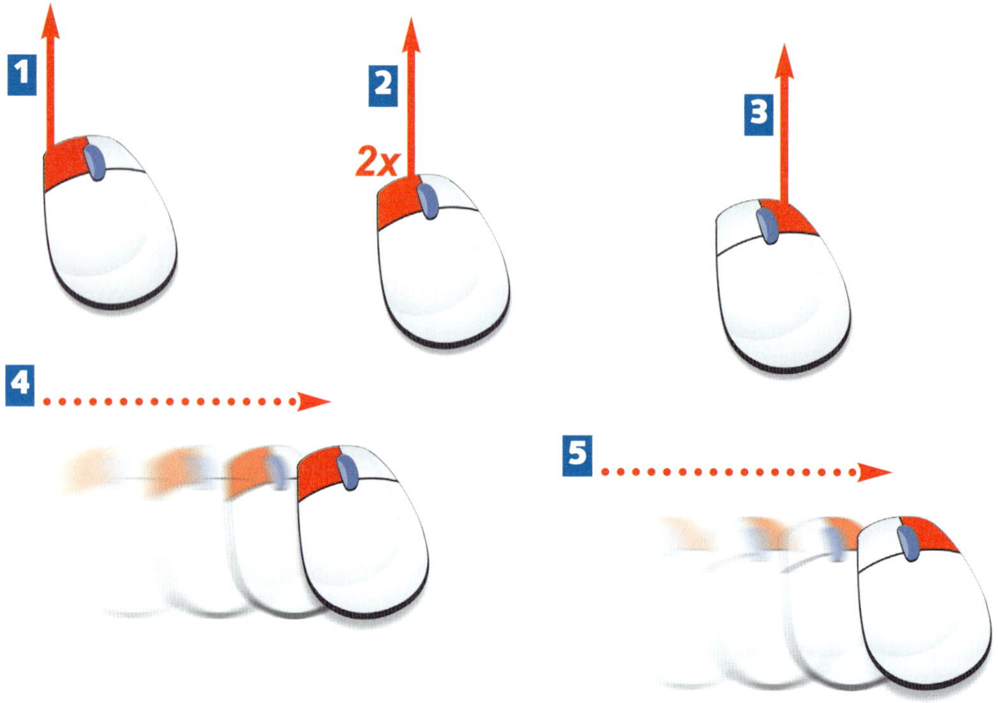

1 Wenn Sie dieses Symbol in diesem Buch sehen, heißt das: einmal kurz auf die linke Maustaste drücken. Im Text lesen Sie dann: „Klicken Sie mit der linken Maustaste ...“.

2 Wenn Sie Folgendes lesen: „Doppelklicken Sie ...“, bedeutet das, dass Sie zweimal kurz hintereinander die linke Maustaste drücken.

3 „Klicken Sie mit der rechten Maustaste“ bedeutet, dass Sie kurz die rechte Maustaste drücken.

4 „Ziehen Sie mit gedrückter linker Maustaste ....“ heißt, dass Sie mit gedrückter linker Maustaste die Maus und ein markiertes Element bewegen.

5 Das Gleiche gilt für die rechte Maustaste. Sie lesen dann im Text: „Ziehen Sie mit gedrückter rechter Maustaste ...“.

Um dem Computer bestimmte Dinge verständlich zu machen, benötigen Sie nicht nur die Tastatur zur Eingabe, sondern zusätzlich noch die Maus. Mit ihrer Hilfe können Sie unterschiedliche Elemente anfassen und an einer anderen Stelle ablegen oder zum Beispiel auf eine Schaltfläche wie *OK* klicken.

WISSEN

6

7

6 Ein etwas älteres Notebook, bei dem aber die Maus schon durch ein sogenanntes Touchpad ersetzt ist.

7 Und hier ein sehr modernes Notebook, ebenfalls mit Touchpad. Wenn Sie den Zeigefinger auf das Touchpad legen und ihn bewegen, bewegt sich der Mauszeiger auf dem Bildschirm entsprechend. Über, unter oder rechts und links neben dem Touchpad (je nach Notebook-Hersteller) ist die linke und die rechte Maustaste versteckt. Ein kurzes Drücken auf die Tasten führt den linken bzw. rechten Mausklick aus.

Ende

TIPP

Wenn Sie mit dem Touchpad Ihres Notebooks nicht zurechtkommen, schließen Sie doch einfach eine „normale" Maus an. Das klappt auf alle Fälle.

FACHWORT

Ein **Touchpad** ist eine sensible Fläche, auf der Sie mit den Fingern den Mauszeiger bzw. den Cursor auf dem Bildschirm bewegen.

HINWEIS

Klicken und Ziehen funktionieren am Notebook genauso wie mit der „normalen" Maus: Maustaste drücken und mit der anderen Hand das Touchpad oder die Kugel bedienen.

Start

Markieren mit der Maus

Die Maus befindet sich im Text (Textcursor)

2 x klicken	Markiert ein Wort
3 x klicken	Markiert einen Absatz

Die Maus in Kombination mit einer gedrückten Taste

1 x klicken + [Strg]	Markiert einen Satz

Die Maus befindet sich links neben dem Text (Mauszeiger)

1 x klicken	Markiert eine Zeile
2 x klicken	Markiert einen Absatz
3 x klicken	Markiert das gesamte Dokument

Die Maus in Kombination mit einer gedrückten Taste

1 x klicken + [Strg]	Markiert das gesamte Dokument

Textcursor

Mauszeiger

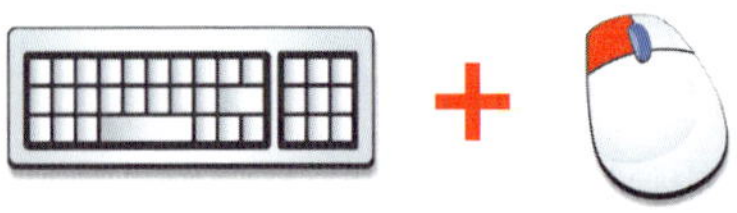

Text korrigieren

[←]	Zeichen links neben dem Textcursor löschen
[Strg] + [←]	Wort links neben dem Textcursor löschen
[Entf]	Zeichen rechts neben dem Textcursor löschen
[Strg] + [Entf]	Wort rechts neben dem Textcursor löschen
[Strg] + [X]	Markierten Text ausschneiden
[Strg] + [C]	Markierten Text kopieren
[Strg] + [V]	Ausgeschnittenen oder kopierten Text einfügen

Gemeinsam einsetzen: Maus und Tastatur. Drücken Sie dazu die Taste auf der Tastatur und gleichzeitig die linke Maustaste. Achten Sie dabei darauf, wie Ihr Mauszeiger aussieht: Sehen Sie ihn als „Strich“, ist es der Textcursor, und als „Pfeil“ ist es der Mauszeiger. Je nach Aussehen erfolgt die entsprechende Aktion.

WISSEN

Markieren mit der Tastatur

⇧ + →	Zeichen rechts neben dem Textcursor markieren
⇧ + ←	Zeichen links neben dem Textcursor markieren
Strg + ⇧ + →	Wort rechts neben dem Textcursor markieren
Strg + ⇧ + ←	Wort links neben dem Textcursor markieren

Absatz formatieren (gestalten)

Strg + L	Absatz linksbündig ausrichten
Strg + R	Absatz rechtsbündig ausrichten
Strg + E	Absatz zentrieren
Strg + B	Blocksatz für den Absatz wählen
Strg + Q	Absatzformatierungen auf die Standardformatierung zurücksetzen

Zeichen formatieren (gestalten)

Strg + ⇧ + F	Markierten Text **fett** auszeichnen
Strg + ⇧ + K	Markierten Text *kursiv* formatieren
Strg + ⇧ + U	Markierten Text unterstreichen
⇧ + F3	Zwischen Groß- und Kleinschreibung hin- und herschalten
Strg + Leertaste	Markierten Text auf die Standardformatierung zurücksetzen

Ende

Viele der Tastenkombinationen, die Sie hier finden, gelten übrigens auch für andere Office-Programme, wie z.B. Excel und PowerPoint. Deshalb finden Sie diese Übersicht schon am Beginn dieses Buchs. Weitere Informationen speziell zu Word lesen Sie in Kapitel 7 „Schnell mal einen Brief schreiben“.

HINWEIS

2

Quelle: hp

Was ist alles drin & dran am Computer?

Aus welchen Teilen besteht der Computer?

Start

1

3

2

1 Der Bildschirm (oder auch Monitor genannt) des Computers. Hier ein herkömmlicher (alter) Röhrenbildschirm.

2 Als qualitativ besser und strahlungsärmer gelten die Flachbildschirme. Inzwischen sind sie zu erschwinglichen Preisen erhältlich.

3 Und natürlich darf der Computer selbst nicht fehlen. Im Gehäuse befinden sich alle wichtigen „Innereien“, wie zum Beispiel die Festplatte.

Der Computer hat sich in den letzten Jahren enorm weiterentwickelt: von der besseren Schreibmaschine bis hin zum „Filmschneidegerät“. Briefe schreiben, Musik hören, Computerspiele spielen, Filme schneiden und vertonen, im Internet surfen, große Datenmengen verwalten, Webseiten erstellen – all das ist kein Problem mehr!

WISSEN

4

5

6

4 Bei der modernen Computertastatur geben Sie sämtliche Daten wie beispielsweise Text und Zahlen über die Tastatur ein.

5 Mit der Maus könen Sie die Programme auf einem Computer bedienen, Elemente auf dem Bildschirm verschieben und sich durch die Ordnerstruktur klicken.

6 Wer am Computer Musik hören möchte, der braucht Lautsprecher. In Flachbildschirmen sind die Lautsprecher bereits integriert.

Ende

Investieren Sie beim Kauf einer Maus ein paar „Mäuse" mehr und entscheiden Sie sich für eine optische Maus.

TIPP

Flachbildschirme (TFT) stellen ihr Bild über eine LCD-Anzeige dar. Die „alten" Monitore (CRT) funktionieren über eine Bildschirmröhre.

FACHWORT

Optische Mäuse nehmen die Bewegungen über ein Licht auf und verschmutzen nicht so schnell wie Mäuse, die auf einer Kugel gelagert sind.

FACHWORT

Start

1

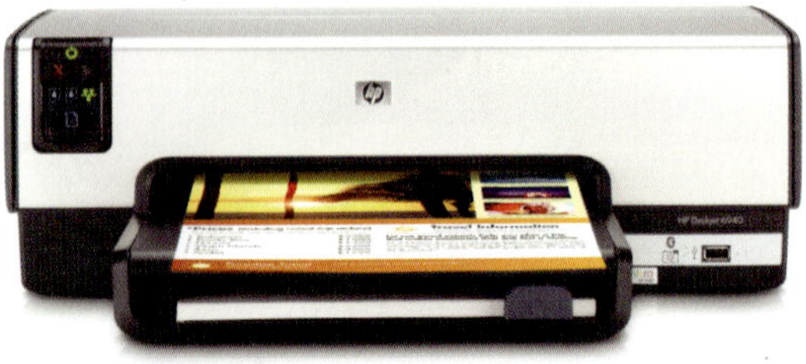

Quelle: hp

3

Quelle: Canon

2

Quelle: hp

1 Ganz klar, der Drucker darf nicht fehlen! Schließlich möchten Sie Ihre Werke ja ausdrucken und zu Papier bringen.

2 Möchten Sie beispielsweise einen Zeitungsartikel auf Ihrem Computer speichern, dann lassen sich die Daten mithilfe des Scanners auf Ihren Computer übertragen.

3 Digitale Kameras: Keine teuren Abzüge sind mehr nötig. Die Fotos werden erst auf einem Speichermedium der Kamera und anschließend auf dem Computer gespeichert.

Drucker, Scanner, Kamera usw. verbinden Sie mit Ihrem Computer immer über ein Kabel. In der Regel sind die Kabel im Lieferumfang des entsprechenden Geräts enthalten. Je teurer der Computer, um so mehr Anschlussmöglichkeiten finden Sie für Ihre externen Geräte.

WISSEN

4

Quelle: Sony

6

5

4 Wer Spaß daran hat, seine Filme später auf dem Computer zu schneiden, kann sie ohne Weiteres von einer Videokamera auf den Computer übertragen.

5 Spielefanatiker schließen zusätzlich zur Maus einen so genannten Joystick an den Computer an. Damit steuern sie den Mauszeiger viel schneller und treffen sicherer ins Ziel.

6 Handys und PDAs lassen sich ebenfalls an den Computer anschließen, beispielsweise um die eingetragenen Termine zu synchronisieren.

Ende

TIPP

Brauchen Sie ein Verbindungskabel für den Anschluss eines externen Geräts an den Computer, dann nehmen Sie das Gerät zum Kabelkauf auf jeden Fall mit.

FACHWORT

Ein **PDA** (Personal Digital Assistant) ist ein kleiner Computer, der für Kalender-, Adress- und Aufgabenverwaltung benutzt wird.

FACHWORT

Synchronisieren bedeutet Daten vergleichen, zum Beispiel zwischen Handy und Computer: Die aktuellsten Termine werden auf das Handy bzw. den Computer übertragen.

Start

1

2

3

1 Schon lange kein Geheimnis mehr: die Festplatte, hier im geöffneten Zustand. Alle Daten, die Sie im Laufe der Zeit produzieren, speichert der Computer auf der Festplatte.

2 Auf der Hauptplatine stecken unterschiedliche Karten, zum Beispiel die Grafikkarte, die Soundkarte oder die ISDN-Karte.

3 Die Geschwindigkeit des Prozessors (Taktfrequenz) wird in Megahertz (MHz) angegeben. Je höher die Taktfrequenz, umso leistungsstärker ist Ihr Computer und umso schneller werden Programme ausgeführt.

Die Hauptplatinen der Computer werden immer „schlauer". Manche Hauptplatinen integrieren beispielsweise schon eine Soundkarte oder ein Modem. Das heißt, diese Karten müssen nicht mehr extra auf der Hauptplatine angebracht werden.

WISSEN

4

Quelle: DELL

5

6

Quelle: Microsoft

4 Immer wieder spannend: das Innenleben eines Computers.

5 Nahezu in jedem neuen Computer finden Sie inzwischen ein DVD-Laufwerk. Damit lassen sich DVD-Spielfilme anschauen, die Sie sich in einer Videothek ausleihen oder im Handel kaufen können.

6 Programme (Software) ermöglichen erst das Arbeiten am Computer, wie zum Beispiel Texte erfassen und bearbeiten. Es gibt also für jeden Zweck das richtige Programm.

Ende

Die **Soundkarte** produziert Sound und Musik. Über eine **ISDN-Karte** finden Sie Anschluss zum Internet. Und eine **Grafikkarte** stellt die Bilder auf dem Monitor dar.

FACHWORT

In neuen Computern finden Sie keine Diskettenlaufwerke mehr. Ihre Speicherkapazität entspricht nicht mehr den heutigen Anforderungen.

HINWEIS

Als **Hardware** bezeichnet man alle festen Bauteile des Computers, alles, was Sie anfassen können. Die Tastatur und der Drucker gehören übrigens auch dazu.

FACHWORT

Start

1

Quelle: DELL

2

Checkliste

Was nicht fehlen darf!

- ☑ Windows Vista sollte vorinstalliert sein.
- ☑ Der Arbeitsspeicher (RAM) sollte mindestens 1 GByte betragen.
- ☑ Die Leistungsstärke des Prozessors sollte bei mindestens 1 GHertz liegen.
- ☑ Ein eingebautes DVD-Laufwerk bzw. ein DVD-Brenner gehören auch dazu.
- ☑ Maus, Tastatur und Bildschirm sollten im Preis enthalten sein.
- ☑ Achten Sie darauf, dass ein 17-Zoll-Monitor dabei ist.
- ☑ Als Software sollte Word oder Works mitgeliefert werden.
- ☑ Und, ganz wichtig, eine Virensoftware darf auch nicht fehlen!

1 Kaufen Sie sich als Einsteiger ein komplettes System: den Rechner plus Maus, Tastatur und Bildschirm. Die Komponenten sind dann schon aufeinander abgestimmt.

2 Achten Sie beim Kauf auf die Komponenten, die Sie in der Checkliste finden. Und prüfen Sie Super-Billig-Angebote genau!

Super-Billig-Angebote sind auf den ersten Blick immer verlockend. Leider wird hier gerne getrickst, um den Käufer zu fangen. So ist z. B. die Maus im Lieferumfang nicht dabei, die Tastatur ebenfalls nicht, und der Bildschirm sowieso nicht. Rechnet man all die Teile dazu, ist das Super-Billig-Angebot gar nicht mehr so billig.

WISSEN

3

Quelle: Sony

4

Quelle: hp

3 Notebooks können aufgrund ihrer kompakten Bauweise nur schwer aufgerüstet werden. Achten Sie dashalb darauf, dass die eingebauten Komponenten den aktuellen Standard leicht übersteigen. Das Notebook veraltet sonst sehr schnell.

4 Drucker gibt's auch schon ganz billige. Sie sollten aber wissen: Je billiger der Drucker, umso größer der Rand, der vom Drucker nicht bedruckt werden kann (hier: ein moderner Laserdrucker).

Ende

Testen Sie im Laden den Drucker, mit dem Sie liebäugeln. Lassen Sie sich ruhig mal ein paar Seiten ausdrucken.

TIPP

Einen Computer **aufrüsten** bedeutet, nach einiger Zeit zusätzliche Komponenten einbauen, zum Beispiel den Arbeitsspeicher erweitern.

FACHWORT

Sollten Sie sich für einen Tintenstrahldrucker entscheiden, dann überprüfen Sie vor dem Kauf den Preis der Tintenpatronen. Leider ist das Zubehör oft sehr teuer.

HINWEIS

3

Der erste Start mit Ihrem Computer

Start

1

2

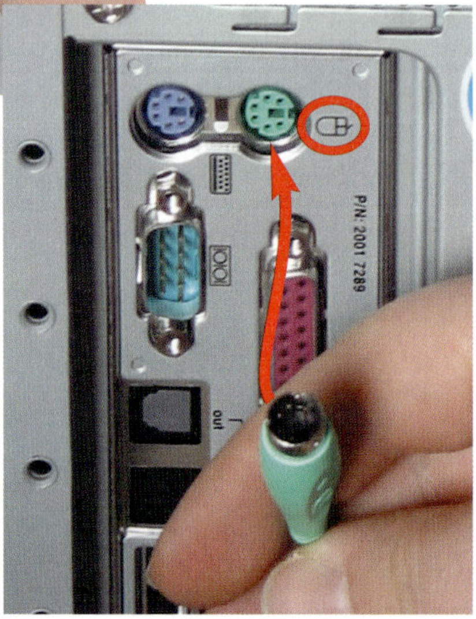

3

1 Damit Ihr Computer den nötigen „Saft“ erhält, stecken Sie das Stromkabel ein, stellen den Netzschalter auf 1 (hintere Gehäuseseite) und drücken den Einschalter auf der Vorderseite.

2 Bei den meisten Computern schon farblich gekennzeichnet: Der Stecker und die dazu gehörende Steckdose (Schnittstelle) für die Maus sind grün.

3 Das Gleiche gilt für die Tastatur. Tastaturstecker und Steckdose sind lila.

Ein Maus- und ein Tastatursymbol neben den Schnittstellen kennzeichnen ebenfalls, wo die Tastatur bzw. die Maus eingesteckt werden muss. Diesen „Stecker“ nennt man übrigens PS/2-Anschluss. An diese Anschlüsse können Sie wirklich nur die Maus bzw. die Tastatur anschließen, im Gegensatz zu einem USB-Anschluss.

WISSEN

4

Zwei USB-Schnittstellen

5
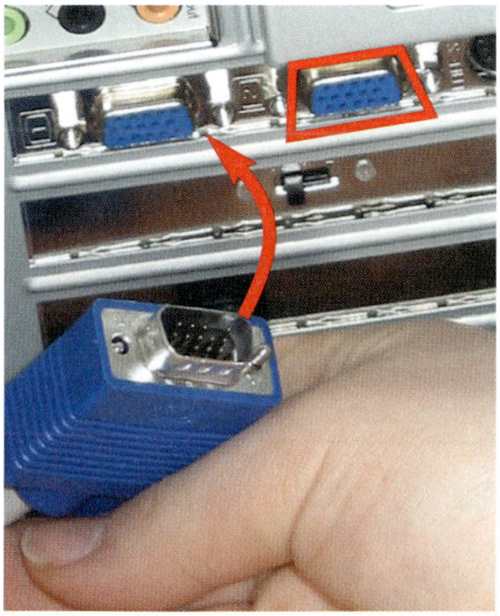

6

4 An die parallele Schnittstelle (LPT1) schließen Sie den Drucker an. Besser noch, Sie schließen ihn an eine USB-Schnittstelle an. Die Installation wird dann automatisch durchgeführt.

5 Und natürlich nicht zu vergessen: der Monitor. In diesem Beispiel gibt es gleich zwei Möglichkeiten, den Bildschirm anzuschließen.

6 Und wer den Sound am Computer nicht missen will, der steckt die Boxen an die Soundkarte an.

Ende

HINWEIS

Es gibt viele Adapter, die sich auf normale Anschlüsse stecken lassen, um die USB-Schnittstelle zu nutzen, falls nötig.

FACHWORT

An eine **USB**-Schnittstelle (Universal Serial Bus) können Sie jedes Gerät anschließen, im Gegensatz zu den anderen Anschlüssen (siehe Bild 4).

HINWEIS

Achtung beim Anschluss des Druckers bzw. des Bildschirms! Die Pins (die kleinen dünnen Stifte des Steckers) verbiegen sich beim gewaltsamen „Einstöpseln".

Start

1

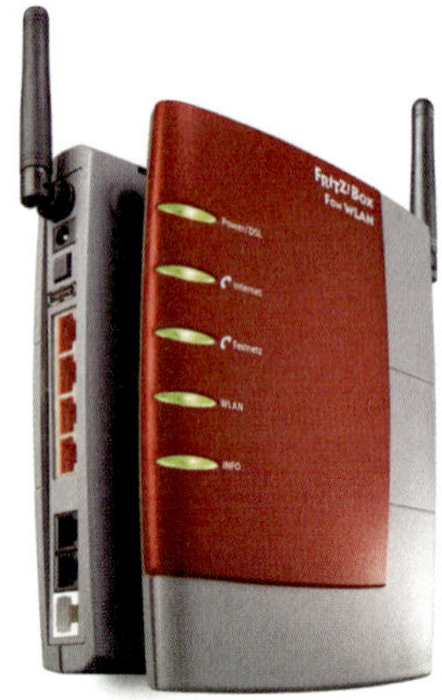

Quelle: AVM

2

Quelle: AVM

3

Quelle: AVM

1 Mit einer angeschlossenen Fritz!Box erhalten Sie eine Verbindung ins Internet.

2 Internettelefonie ist mit der Fritz!Box ebenfalls möglich.

3 Eine Fritz!Card DSL kann direkt in den Rechner eingebaut werden.

Analoge Anschlüsse und Modems, mit deren Hilfe man sich über die Telefonleitungen ins Internet einwählen konnte, gehören inzwischen zum „alten Eisen" und werden nicht mehr unterstützt. Der neue Trend heißt DSL. Vorteil: Die Übertragungsraten von Daten sind extrem schnell und es kann über Internet telefoniert werden.

WISSEN

4

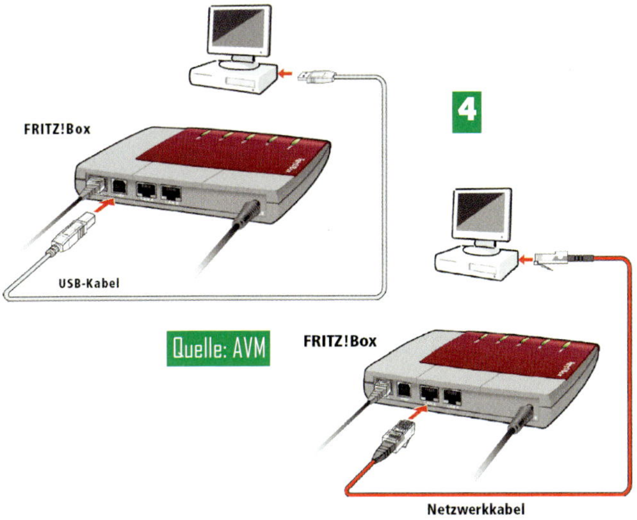

Quelle: AVM

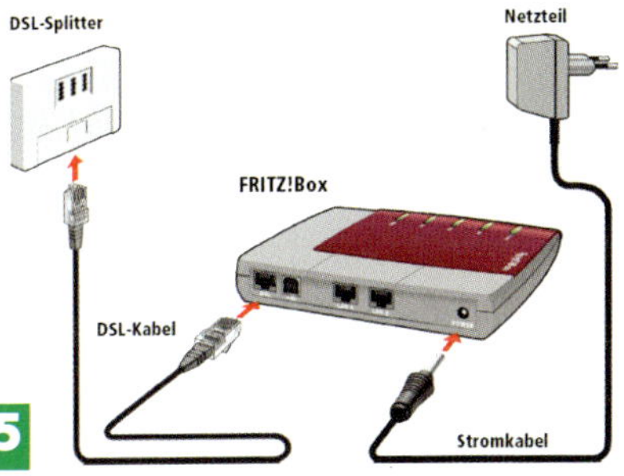

5

Quelle: AVM

DSL-Anbieter

- ☑ 1&1
  Tel: 0180-567 28 28
  www.1und1.de
- ☑ freenet
  Tel: 0900-1 750 850
  www.freenet.de
- ☑ ARCOR
  www.arcor.de
- ☑ Lycos
  Tel: 01805-148 148
  www.lycos.de
- ☑ T-Online
  Tel: 06151-68 00
  www.t-online.de
- ☑ AOL
  Tel: 01805-313 164
  www.aol.de

6

4 Die Fritz!Box kann über ein USB-Kabel oder über ein Netzwerkkabel an den Computer angeschlossen werden.

5 Die Fritz!Box selbst binden Sie über den sogenannten DSL-Splitter in das Telefonnetz ein.

6 Falls der Internetanschluss noch nicht steht, finden Sie in der aufgeführten Liste auch die Telefonnummern zu den einzelnen DSL-Anbietern (Achtung! Jeder Anruf kostet Geld).

DSL nutzt die bereits verlegten Telefonleitungen des Telefonnetzes auf einer anderen, höheren Frequenz.

HINWEIS

Über **DSL** (Digital Subscriber Line) können Daten mit hoher Übertragungsrate (bis 50.000 KBit/s) gesendet und empfangen werden.

FACHWORT

Ein analoger Anschluss stellt die langsamste Übertragungsgeschwindigkeit her. Mit ISDN geht's schon ganz flott, und mit DSL macht das Surfen im Internet erst richtig Spaß.

HINWEIS

Start

1 Ist der Computer „zusammengestöpselt“, schalten Sie den Computer und den Bildschirm ein.

2 Nach dem Start präsentiert sich das Willkommen-Fenster. Deaktivieren Sie *Beim Start ausführen*, wenn Sie das Willkommen-Fenster nicht mehr möchten. Mit Klick auf das rote X blenden Sie das Fenster aus.

3 Die Windows-Oberfläche erscheint.

Windows kann auf unterschiedliche Art und Weise vorinstalliert und eingerichtet sein. Deshalb ist es möglich, dass Ihre Oberfläche etwas anders aussieht, verglichen mit meinem Bild. Erschrecken Sie deshalb nicht! Die Funktionen und die Bedienung bleiben bei jedem Computer, der mit Windows ausgestattet ist, dieselben.

WISSEN

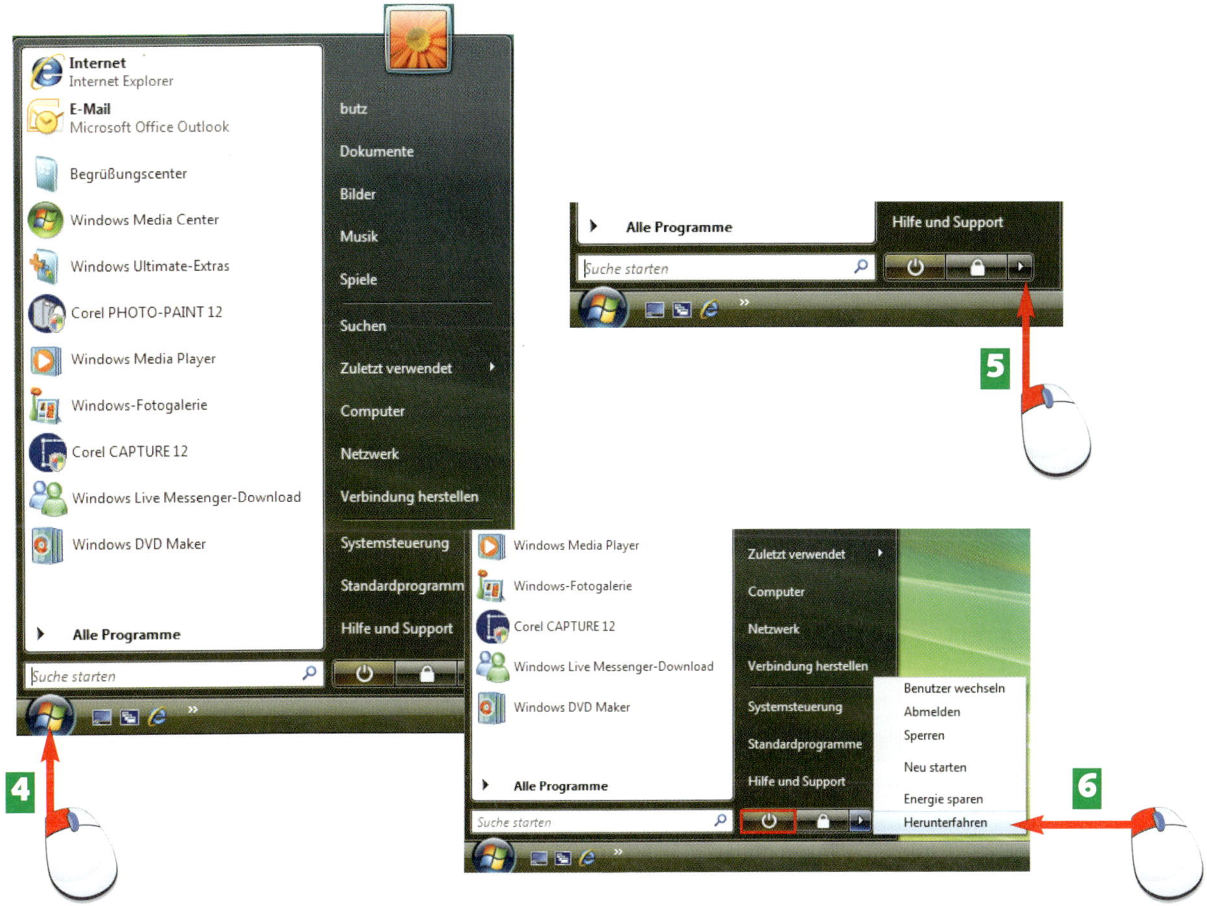

4 Bewegen Sie die Maus auf *Start* und klicken Sie einmal, um das Start-Menü aufzuklappen.

5 Klicken Sie jetzt auf den kleinen Pfeil. Ein weiteres Menü klappt auf.

6 Noch einmal fordert Windows Ihre Bestätigung: Klicken Sie auf *Herunterfahren*, um den Computer auszuschalten.

Klappt das ordnungsgemäße Ausschalten des Computers nicht, drücken Sie einige Sekunden den Einschaltknopf des Computers (siehe Bild 1).

TIPP

Den Computer muss man ordnungsgemäß **herunterfahren**, sonst ist er nicht in der Lage, seine Daten auf die Festplatte zu speichern.

FACHWORT

Wenn Sie auf die rote Schaltfläche klicken, speichert Windows den momentanen Zustand und versetzt den Computer in einen Energiesparmodus.

HINWEIS

Start

1

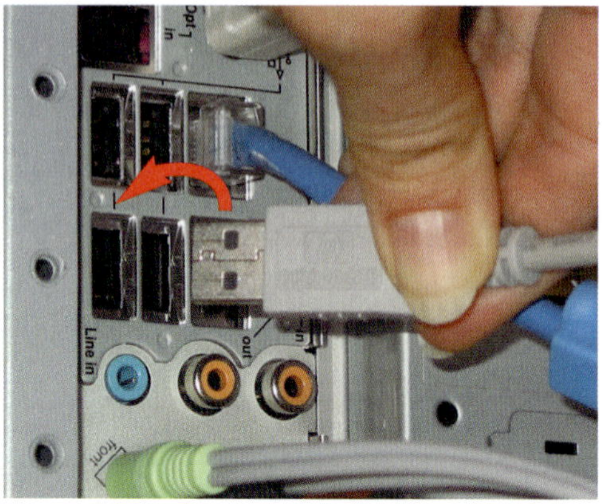

2

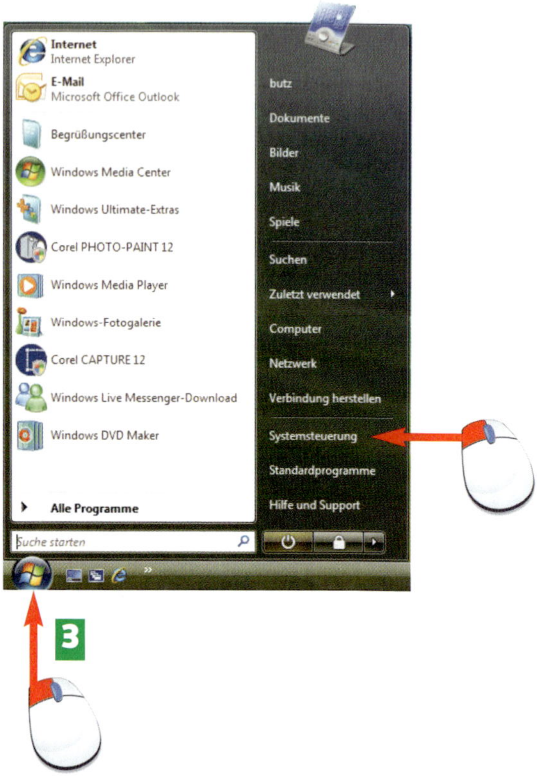

3

1 Schließen Sie den Drucker am besten über ein USB-Kabel an. Die Installation wird selbstständig durchgeführt.

2 Am rechten unteren Bildschirmrand zeigt Windows an, dass der Drucker (Hardware) gefunden und installiert wurde.

3 Sollte die automatische Installation nicht funktionieren, lässt sich der Drucker trotzdem installieren. Klicken Sie auf *Start* und rufen Sie die *Systemsteuerung* auf.

Viele Drucker enthalten in ihrem Lieferumfang eine eigene Installations-CD, mit der Sie Ihren Drucker ebenfalls problemlos installieren können. Voraussetzung ist, dass der Drucker am Computer angeschlossen und eingeschaltet ist.

WISSEN

4 Klicken Sie unter *Hardware und Sound* auf *Drucker.*

5 Im folgenden Fenster zeigt Windows die installierten Drucker an. Kicken Sie auf *Drucker hinzufügen*, um die Installation zu starten.

6 Klicken Sie auf *Einen lokalen Drucker hinzufügen.*

Verfügen Sie bereits über einen Internetanschluss, dann lassen Sie Windows im Internet nach den neuesten Treibern suchen.

TIPP

Als **Druckertreiber** wird die Software bezeichnet, die nötig ist, damit der Drucker Bilder und Texte ausspuckt. Ohne ihn würde der Computer den Drucker nicht verstehen.

FACHWORT

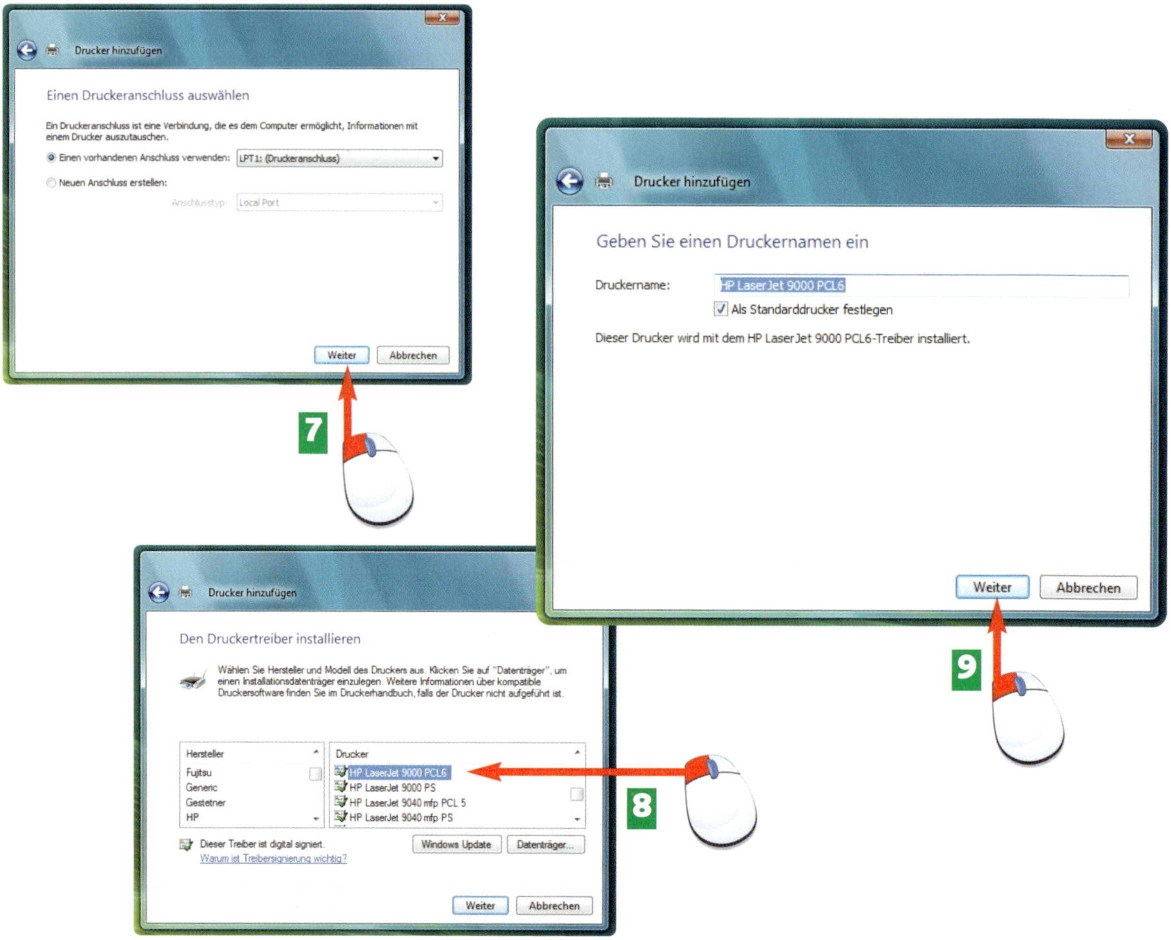

7 Windows geht davon aus, dass Sie Ihren Drucker über den Anschluss LPT1 anschließen möchten, und wählt die Einstellung automatisch aus (siehe Seite 33, Bild 4).

8 Wählen Sie links den *Hersteller* Ihres Druckers und rechts im Dialogfeld den Namen des Druckers über *Drucker* aus. Bestätigen Sie mit *Weiter*.

9 Hier können Sie einen eigenen Druckernamen vergeben. Ich würde aber empfehlen, den vorgeschlagenen Namen zu übernehmen. Klicken Sie auf *Weiter.*

An einen Computer, und in einem Netzwerk sowieso, lassen sich mehrere Drucker anschließen. Um mit den verschiedenen Druckernamen nicht durcheinanderzugeraten, empfiehlt es sich, die vorgeschlagenen Namen von Windows zu übernehmen.

WISSEN

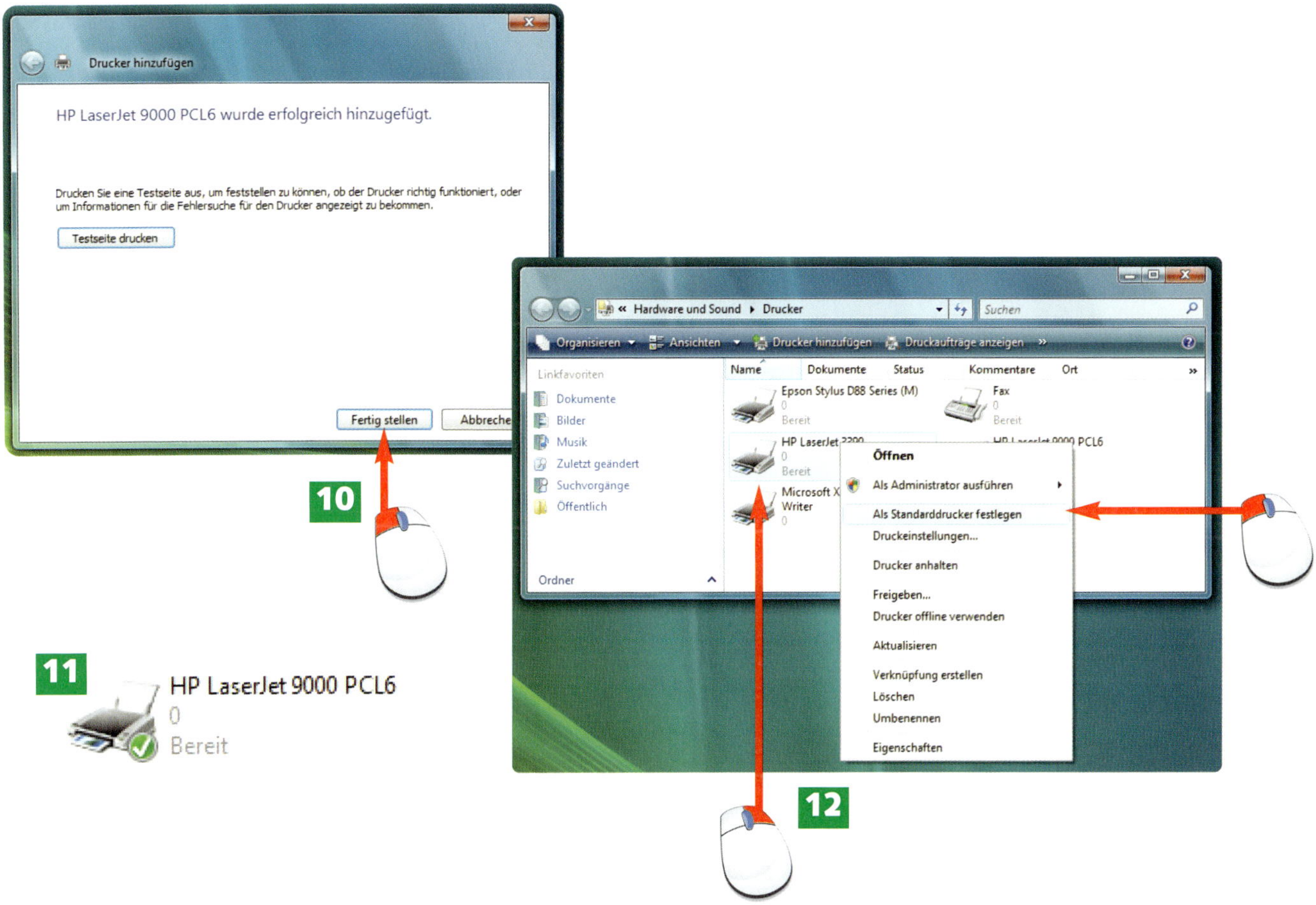

10 Testen Sie gleich, ob Ihr Drucker funktioniert, und klicken Sie auf *Testseite drucken*. Bestätigen Sie mit *Fertig stellen*.

11 Im Fenster *Drucker* erscheint der neu installierte Drucker.

12 Um den Standarddrucker zu wechseln, klicken Sie mit der rechten Maustaste auf den gewünschten Drucker und wählen *Als Standarddrucker festlegen*.

Ende

HINWEIS

Um zu den Einstellungen des Druckers zu gelangen, wählen Sie im Kontextmenü *Druckeinstellungen* aus (siehe Bild 12).

FACHWORT

Sind mehrere Drucker installiert, ist ein Drucker als **Standarddrucker** (mit Häkchen) definiert. Ohne Aufforderung drucken Sie automatisch über den Standarddrucker.

4

„Fensterln“ oder der Umgang mit Windows

Start

1

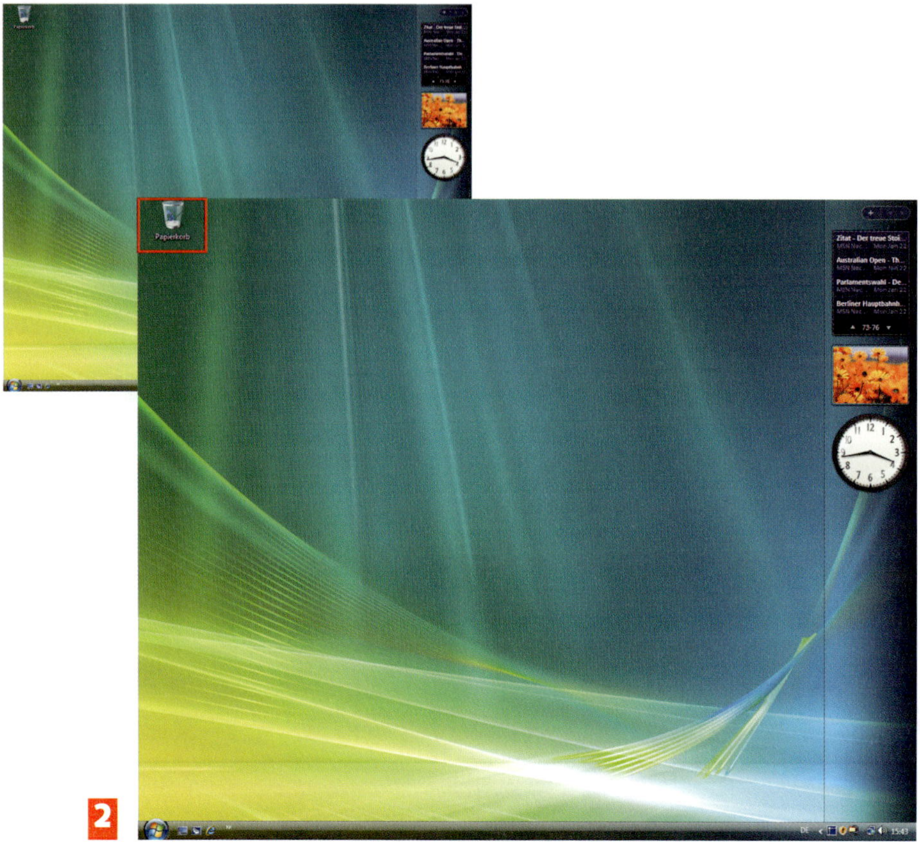

2

1 Nach dem Start Ihres Computers erscheint die grafische Oberfläche des Betriebssystems Windows. Hier ist Windows Vista zu sehen.

2 Zunächst ist nur der *Papierkorb* (links oben) und die Sidebar am rechten Bildschirmrand zu erkennen.

Die Bildschirmoberfläche, auch *Desktop* genannt, richtet der Besitzer entsprechend seinen Bedürfnissen ein. Deshalb unterscheidet sich die Oberfläche von Computer zu Computer. Den Papierkorb finden Sie meist auf dem Desktop. Hier werden gelöschte Daten aufbewahrt.

WISSEN

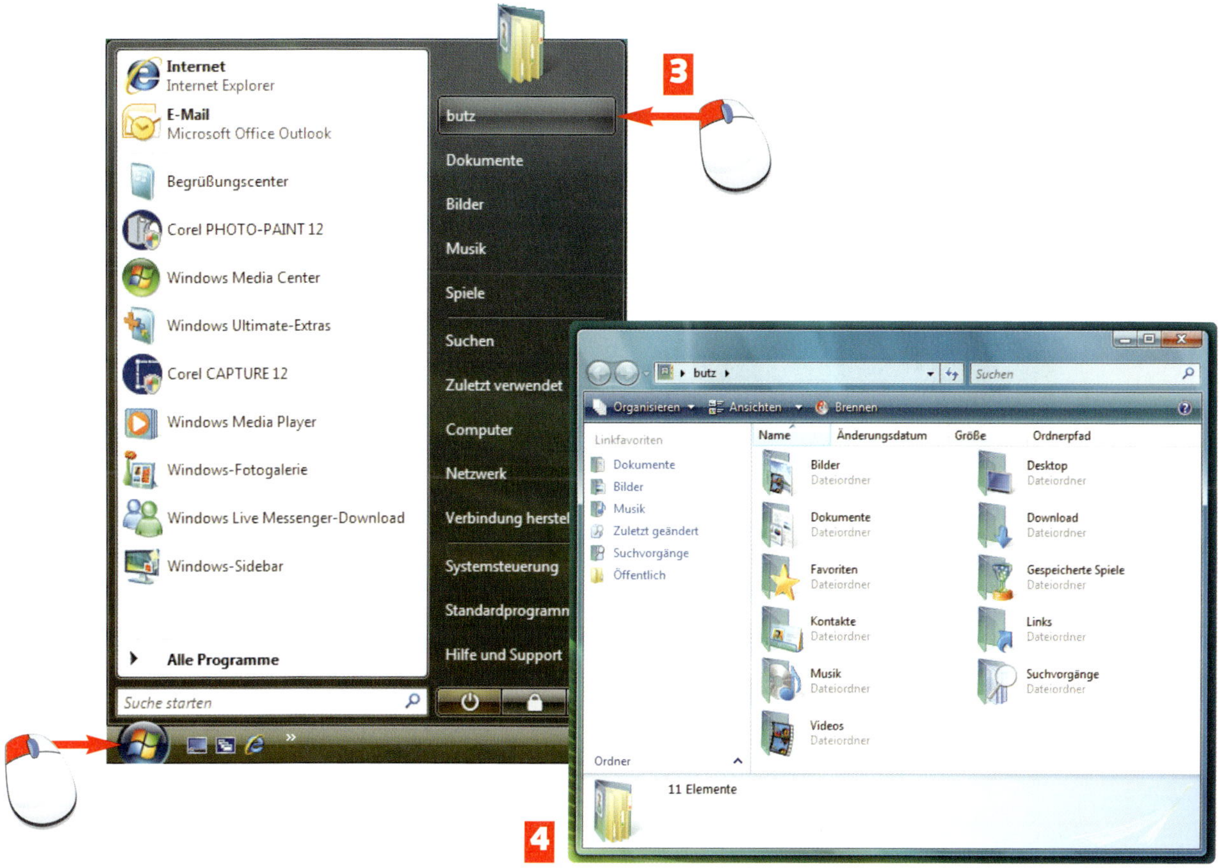

3 Jetzt kommt es auf die Vorinstallation von Windows an, was im Startmenü angegeben wird: Über *Start* und Ihren eigenen Namen (hier: *butz*) oder *Gast, Benutzer, Anwender* usw. gelangen Sie in Ihren persönlichen Ordner.

4 Im folgenden Fenster finden Sie alle wichtigen Ordner, wie z.B. *Bilder, Dokumente, Musik, Videos* usw. zum Ablegen Ihrer Dateien.

Ende

Das **Betriebssystem** zeigt sich Ihnen als grafische Oberfläche. Es ermöglicht Ihnen, mit dem Computer zu kommunizieren: Befehle entgegenzunehmen und zu erteilen.

FACHWORT

Die Sidebar ermöglicht Ihnen, auf Informationen schnell zuzugreifen. Sie enthält Minianwendungen, die ständig aktualisierte Informationen anzeigen.

HINWEIS

Alle gelöschten Texte, Bilder usw. landen im Papierkorb. Das Papierkorb-Symbol ist gefüllt, wenn Sie etwas gelöscht haben, oder eben leer und durchsichtig, wenn Sie nichts gelöscht haben.

HINWEIS

Start

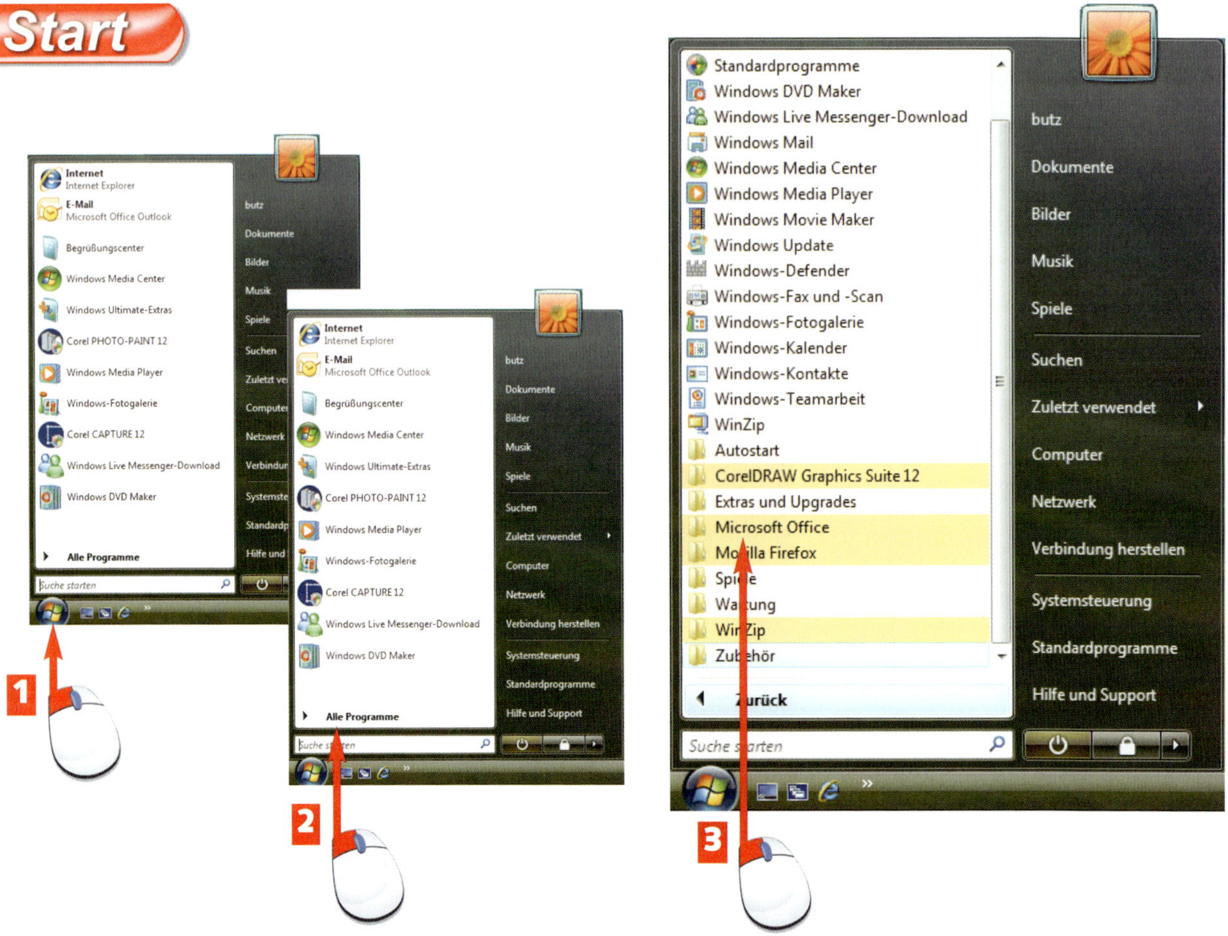

1 Bewegen Sie die Maus auf *Start* und drücken Sie einmal die linke Maustaste.

2 Anschließend die Maus auf *Alle Programme* bewegen. Warten Sie ein bisschen, dann wechselt Windows zur nächste Ansicht, oder Sie klicken auf *Alle Programme.*

3 Jetzt mit der Maus auf den Programmordner (hier: *Microsoft Office*) klicken, in dem sich das entsprechende Programm befindet.

Ganz praktisch: Das zuletzt gestartete Programm finden Sie direkt unter dem Startmenü wieder. Das bedeutet, dass Sie keinen Umweg über *Alle Programme* machen müssen, sondern direkt auf das gewünschte Programm zugreifen können: Also, ein Klick auf *Start* und gleich danach beispielsweise auf *Microsoft Word 2007.*

WISSEN

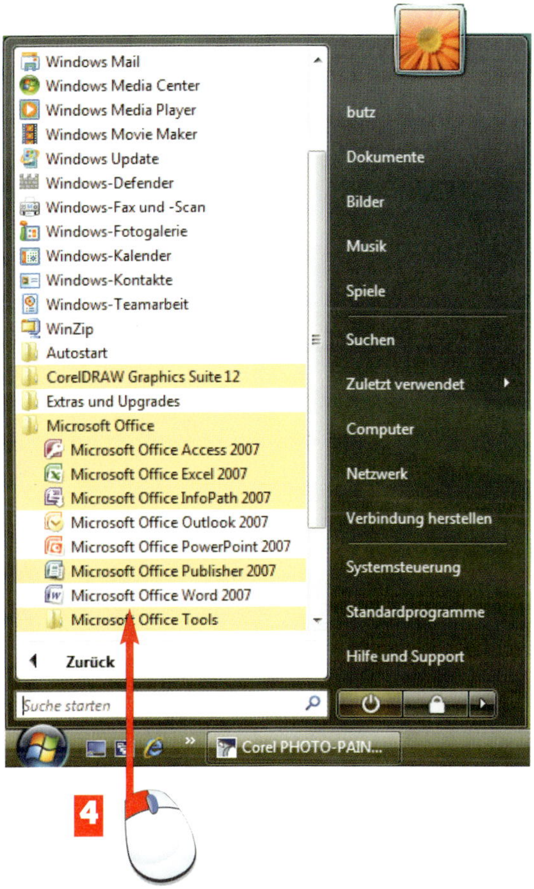

4 Mit einem Klick starten Sie das angesteuerte Programm (hier: *Microsoft Office Word 2007*).

5 Klicken Sie auf die Office-Schaltfläche.

6 Rechts unten klicken Sie auf *Word beenden*, um das Programm vom Bildschirm verschwinden zu lassen.

Ende

Je nachdem, welches Programm Sie geöffnet haben, finden Sie die Schaltfläche *Beenden* mit vorangestelltem Programmnamen, z.B. *(Word) beenden*.

HINWEIS

Übrigens: Die Leiste ganz unten am Bildschirm, die Sie nach einem Systemstart sehen, wird **Taskleiste** genannt.

FACHWORT

Nach einem Programmstart sehen Sie rechts außen ein weißes X in einem roten Feld (Schließen). Mit einem Klick darauf beenden Sie das Programm ebenfalls.

HINWEIS

Start

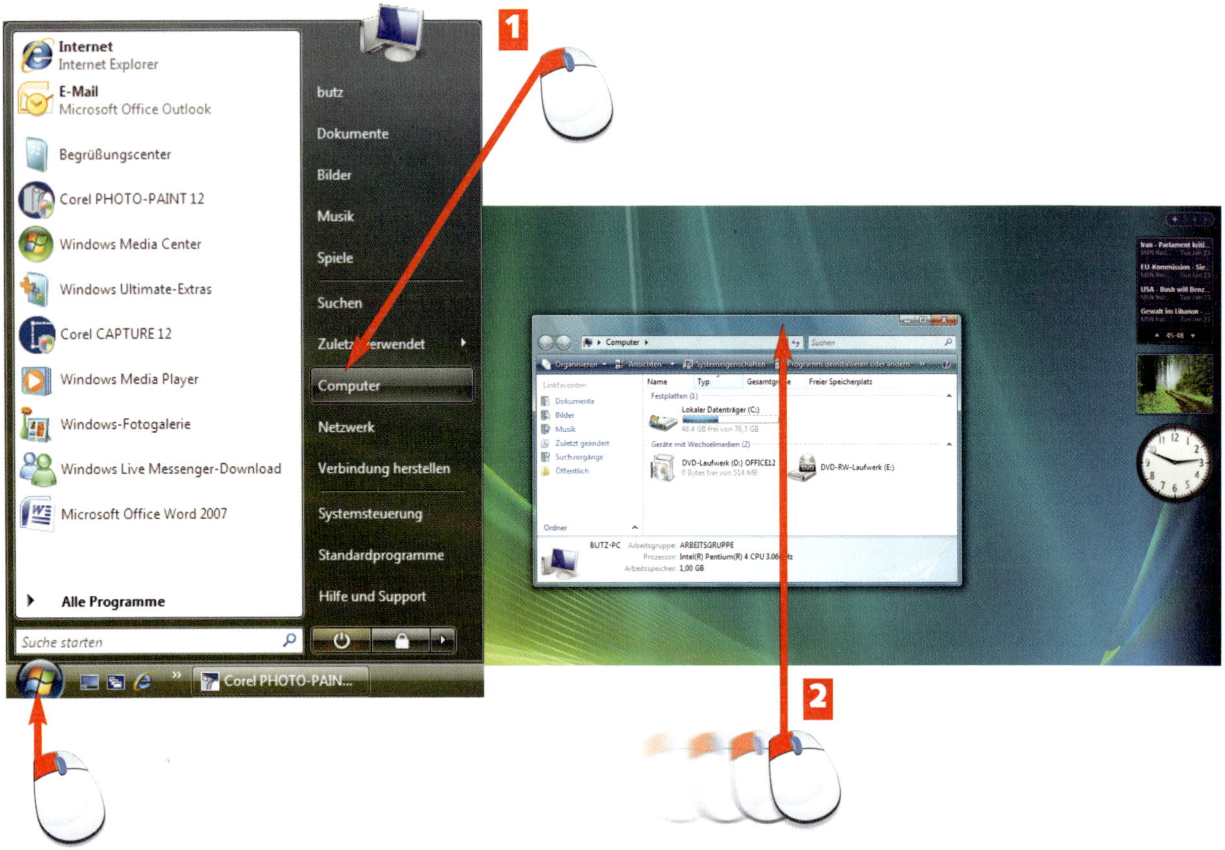

1 Klicken Sie auf *Start* und anschließend auf *Computer*.

2 Das Fenster des Computers erscheint auf dem Bildschirm. Sie sehen dort die Laufwerke Ihres Computers. Packen Sie das Fenster in der blauen Titelleiste an, um es zu verschieben.

Alle Aktionen, die Sie mit Ihrem Rechner veranstalten, spielen sich in Fenstern (Windows) ab. Alle installierten Programme, die Dokumente, die Ansicht des Computers stellt Windows in eigenen Fenstern dar. Die Fenster können vergrößert, verkleinert, geschlossen oder verschoben werden. Gerade so, wie es Ihnen gefällt.

WISSEN

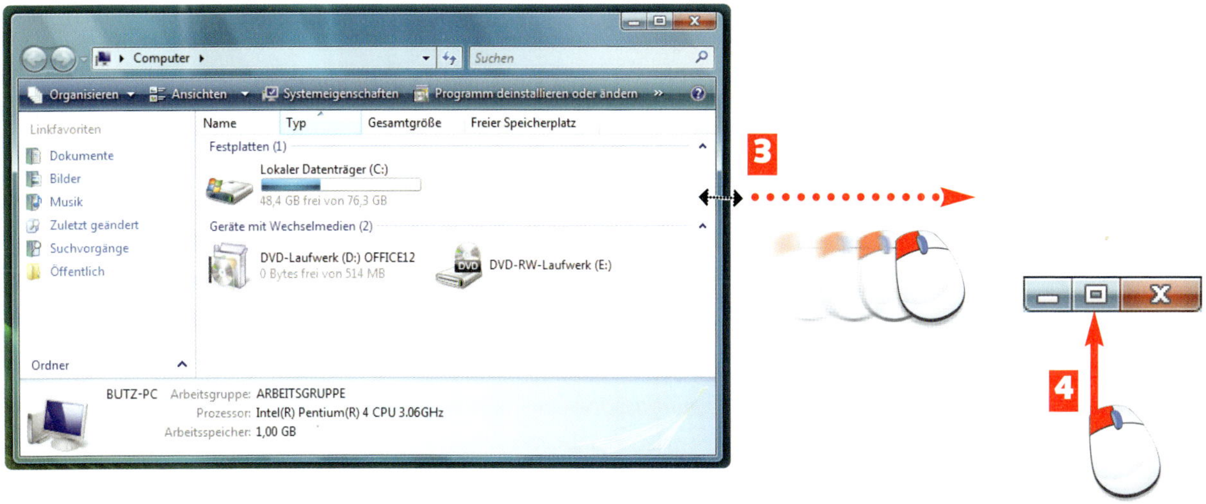

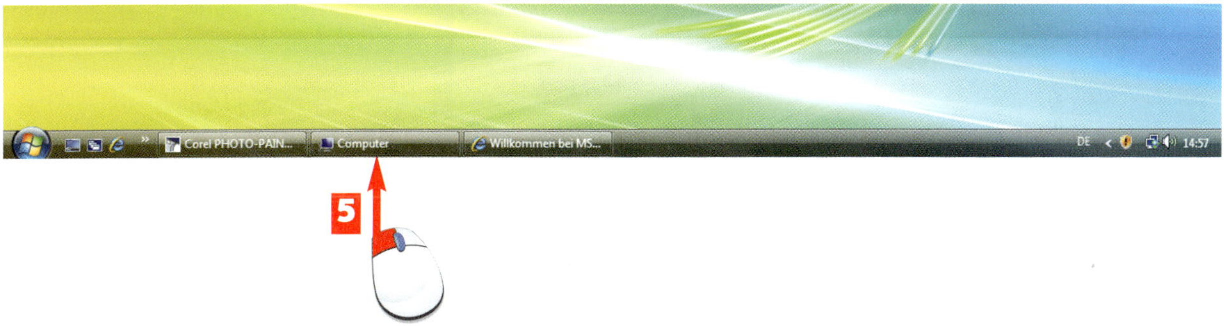

3 Oder bewegen Sie die Maus auf den Rand des Fensters, bis ein Doppelpfeil erscheint. Ziehen Sie mit gedrückter linker Maustaste das Fenster größer oder kleiner.

4 Mit einem Klick auf *Minimieren* legen Sie das Fenster als Schaltfläche in der Taskleiste ab.

5 Und mit einem Klick auf *Computer* in der Taskleiste vergrößern Sie das Fenster erneut zu seiner vorher eingestellten Größe.

Mit einem Doppelklick auf ein Symbol auf dem *Desktop* (Oberfläche nach dem Start) öffnen Sie ebenfalls das Fenster des angeklickten Symbols.

TIPP

An allen Fensterrändern lässt sich das Fenster verkleinern oder vergrößern, egal, ob Sie die Maus links, rechts, oben oder unten positionieren und ziehen.

HINWEIS

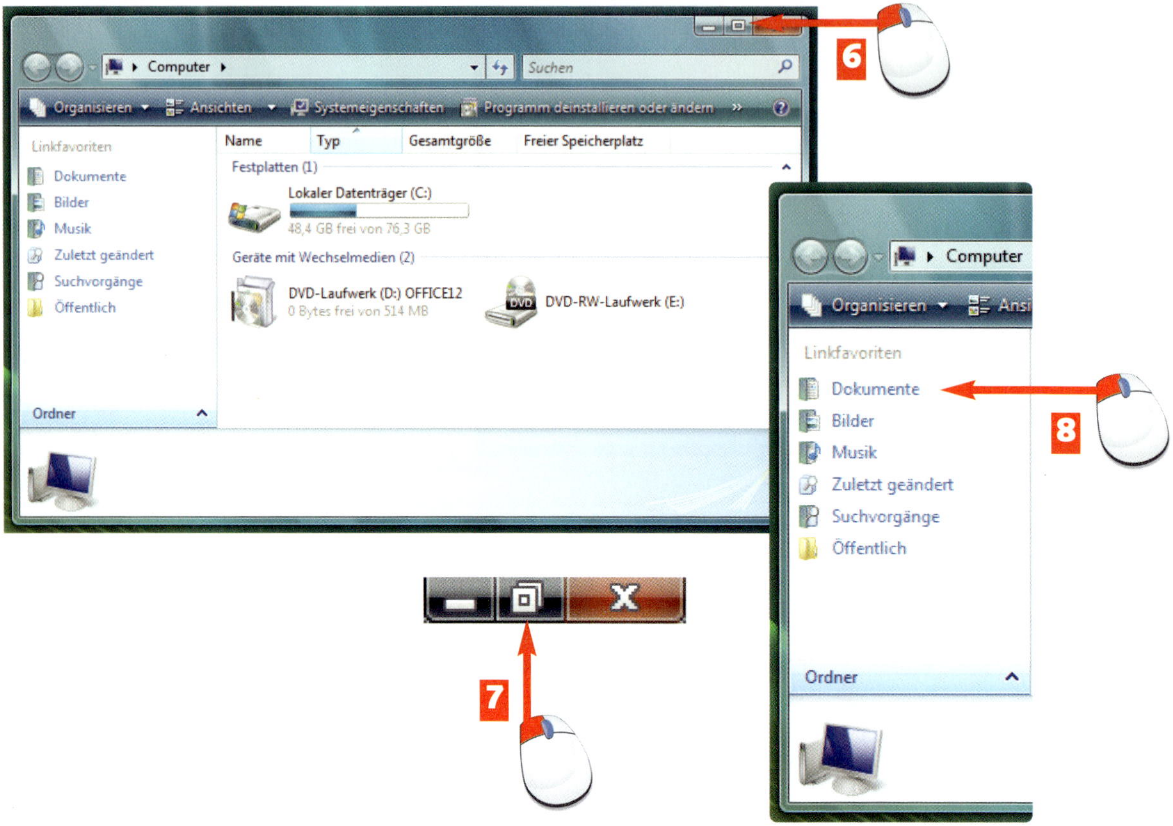

6 Mit einem Klick auf *Maximieren* vergrößern Sie das Fenster, und zwar so, dass es den gesamten Bildschirm ausfüllt.

7 Damit Sie das Fenster wieder verschieben und mit der Maus verkleinern oder vergrößern können, klicken Sie jetzt auf das Symbol *Verkleinern*.

8 Klicken Sie in der linken Fensterhälfte beispielsweise auf *Dokumente*, landen Sie im Fenster bzw. Ordner *Dokumente*.

Viele Fenster sind in zwei Bereiche unterteilt. In der linken Fensterhälfte bietet Windows verschiedene Verweise bzw. Ordner an, um mit einem einfachen Mausklick dorthin zu wechseln. In der rechten Fensterhälfte wird Ihnen der Inhalt des jeweils zuvor angeklickten Ordners angezeigt.

WISSEN

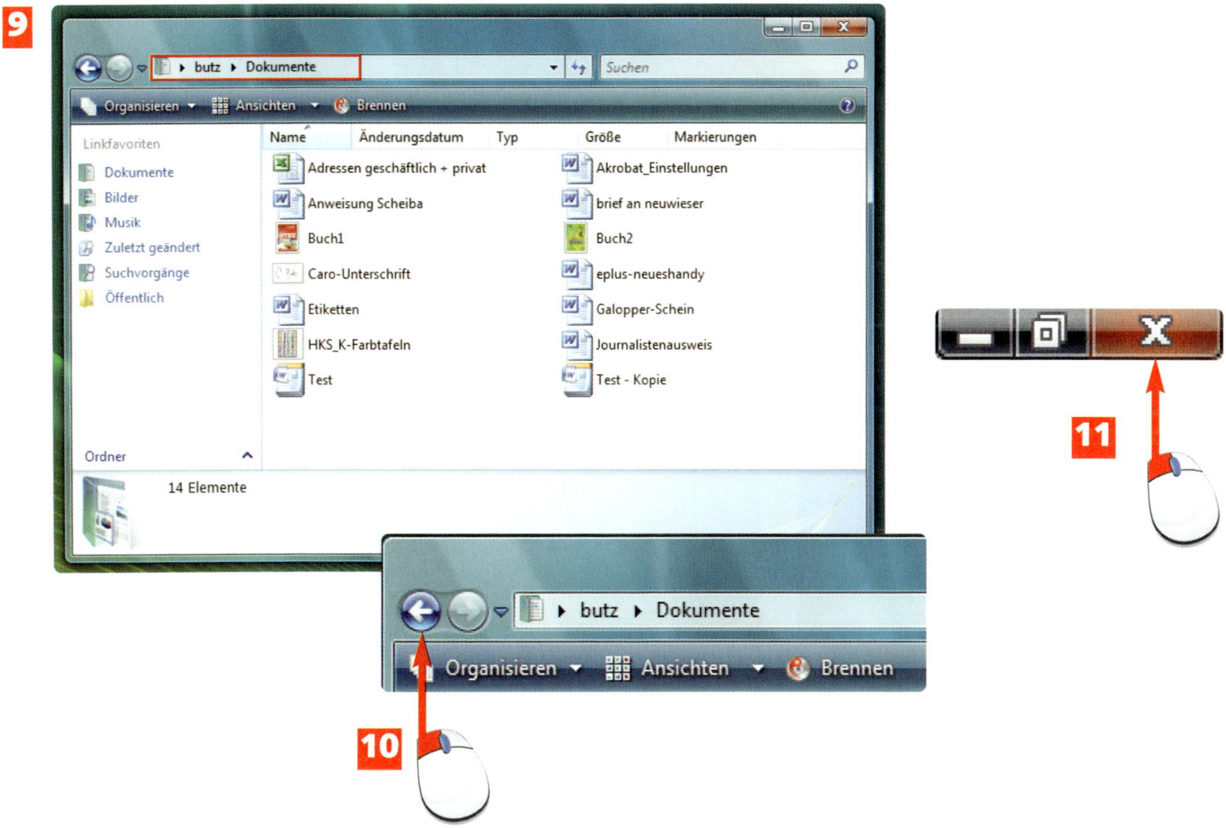

9 Wo Sie sich gerade befinden, zeigt Ihnen das erste Feld im Fenster an.

10 Ein Klick auf *Zurück* befördert Sie wieder zum Computer bzw. zu dem Fenster zurück, in dem Sie sich zuvor aufgehalten haben.

11 Möchten Sie das Fenster endgültig vom Bildschirm verschwinden lassen, dann klicken Sie auf *Schließen*.

Ende

TIPP

Mit *Schließen* (siehe Bild 11) verschwindet nicht nur ein Fenster, sondern das zuvor gestartete Programm wird ebenfalls beendet.

FACHWORT

Die blaue Leiste am oberen Rand eines Fensters wird **Titelleiste** genannt. Hier lässt sich ablesen, in welchem Fenster Sie sich gerade befinden.

HINWEIS

Die Symbole in der linken Fensterhälfte sind Ordner, in denen Sie Ihre Bild-, Text-, Musik- und Videodateien ablegen.

Zwischen den Fenstern hin- und herwechseln

1 Öffnen Sie den Order *Dokumente* über *Start/Dokumente.*

2 Öffnen Sie zusätzlich den Ordner *Computer.*

3 Das zuletzt geöffnete Fenster, in dem Fall *Computer,* überdeckt das andere Fenster. Klicken Sie in der Schnellstartleiste auf *Zwischen Fenstern umschalten.*

Manchmal versteckt sich ein Fenster hinter einem anderen. In der Taskleiste sehen Sie alle geöffneten Fenster. Mit einem Klick holen Sie das gewünschte Fenster in den Vordergrund. Übrigens: Öffnen Sie so viele Fenster, wie Sie zum Arbeiten brauchen.

WISSEN

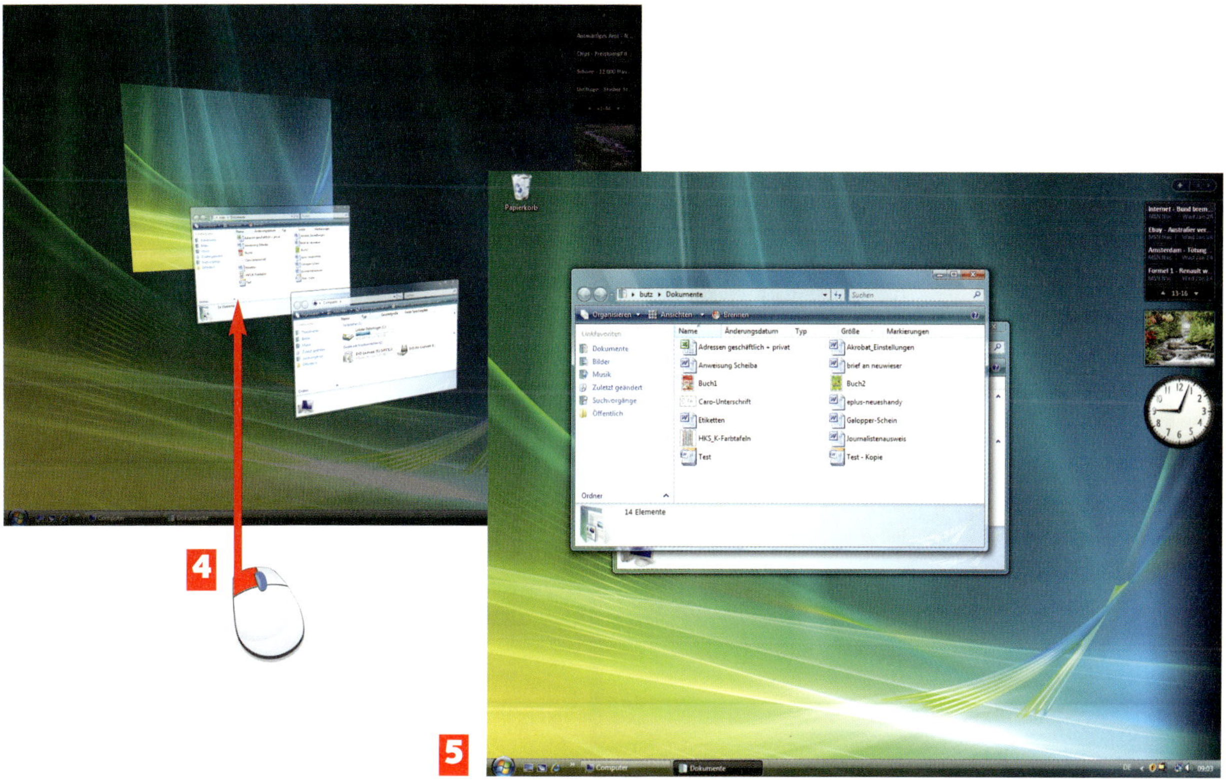

4 Klicken Sie auf das Fenster, das Sie im Vordergrund haben möchten (hier: *Dokumente*).

5 Jetzt liegt das Fenster *Dokumente* im Vordergrund. Mit einem direkten Klick auf das Fenster *Computer* könnten Sie dieses wieder in den Vordergrund holen. Vorausgesetzt, Sie können es sehen und es wird nicht völlig von anderen Fenstern zugedeckt.

Ende

TIPP

Wenn Sie vor lauter Fenstern den Überblick verlieren, dann schließen Sie doch einfach ein paar Fenster mit Klick auf X (Schließen) rechts oben in der Fensterecke.

FACHWORT

Der **Desktop** (zu deutsch Schreibtisch) ist die Oberfläche, die Sie nach dem Start sehen. Sie können dort Verknüpfungen ablegen.

HINWEIS

Mit einem Klick auf  *Desktop anzeigen* legt Windows alle geöffneten Fenster am unteren Bildschirmrand in der Taskleiste ab.

Start

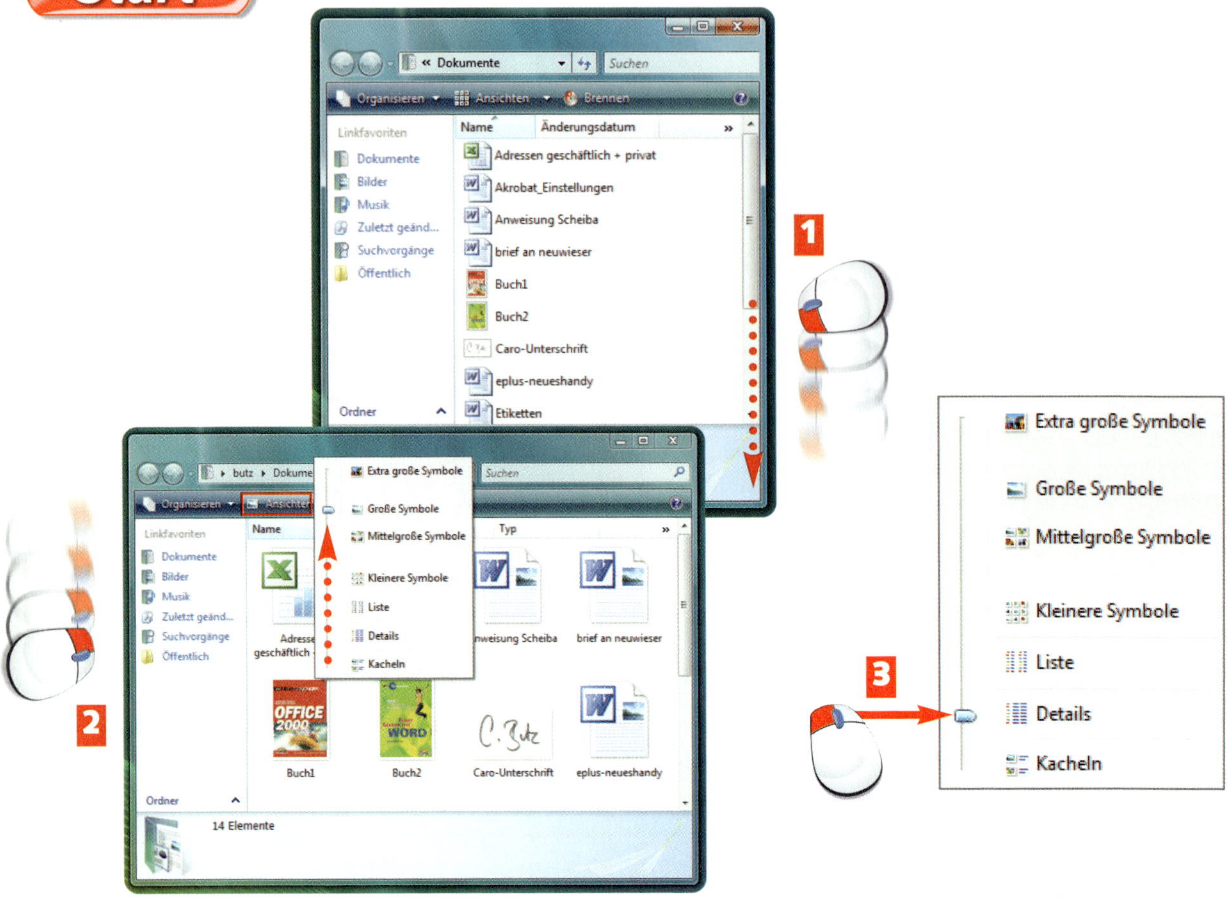

1 Wenn Sie den Inhalt des Fensters nicht komplett sehen, dann ziehen Sie an der Bildlaufleiste.

2 Die Ansicht *Symbole* zeigt den Inhalt des Fensters sehr übersichtlich an.

3 Mit der Ansicht *Details* lassen sich nähere Informationen über Ordner, Texte, Bilder und sonstige Dateien einblenden.

Der Inhalt der Fenster kann das Fassungsvermögen übersteigen. Es kann also sein, dass Sie nicht alle Texte, Bilder usw. sehen. Dafür blendet Windows am rechten oder unteren Rand eine Bildlaufleiste ein (siehe Bild 1).

WISSEN

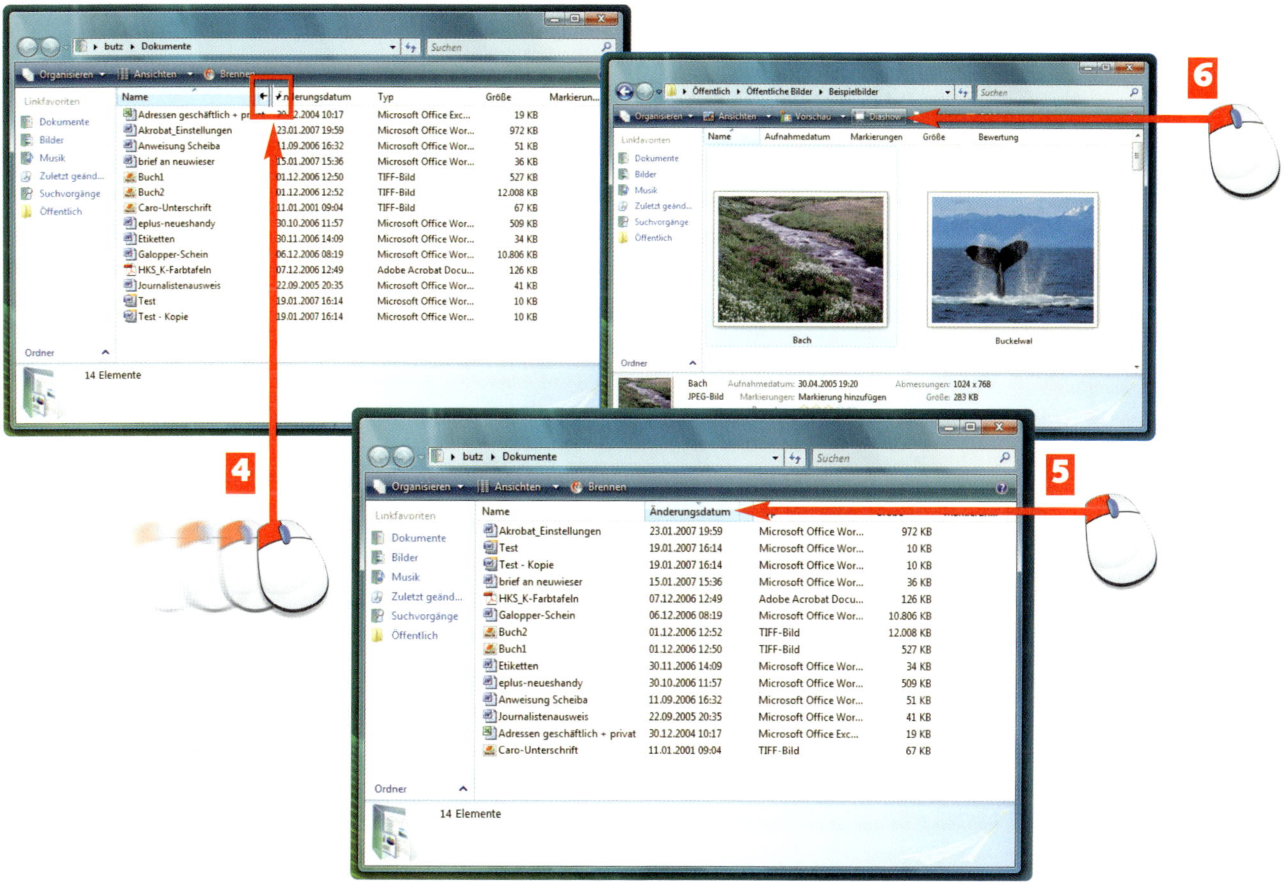

4 In der Detailansicht ziehen Sie mit gedrückter linker Maustaste die Spalten schmäler oder breiter.

5 Mit einem Klick auf die Spaltenüberschrift *Änderungsdatum* sortieren Sie die Dateien z.B. nach dem Erstellungsdatum. Ein weiterer Klick dreht die Sortierung um.

6 Übrigens: Im Ordner *Bilder* starten Sie eine *Diashow* am Bildschirm mit einem einzigen Klick. Angezeigt werden alle Bilder im aktuellen Ordner.

Ende

Die Ansichten der Fenster können sich unterscheiden. Beispielsweise kann eine Diashow nur im Ordner *Bilder* aufgerufen werden.

HINWEIS

Zu dem Ordner *Bilder* wechseln Sie mit einem Klick auf *Bilder* in der linken Fensterhälfte.

HINWEIS

5

Das A und O: Meine Arbeit speichern

Start

1

3

2

1 Als Erstes starten Sie das Programm, mit dem Sie Ihren Text schreiben möchten, beispielsweise WordPad oder Microsoft Word.

2 Egal, in welchem Programm Sie sich befinden, Sie geben Ihrem Text oder Foto einen Namen. Dazu klicken Sie auf die Office-Schaltfläche und anschließend auf *Speichern*.

3 Die Festplatte, eine Scheibe, die in sogenannte Sektoren (Kuchenstücke) aufgeteilt ist, speichert alle Informationen, auch die Ihres Textes oder Fotos.

Eine Datei enthält vielerlei Informationen, die Sie an einem bestimmten Ort auf der Festplatte speichern. Wichtig hierbei ist, dass Sie der Datei einen Namen geben, damit Sie sie zu einem späteren Zeitpunkt wieder finden. Der Name ist vergleichbar mit Ihrer Adresse, also Ihrer postalischen Anschrift. Ohne Adresse sind Sie unauffindbar.

WISSEN

4

6

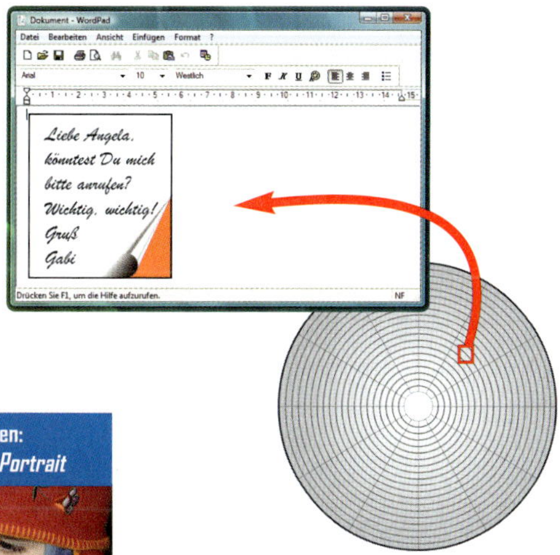

5

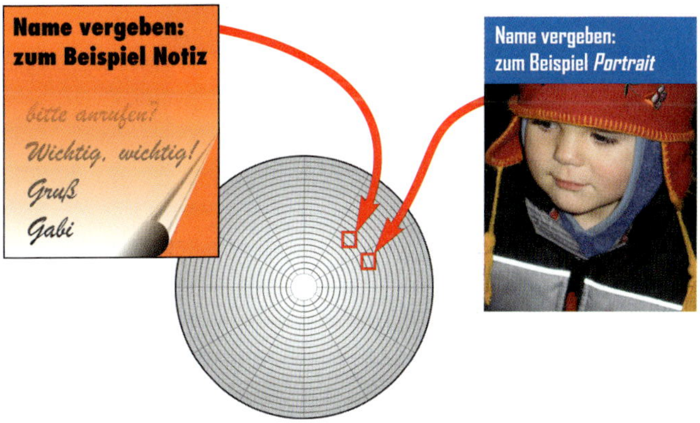

4 Bei der Vergabe des Namens, hier *Notiz*, legen Sie die Informationen auf der Festplatte in einer bestimmten Spur in einem bestimmten Sektor ab.

5 Das Gleiche gilt natürlich auch, wenn Sie ein Foto speichern. Auch diese Informationen werden auf der Festplatte an einem bestimmten Ort abgelegt.

6 Wenn Sie Ihren Text oder Ihr Foto wieder auf den Bildschirm holen möchten, erreichen Sie das über die Office-Schaltfläche und einen Klick auf *Öffnen*.

Ende

Windows bietet beim Speichern automatisch den Ordner *Dokumente* an. Nutzen Sie ihn, damit Sie wissen, wo Sie suchen müssen.

TIPP

Die **Festplatte** besteht aus beschichteten Magnetscheiben. Mithilfe der Lese-Schreib-Köpfe werden die Daten auf die Festplatte geschrieben oder gelesen.

FACHWORT

Die Daten, die beim Speichern entstehen, werden Dateien genannt. Alles, was auf Ihrer Festplatte herumschwirrt, sind also Dateien.

HINWEIS

Start

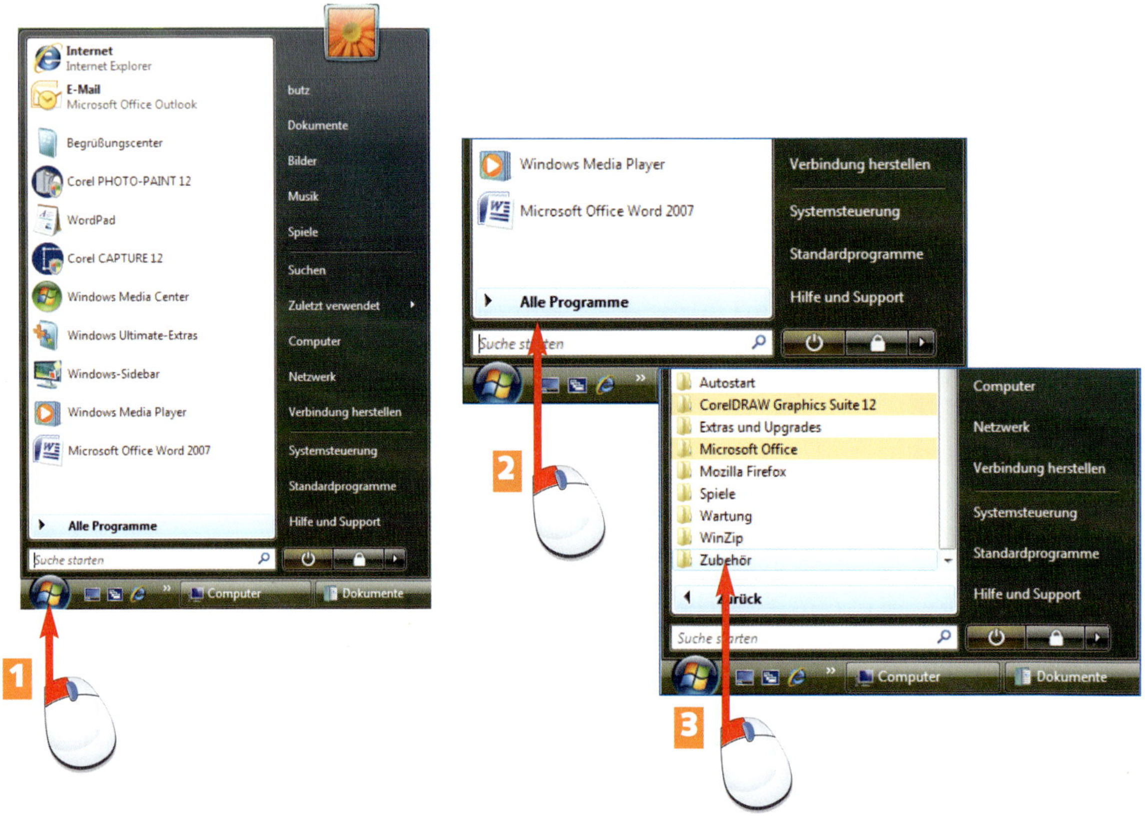

1 Klicken Sie in der Taskleiste auf *Start*.

2 Klicken Sie auf *Alle Programme* ...

3 ... und anschließend auf *Zubehör*.

Beim Kauf eines Computers ist Windows standardmäßig als Betriebssystem installiert. Unter Windows befinden sich weitere zahlreiche Programme, die im Lieferumfang enthalten sind, unter anderem das Programm WordPad. Hiermit lassen sich ganz einfache Texte wunderbar schreiben.

WISSEN

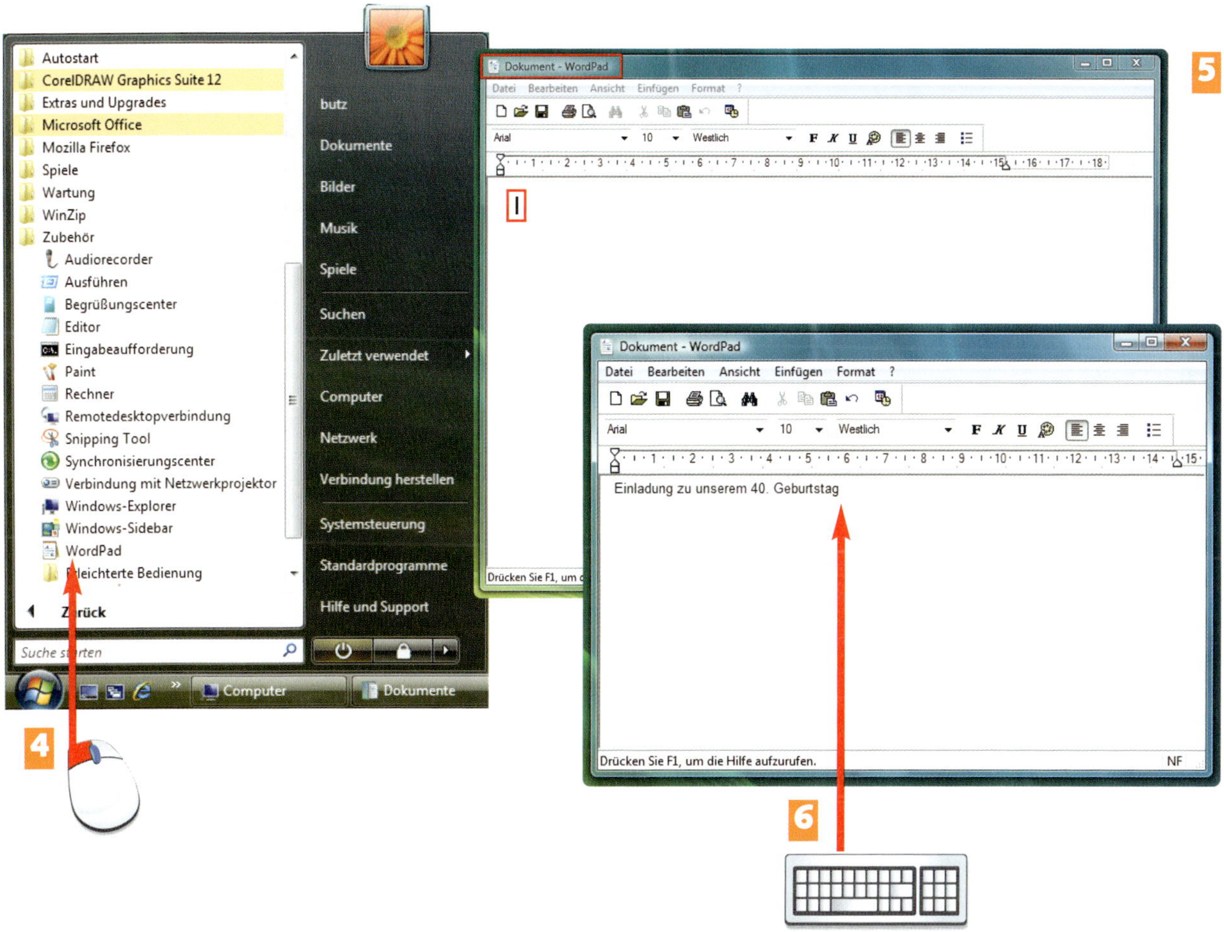

4 Sie sehen eine Liste von Zusatzprogrammen. Klicken Sie mit der linken Maustaste auf *WordPad*.

5 Das Programm WordPad erscheint in einem eigenen Fenster. Der Cursor blinkt in der linken oberen Ecke.

6 Schreiben Sie die erste Zeile des gewünschten Textes.

FACHWORT

Der **Cursor** ist der kleine blinkende Strich. Wenn Sie eine Taste auf der Tastatur drücken, erscheint an dieser Stelle das entsprechende Zeichen.

HINWEIS

Solange Sie Ihrem Dokument noch keinen Namen gegeben haben, steht in der Titelleiste *Dokument – WordPad* (siehe Bild 5),andernfalls der von Ihnen vergebene Name.

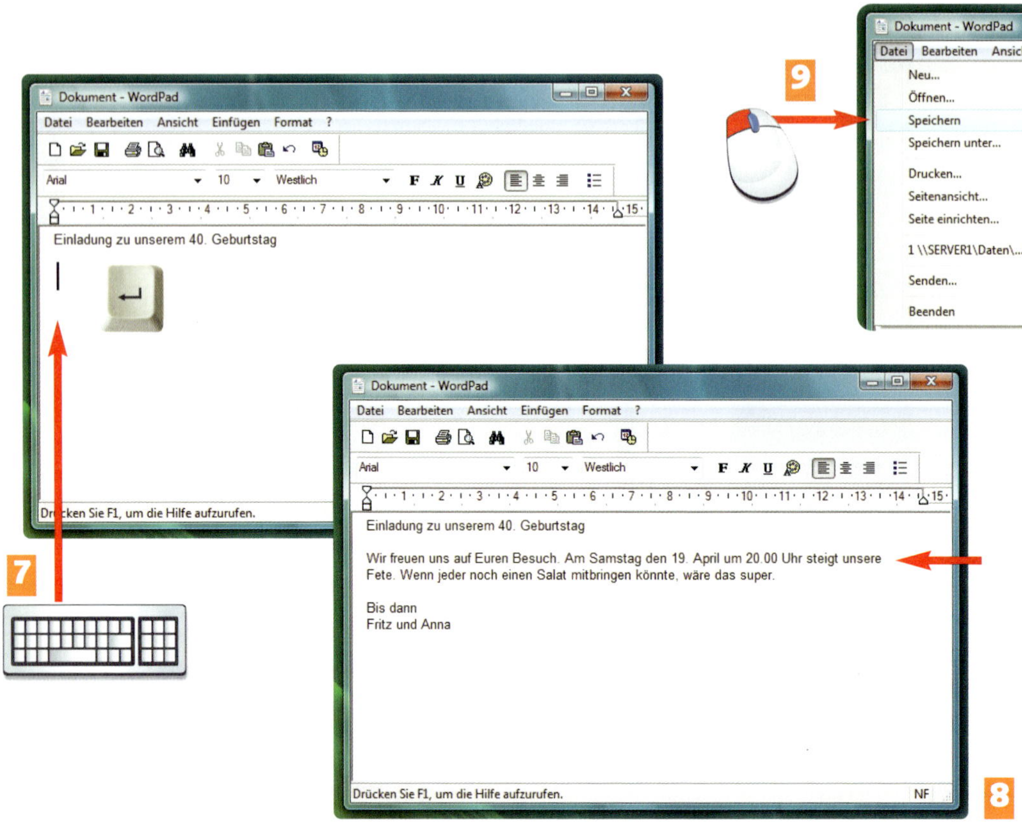

7 Drücken Sie zweimal auf die ↵-Taste, um in die nächste Zeile zu gelangen und um einen Abstand zwischen der ersten und den folgenden Zeilen zu erhalten.

8 Schreiben Sie am Ende einer Zeile einfach weiter. WordPad setzt die Texteingabe automatisch in der nächsten Zeile fort.

9 Um die Einladung zu speichern, wählen Sie *Datei/Speichern*.

Wenn Sie über die Menü- oder Symbolleiste einen Befehl wählen, öffnet sich ein Dialogfeld, über das Sie mit dem gestarteten Programm kommunizieren. Die von Ihnen gewünschten Einstellungen werden per Eingabe von Text oder Zahlen festgehalten. Mit *OK* bestätigen Sie Ihre Eingaben. Mit *Abbrechen* bleibt alles beim Alten.

WISSEN

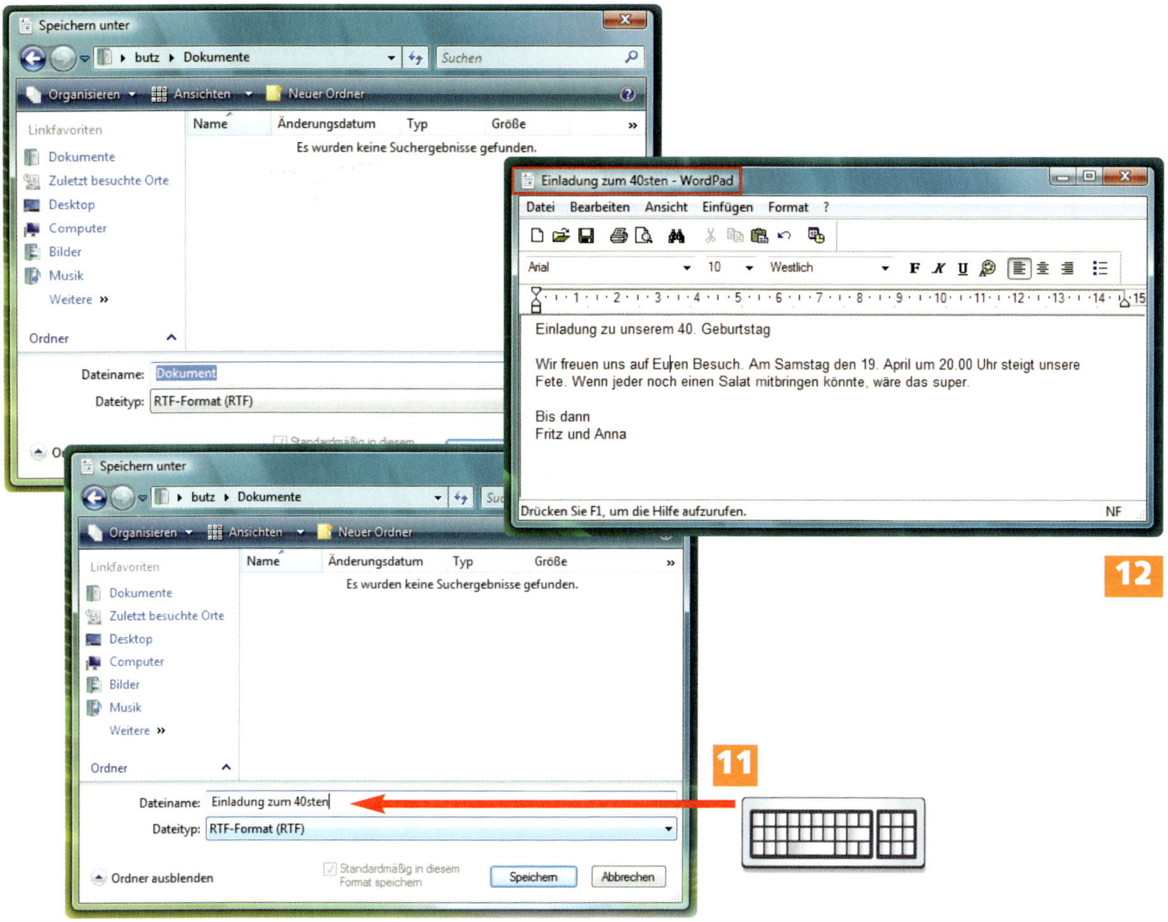

10 Das Dialogfeld *Speichern unter* erscheint. Der jetzige Dateiname ist blau hinterlegt.

11 Tippen Sie sofort los, um den aktuellen Dateinamen durch Ihren Namen zu ersetzen. Klicken Sie anschließend auf *Speichern*.

12 Jetzt erscheint in der Titelleiste von WordPad der von Ihnen eingegebene Name.

Ende

TIPP

Vergeben Sie beim Speichern Ihres Textes einen aussagekräftigen Namen, damit Sie die Datei, in unserem Beispiel die Einladung, wiederfinden.

FACHWORT

Eine **Datei** enthält vielerlei Daten (Informationen), die unter einem Namen auf der Festplatte gespeichert und von Windows verwaltet werden.

HINWEIS

Wer keinen spezifischen Speicherort auswählt, speichert seine Einladung automatisch im Ordner *Dokumente*.

Ergebnis anschauen: Einladung drucken

Start

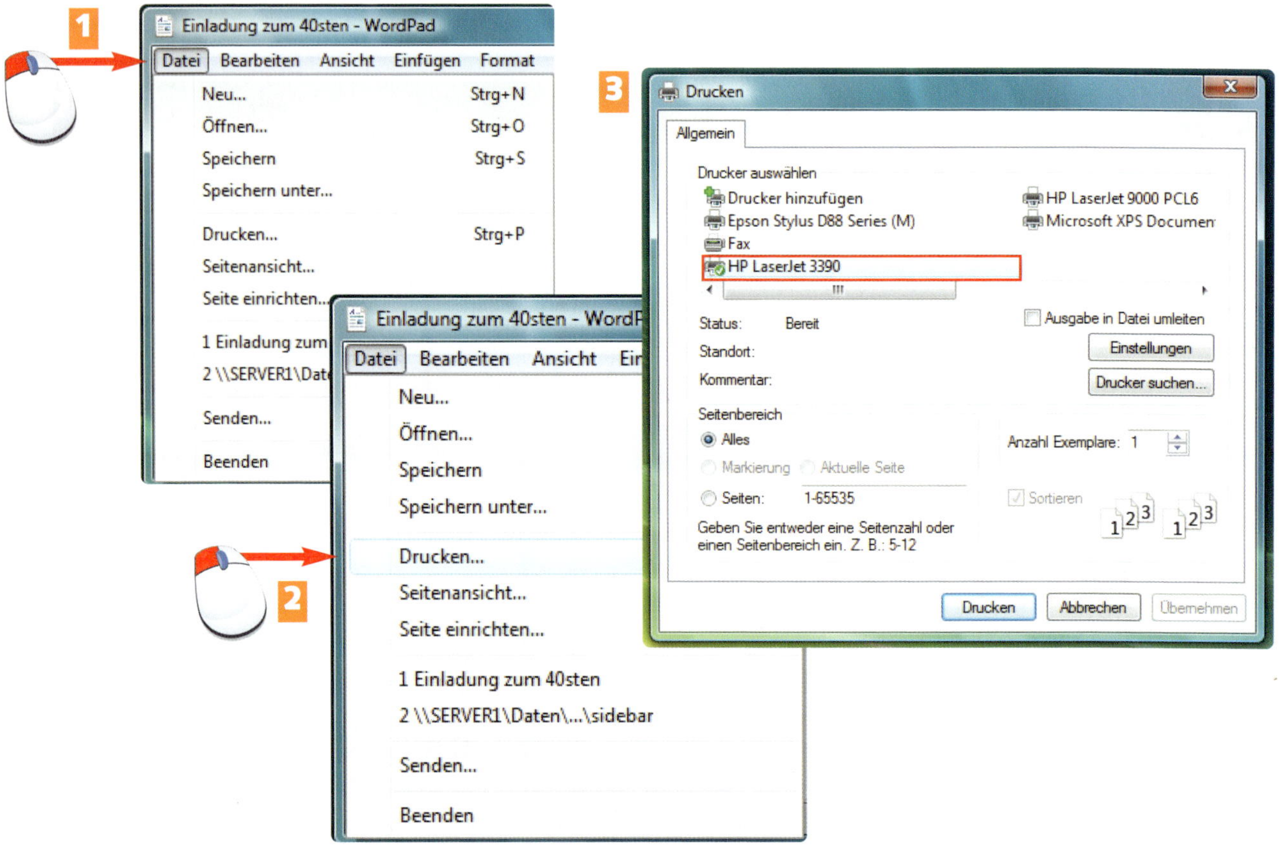

1 Klicken Sie in der Menüleiste auf *Datei* …

2 … und anschließend auf *Drucken*.

3 Das Dialogfeld *Drucken* wird geöffnet und der Standarddrucker ist automatisch ausgewählt (Drucker mit grünem Häkchen).

Ist der Drucker angeschlossen und installiert, ist es überhaupt kein Problem, seine Arbeit auszudrucken. (Wie Sie Ihren Drucker anschließen und installieren, lesen Sie in Kapitel 3 auf Seite 38 nach.) Wählen Sie keinen besonderen Drucker aus, schickt WordPad Ihre Einladung zum Standarddrucker (Häkchen am Drucker).

WISSEN

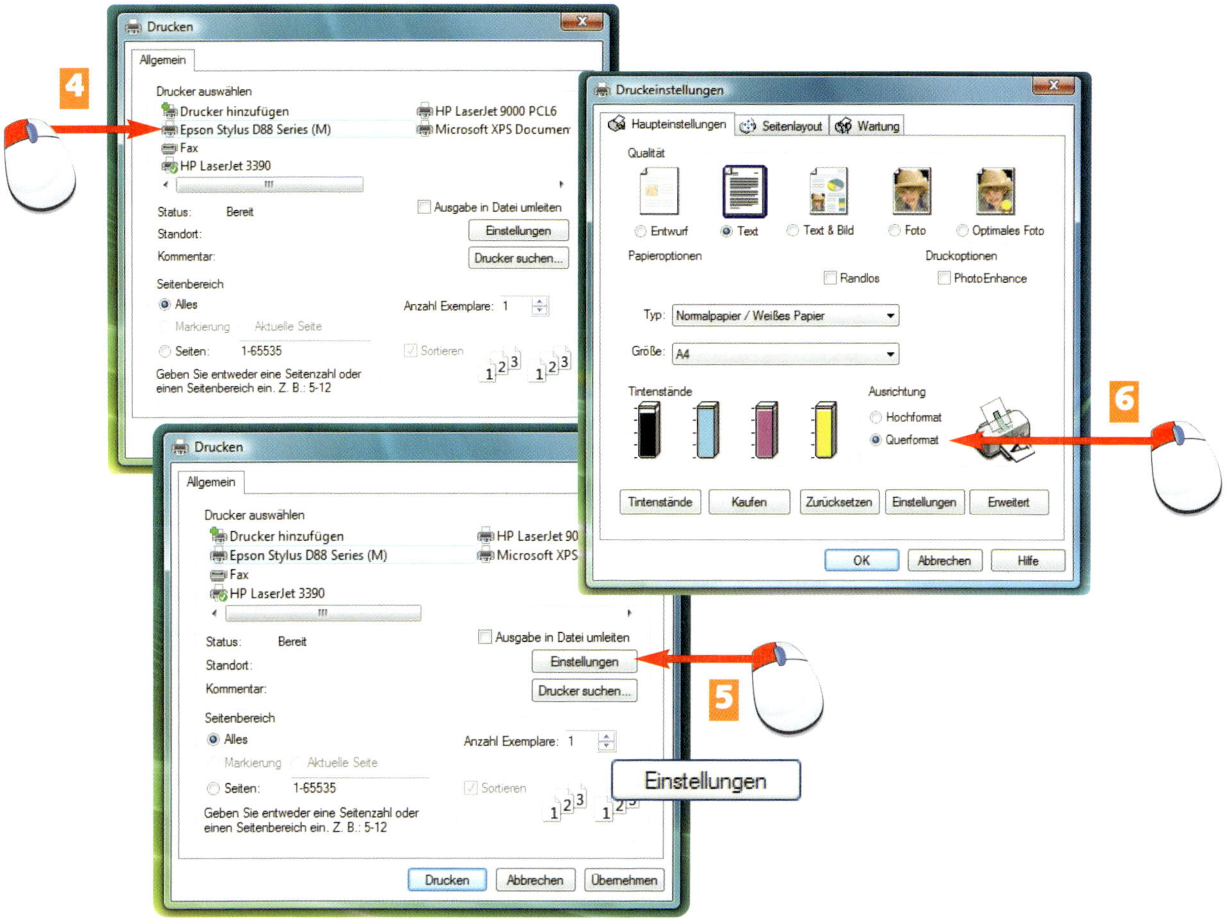

4 Mit einem Klick auf einen anderen Drucker schicken Sie Ihre Einladung zum neu gewählten Drucker.

5 Besondere Funktionen für den zuvor ausgewählten Drucker (hier: *Epson Stylus D88 Series (M)*) erhalten Sie mit einem Klick auf *Einstellungen*.

6 Zum Beispiel lässt sich hier die Option *Querformat* einstellen. Bestätigen Sie die Einstellung mit *OK*.

HINWEIS

Je nach installiertem Drucker variiert das Aussehen Ihres Dialogfelds *Einstellungen* (Bild 6).

FACHWORT

Ein **Netzwerk** besteht aus vielen zusammengeschlossenen Rechnern. Es ist möglich, von einem Rechner auf den anderen zuzugreifen.

HINWEIS

Entweder befinden Sie sich in einem Netzwerk oder Sie haben mehrere Drucker an Ihren Computer angeschlossen, um zwischen unterschiedlichen Druckern wählen zu können.

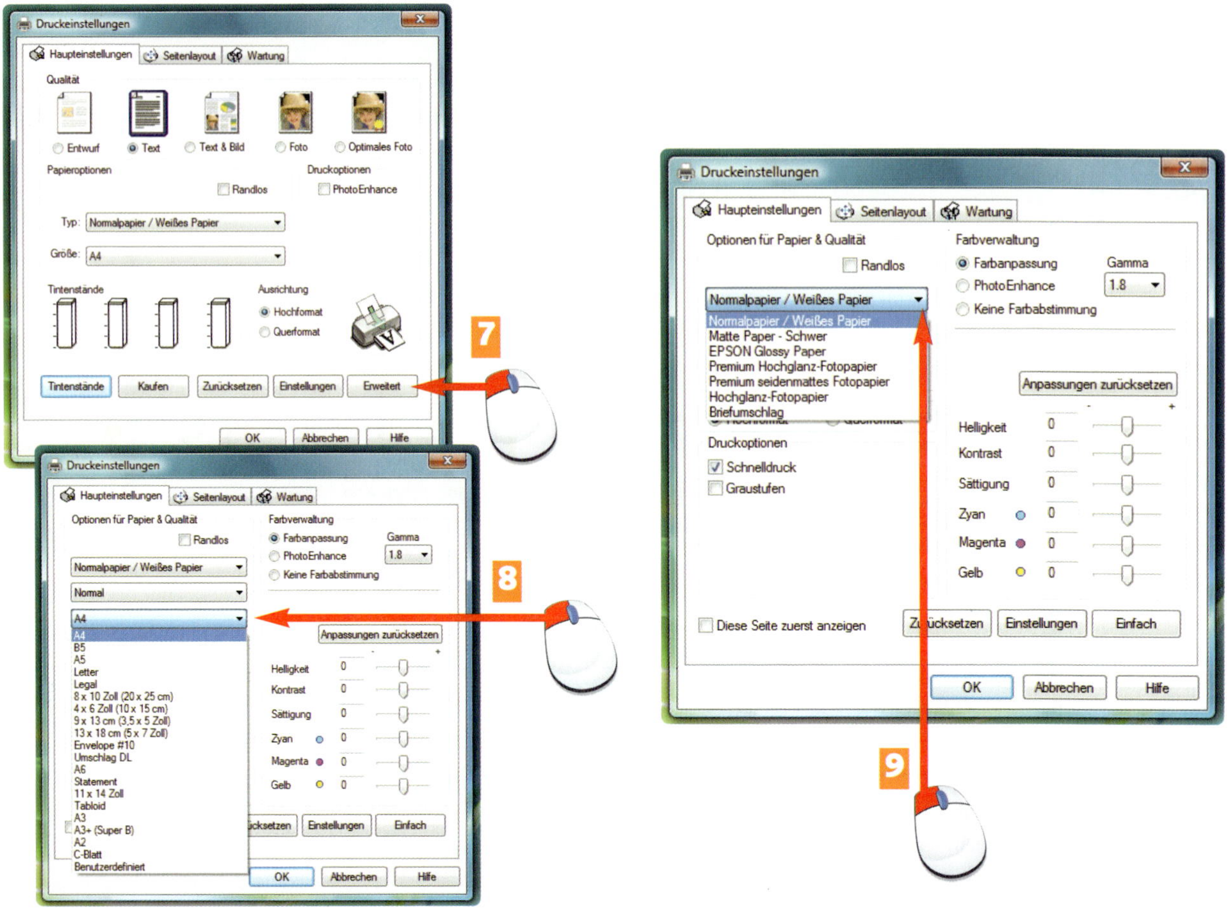

7 Unter *Erweitert* finden Sie viele nützliche Einstellungen rund um Ihren Drucker.

8 Klicken Sie auf den Pfeil, der nach unten zeigt, um die Papierformatliste aufzuklappen und ein anderes Papierformat auszuwählen.

9 Oder wählen Sie für den Druck Ihrer Bilder einen ganz bestimmten Papiertyp aus. Bestätigen Sie Ihre Eingaben mit *OK*.

Jeder Drucker hat seine ganz persönliche Note. Das bedeutet, dass die Druckeinstellungen individuell sind. Auf Seite 63, Bild 6 sehen Sie die Druckeinstellungen des HP OfficeJet G85, und auf dieser Seite in Bild 7 sehen Sie die Druckeinstellungen vom HP LaserJet 4000 zum Vergleich.

WISSEN

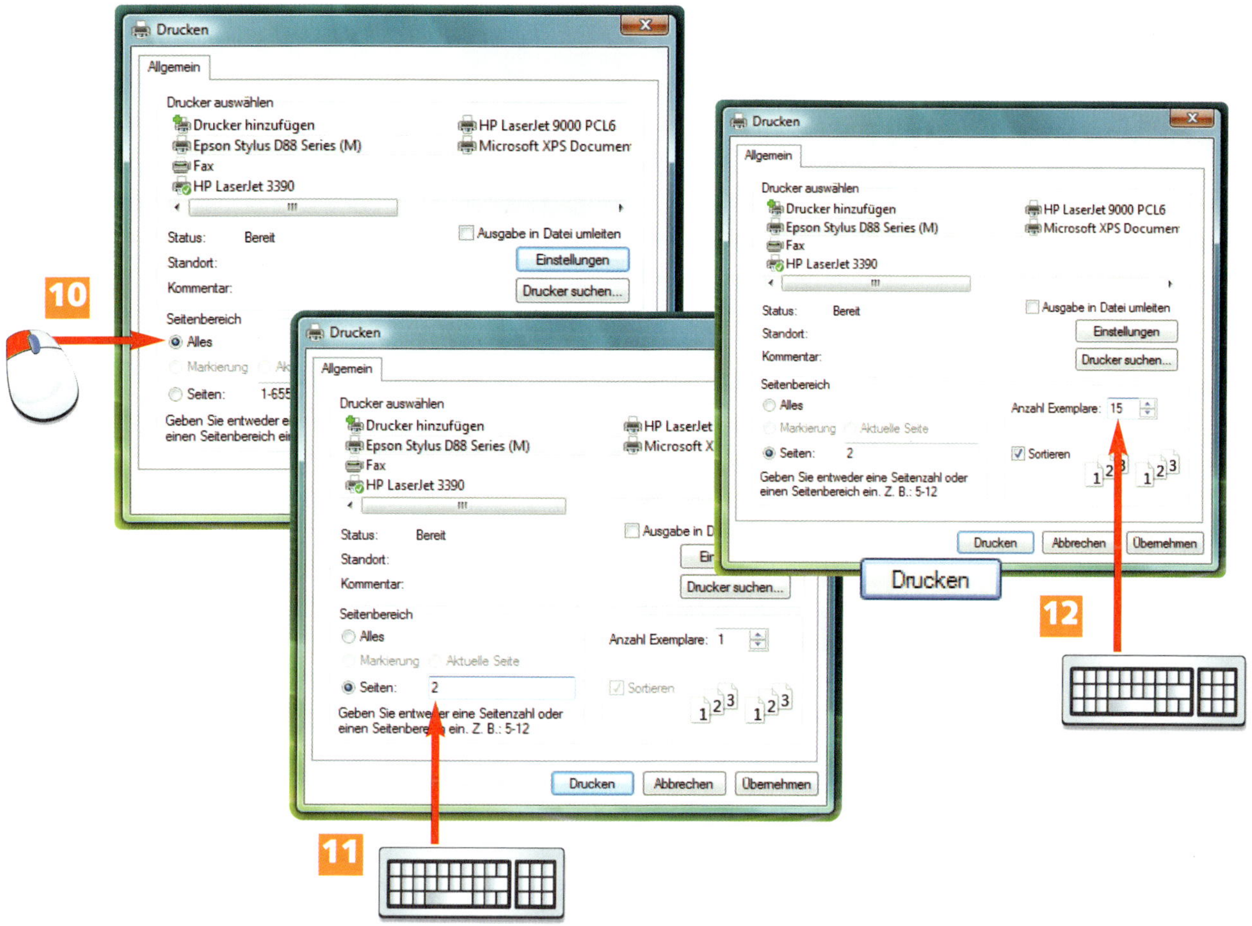

10 Sie landen wieder im Drucken-Dialogfeld. Standardmäßig wird *Alles* zum Drucker geschickt.

11 Hätte Ihr Dokument mehrere Seiten, könnten Sie die Seite angeben, die Sie drucken möchten.

12 Vervielfachen Sie Ihren Druck, indem Sie die *Anzahl* der *Exemplare* eingeben. Wenn Sie mit den Einstellungen zufrieden sind, bestätigen Sie mit *Drucken.*

Ende

Ganz einfach lässt sich eine *Markierung* oder eine *Aktuelle Seite* ausdrucken. Aktivieren Sie dazu die eine oder andere Option im Drucken-Dialog.

TIPP

Ist die Option *Sortieren* aktiv, drucken Sie von Ihrem Dokument eine Seite nach der anderen. Bei deaktivierter Sortierung drucken Sie beispielsweise 5 Mal Seite 1, dann 5 Mal Seite 2, usw.

HINWEIS

Die Einladung schließen und wieder öffnen

Start

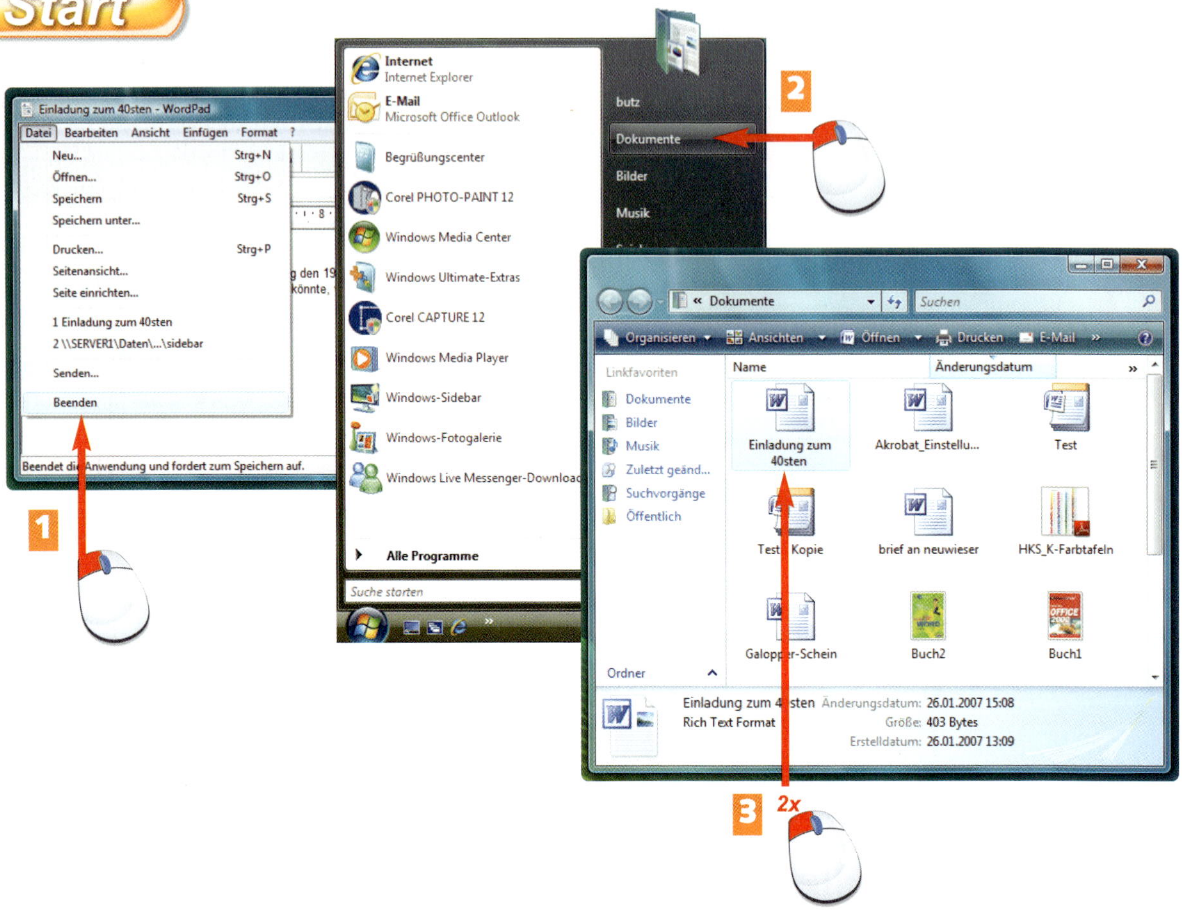

1 Um WordPad und die Einladung vom Bildschirm zu verbannen, klicken Sie auf *Datei/ Beenden*.

2 Öffnen Sie die *Dokumente* im Start-Menü über *Start/Dokumente.*

3 Holen Sie die Einladung per Doppelklick auf die Datei (hier: *Einladung zum 40sten)* zurück auf den Bildschirm.

Es kann sein, dass sich bei einem Doppelklick auf die Einladung im Ordner *Dokumente* nicht das Programm WordPad, sondern Microsoft Word öffnet, je nachdem, welche Textverarbeitungsprogramme auf Ihrem Rechner installiert sind. Das macht aber nichts, denn Sie können die Einladung auch dort weiter bearbeiten.

WISSEN

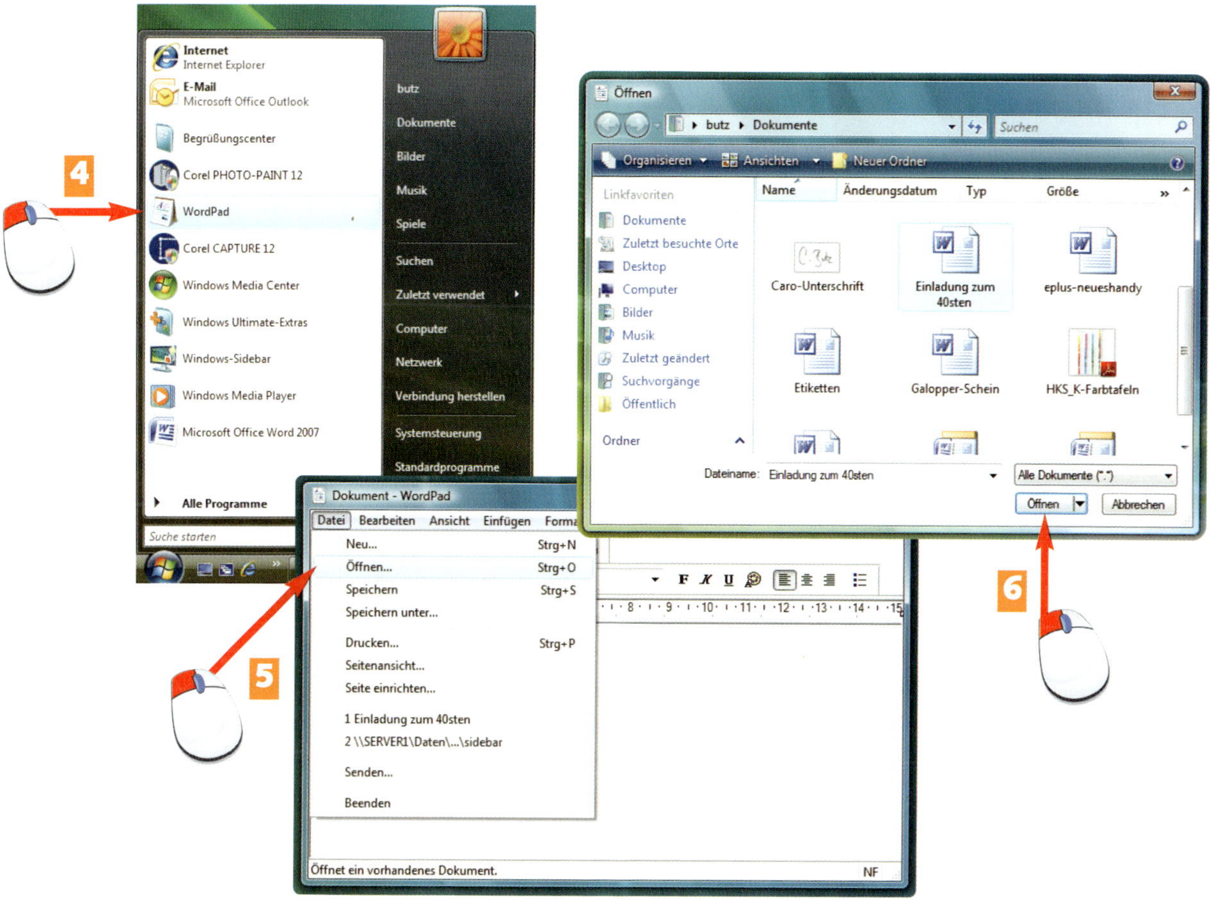

4 Sollte das mit dem Doppelklick nicht funktionieren, starten Sie WordPad über *Start/WordPad* oder *Start/Alle Programme/Zubehör/WordPad*.

5 Wählen Sie nun *Datei/Öffnen*.

6 Markieren Sie mit einem Klick die Einladung und bestätigen Sie anschließend mit *Öffnen*.

Ende

HINWEIS

Wie Sie Dateien auf CD bzw. DVD brennen, lesen Sie in Kapitel 6 auf Seite 86 nach.

FACHWORT

Die **Bildlaufleisten** ermöglichen es Ihnen, den Inhalt eines Fensters hin- und herzuschieben (siehe Kapitel 4, Seite 54, Bild 1).

HINWEIS

Vielleicht haben Sie schon sehr viele Dateien gespeichert und sehen Ihre Einladung nicht auf den ersten Blick. Dann verschieben Sie den Inhalt mit den Bildlaufleisten.

6

Geschickte Dateiablage: Wie schaffe ich Ordnung?

Start

1

3

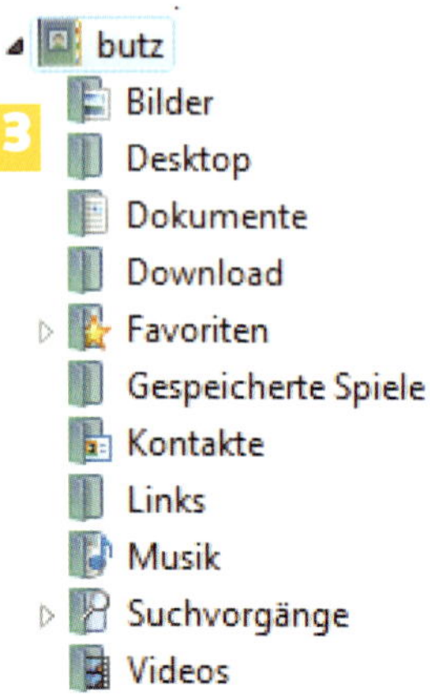

2

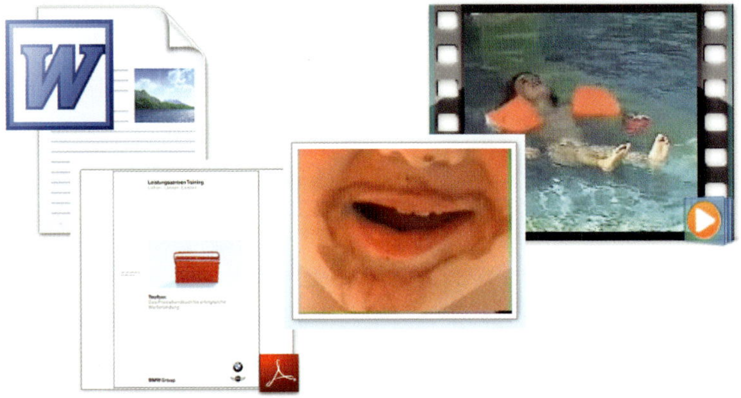

1 Die aufgeklappten Symbole sind Ordner. Darin bewahren Sie Ihre Dateien auf.

2 Hier sehen Sie unterschiedliche Dateisymbole: ein Word-Dokument, eine PDF-Datei, ein Foto und einen Film.

3 Im eigenen Ordner (hier: *butz)* befinden sich im Moment die Ordner *Bilder, Desktop, Dokumente, Download* usw.

Ein Ordner bezeichnet den Speicherort einer Datei auf dem Computer. Er kann tatsächlich mit einem echten Ordner verglichen werden, nur werden dort keine Papiere, sondern Dateien eingeordnet. Außerdem können Sie so viele eigene Ordner anlegen, wie Sie möchten. Sie können auch innerhalb eines Ordners neue Unterordner anlegen.

WISSEN

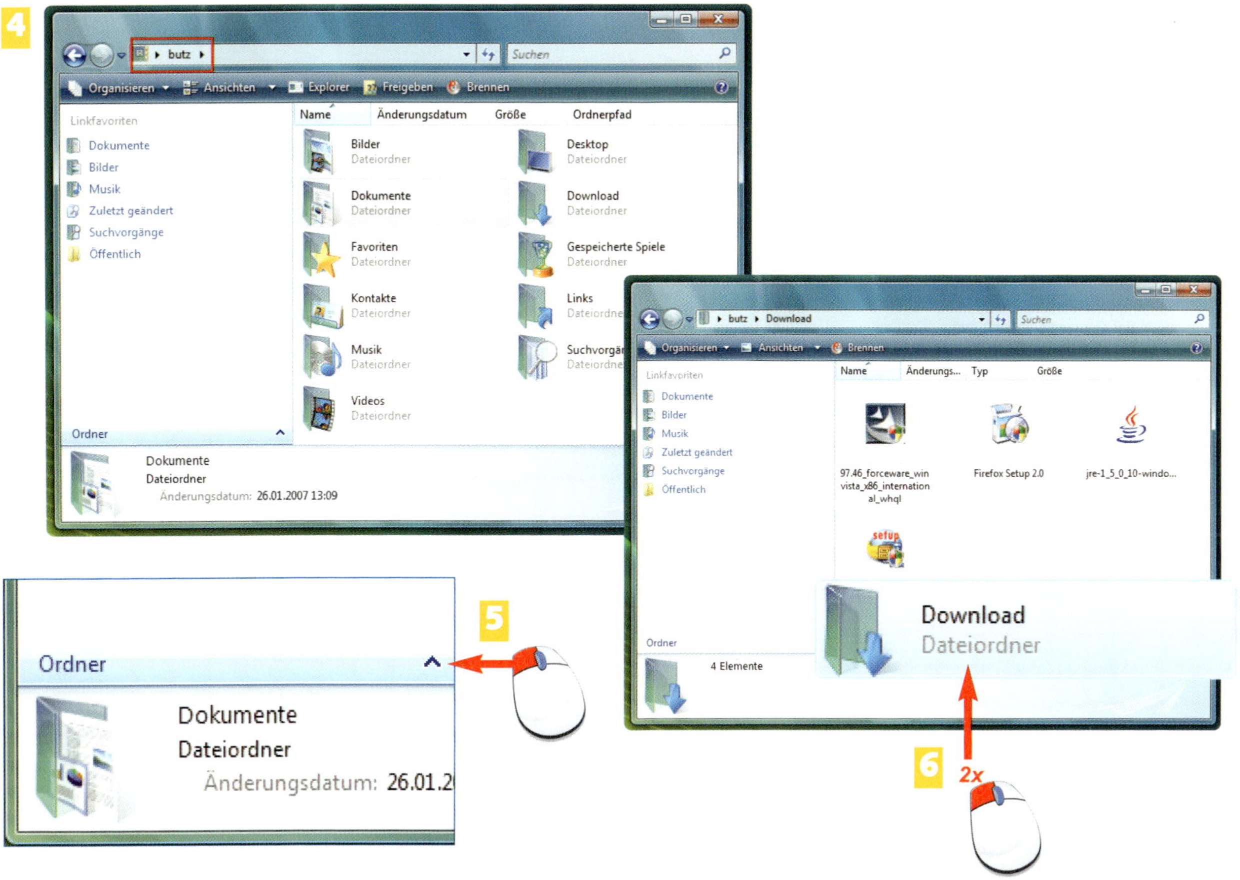

4 Öffnen Sie den eigenen Ordner über *Start/Eigener Ordner* (hier: *butz*), *so* sehen Sie seinen Inhalt.

5 Mit einem Klick auf das Pfeilchen neben *Ordner* blenden Sie die Struktur Ihres Computers ein.

6 Doppelklicken Sie in der rechten Fensterhälfte auf einen Ordner, so wird dessen Inhalt angezeigt.

Ende

Ein erneuter Klick auf das Symbol *Ordner* lässt die Struktur wieder verschwinden (siehe Bild 5).

HINWEIS

Die Ordner *Dokumente, Bilder, Musik, Videos* usw. sind von Windows mitgelieferte Ordner. Verwenden Sie diese Ordner, um Verwirrung zu vermeiden.

HINWEIS

Neuen Ordner anlegen und wieder löschen

Start

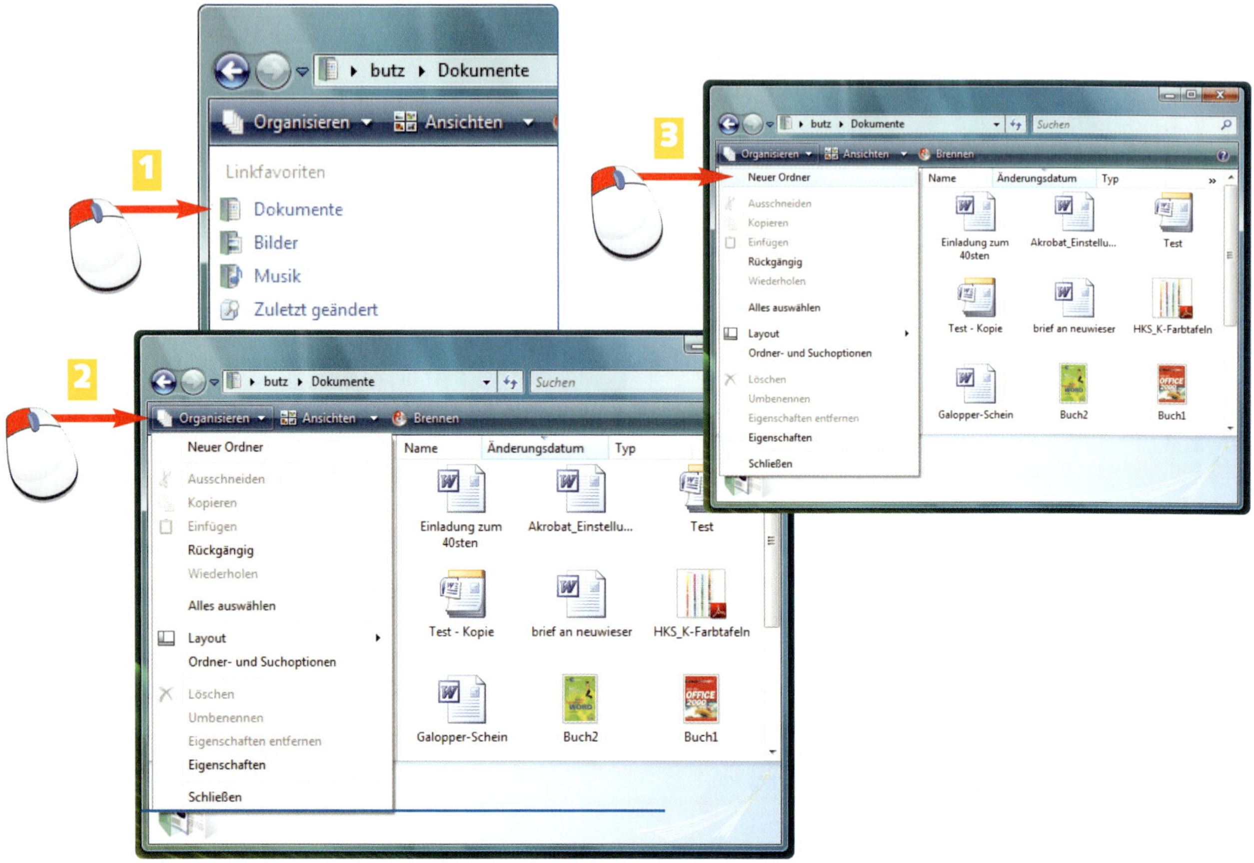

1 Rufen Sie mit einem Klick in der linken Fensterhälfte den Ordner auf, in dem Sie einen neuen Ordner anlegen möchten (hier: *Dokumente*).

2 Klicken sie auf *Organisieren.*

3 Klicken Sie jetzt auf *Neuen Ordner*.

Mit einem Doppelklick auf einen Ordner (rechte Fensterhälfte) landen Sie im Fenster des angeklickten Ordners. Dort könnten Sie einen weiteren Ordner anlegen usw. Dieses Spielchen lässt sich beinahe endlos fortsetzen. In der linken Fensterhälfte genügt übrigens ein einfacher Mausklick, um den Inhalt des Ordners rechts anzuzeigen.

WISSEN

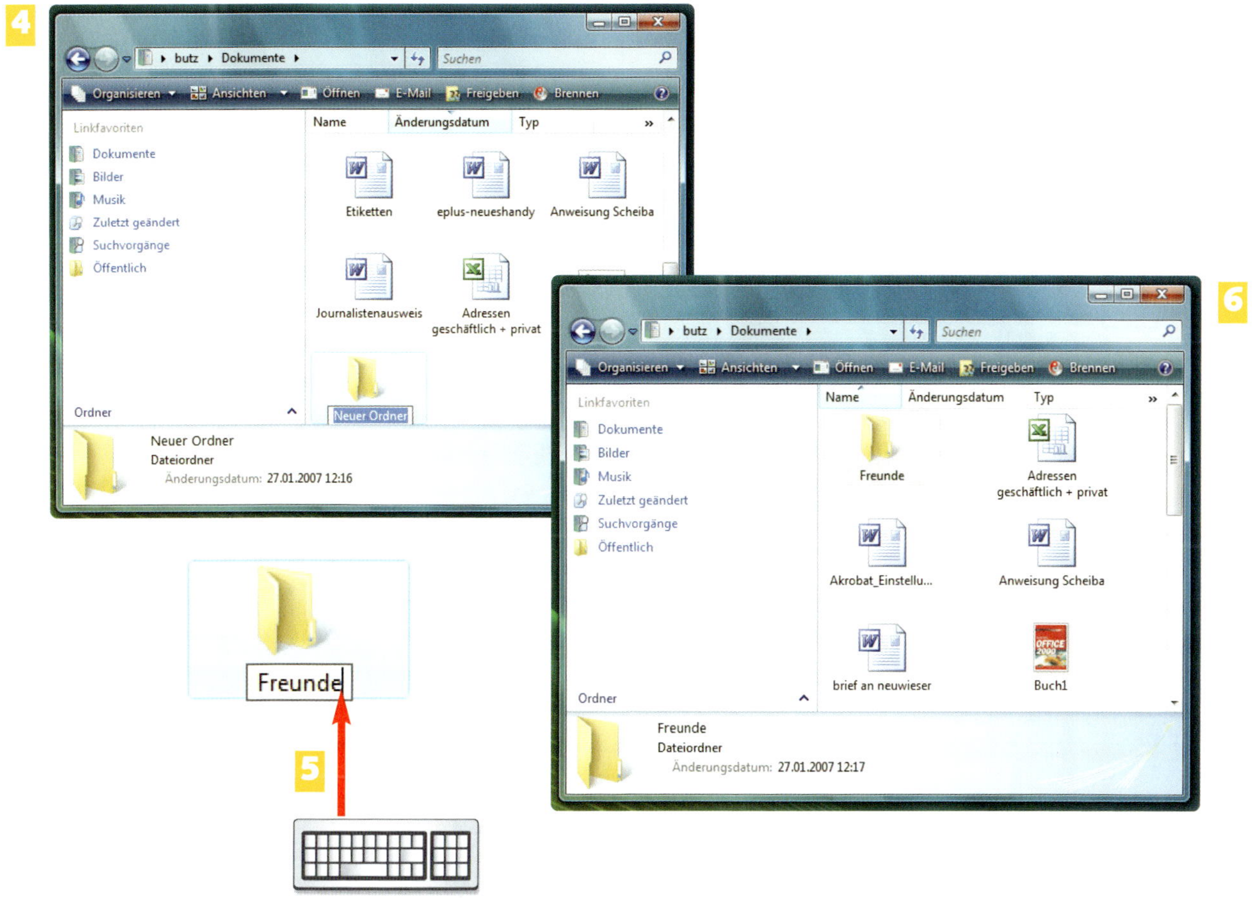

4 Ein *Neuer Ordner* erscheint in der rechten Fensterhälfte. Die Schrift ist blau hinterlegt.

5 Und jetzt Finger weg von der Maus! Einfach gleich lostippen und den neuen Namen für den Ordner eingeben (hier: *Freunde*).

6 Bestätigen Sie Ihren neuen Eintrag, indem Sie die (↵)-Taste drücken.

Ende

Löschen eines Ordners:
Markieren Sie mit einem Klick einen Ordner und drücken Sie auf der Tastatur die (Entf)-Taste. Bestätigen Sie die folgende Sicherheitsabfrage mit *Ja*.

HINWEIS

Hat das mit dem Beschriften nicht geklappt, klicken Sie einmal auf den Schriftzug *Neuer Ordner*, warten ein bisschen und klicken ein zweites Mal. Jetzt den Namen eintippen.

HINWEIS

Start

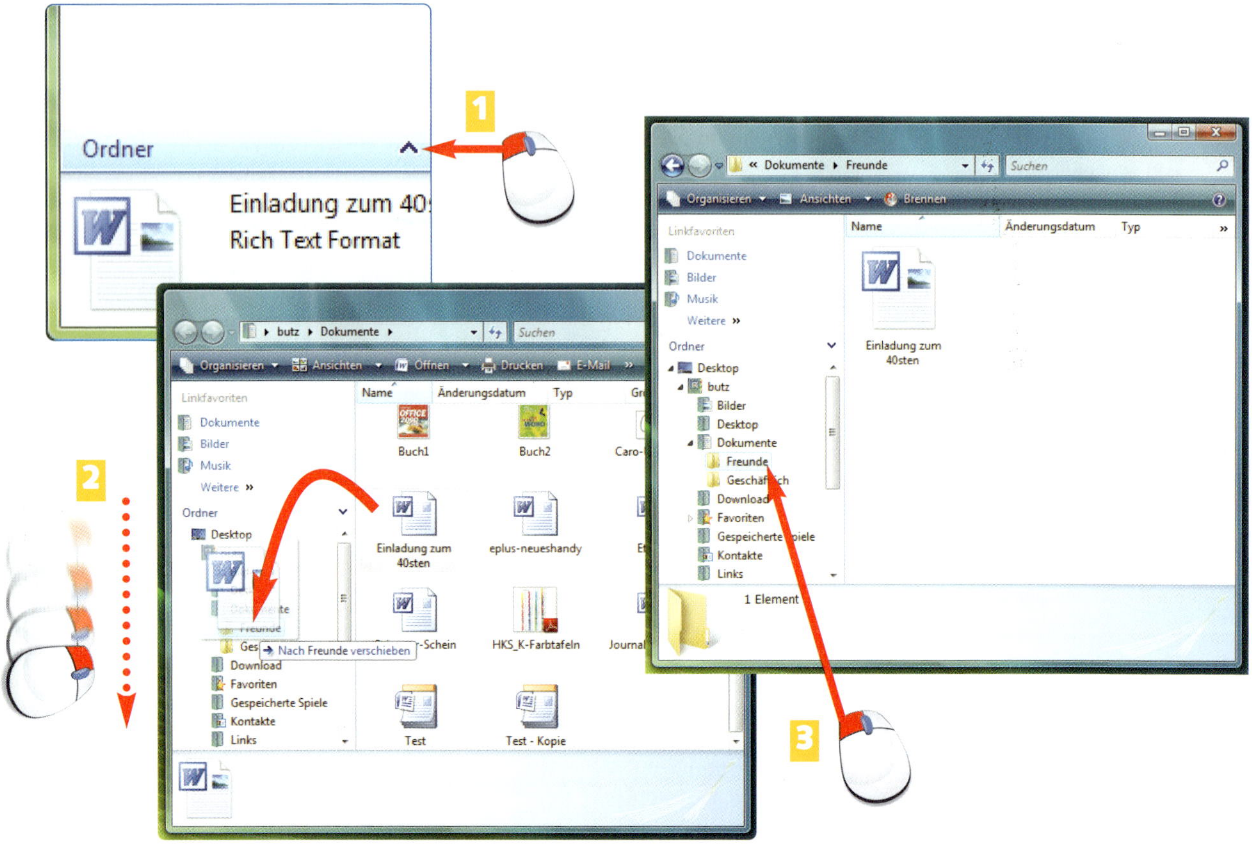

1 Klicken Sie auf den Pfeil neben *Ordner*, um die Struktur Ihres Computers zu sehen.

2 Ziehen Sie mit gedrückter linker Maustaste die Datei auf den Ordner, in dem Sie den Text oder das Bild einordnen möchten. Lassen Sie die Maustaste wieder los.

3 Wenn Sie auf den Ordner klicken (hier: *Freunde)*, in dem Sie den Text oder das Bild eingeordnet haben, zeigt Windows die Datei in der rechten Fensterhälfte an.

Wenn Sie eine Datei verschieben, bedeutet das, dass Sie einen Text oder ein Bild aus einem Ordner herausnehmen und in einen anderen Ordner einordnen. Anders beim Kopieren. Hier bleibt die Datei im ursprünglichen Ordner erhalten und Sie legen eine Kopie der Datei im neu gewählten Ordner ab.

WISSEN

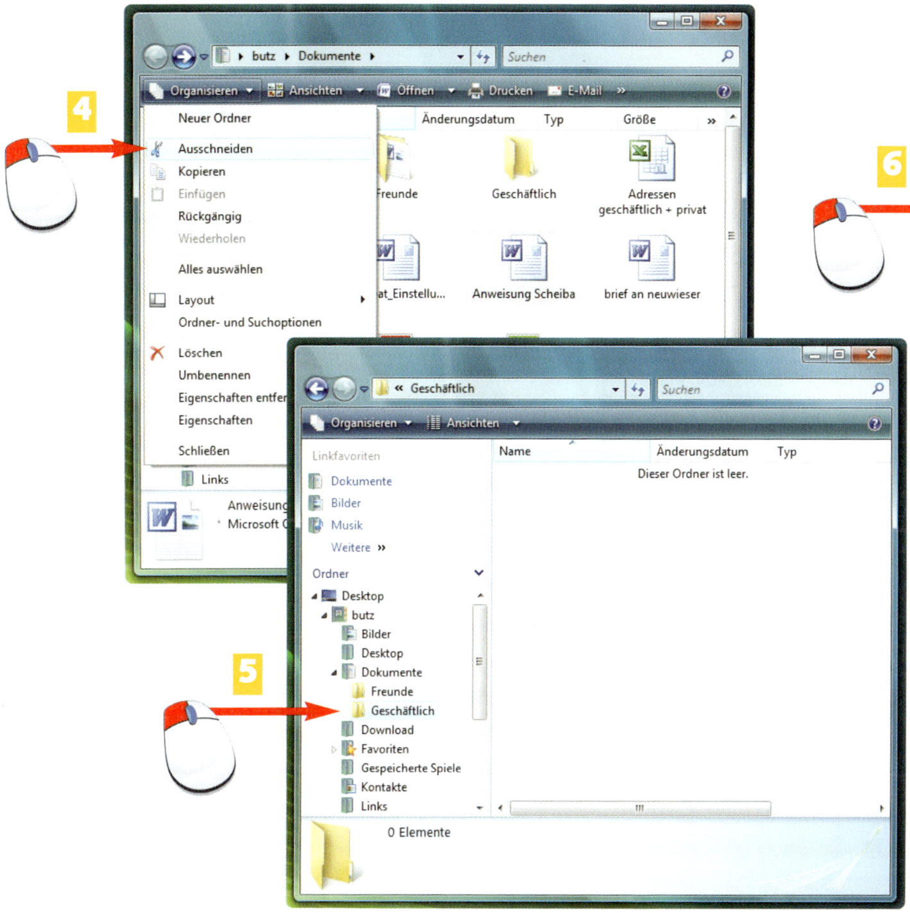

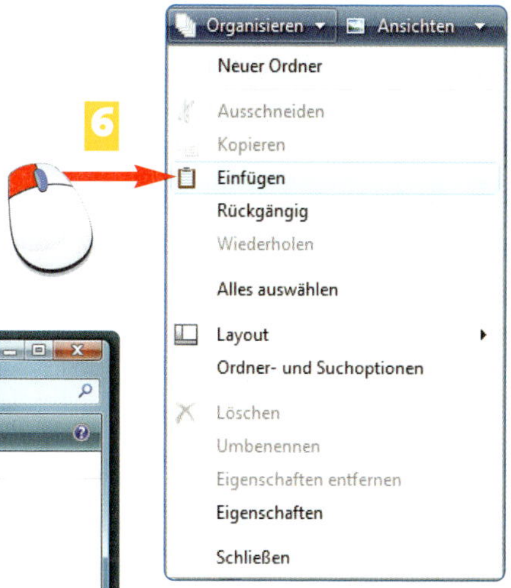

4 Wie geht's noch? Markieren Sie die Datei, die Sie verschieben möchten, und wählen Sie *Organisieren/Ausschneiden.*

5 Klicken Sie auf den Ordner, in den Sie Ihren Text oder Ihr Bild verschieben möchten (hier: *Geschäftlich*).

6 Klicken Sie anschließend auf *Einfügen.*

Ende

Sollten Sie Ihre Ordner nicht sehen, dann klicken Sie auf das vorangestellte Pfeilchen. Die Unterordner werden eingeblendet. Mit einem erneuten Klick blenden Sie die Unterordner wieder aus.

TIPP

Ein Kontrollblick in den Ordner *PRIVAT:* Öffnen Sie *Eigene Dateien* und doppelklicken Sie dort auf *PRIVAT*. Hat alles geklappt, finden Sie dort die Einladung wieder.

HINWEIS

Start

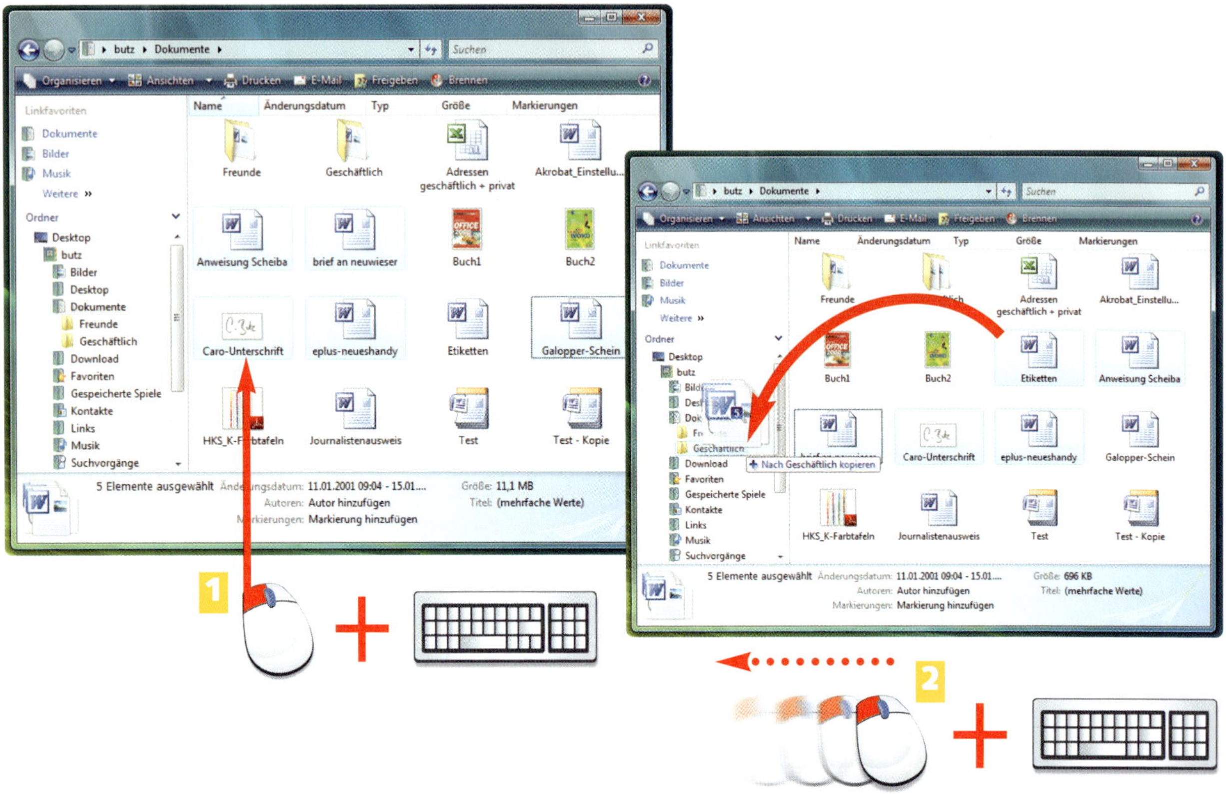

1 Mit einem Klick markieren Sie eine Datei. Mit einem weiteren Klick und gleichzeitig gedrückter Strg-Taste auf der Tastatur markieren Sie zusätzlich eine zweite und dritte Datei usw.

2 Halten Sie die Strg-Taste weiter gedrückt und ziehen Sie gleichzeitig mit gedrückter linker Maustaste die zuvor markierten Dateien auf den Ordner, in dem Sie die Kopien ablegen möchten.

Sehr oft wird die Tastatur in Kombination mit der Maus benützt. Die gedrückte Taste löst einen bestimmten Befehl aus. Die Tasten, die in Verbindung mit der Maus verwendet werden, sind: Strg, ⇧ und Alt. Beim Markieren mehrerer Dateien und Ordner verwenden Sie entweder die Strg-Taste oder die ⇧-Taste.

WISSEN

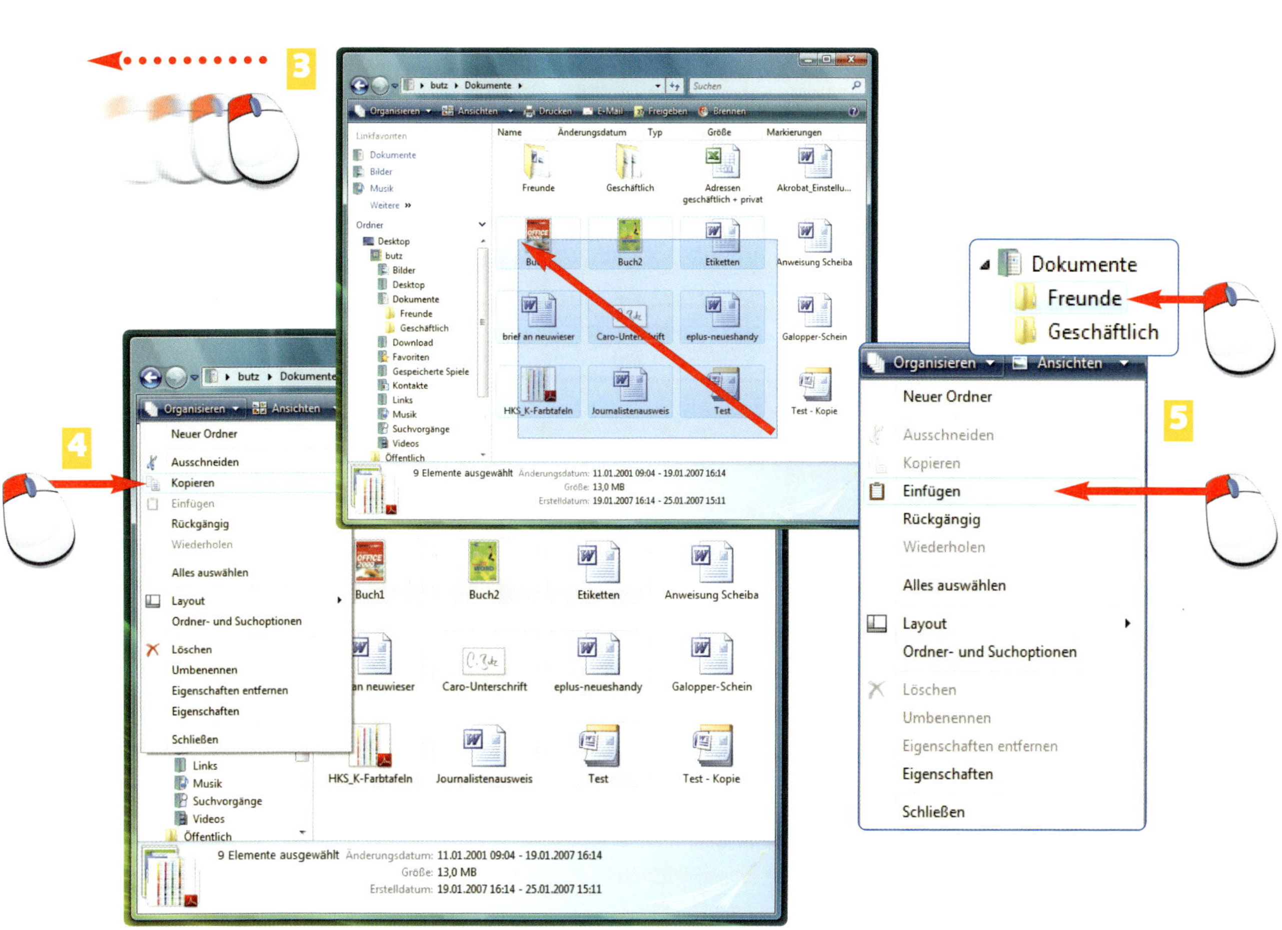

3 Markieren mit der Maus: Halten Sie die linke Maustaste gedrückt und ziehen Sie sie über die Dateien, die Sie markieren möchten. Lassen Sie die Maustaste wieder los.

4 Klicken Sie auf *Organisieren* und anschließend auf *Kopieren*.

5 Markieren Sie den Ordner (hier: *Freunde)*, indem Sie die Kopien ablegen möchten, und wählen Sie *Organisieren/Einfügen*.

Ende

Die Befehle *Ausschneiden*, *Kopieren*, *Einfügen* und *Löschen* finden Sie auch per rechten Mausklick auf die markierten Dateien im Kontextmenü.

Beim Markieren mit der Maus setzen Sie die Mausspitze neben die Dateien, und nicht auf eine Datei.

HINWEIS

Sollten Sie Ihren Ordner, in den Sie kopieren oder verschieben möchten, nicht entdecken, blättern Sie mit den Bildlaufleisten nach oben oder unten (siehe Bild 4).

HINWEIS

Rein in den Papierkorb: Dateien löschen

Start

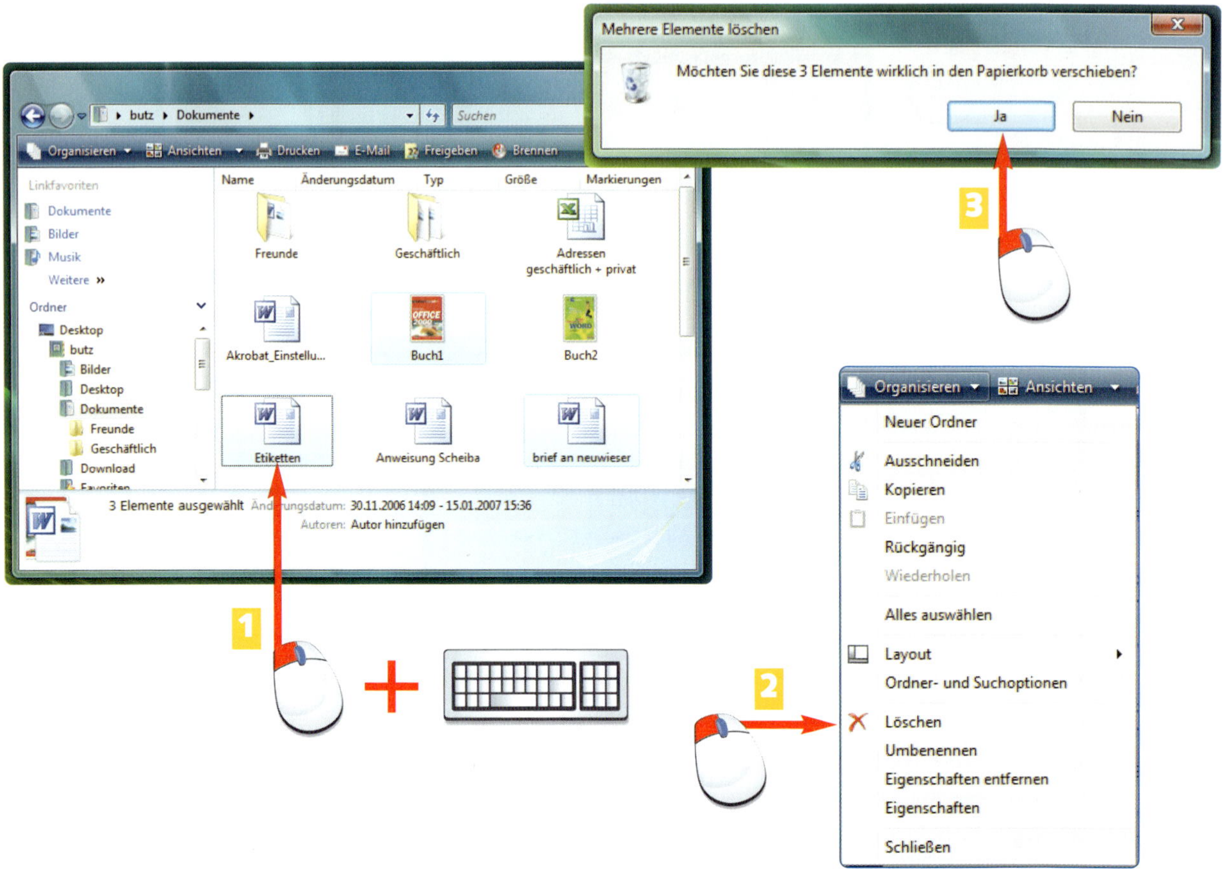

1 Markieren Sie die Dateien, die Sie löschen möchten, mit einem einfachen Mausklick und gleichzeitig gedrückter Strg-Taste.

2 Wählen Sie *Organisieren/Löschen.*

3 Zur Sicherheit werden Sie gefragt, ob Sie die ausgewälten Elemente tatsächlich löschen möchten. Bestätigen Sie mit *Ja.*

Alle Elemente, die Sie löschen, landen vorerst im Papierkorb. Das bedeutet, dass noch nichts wirklich verloren ist. Erst wenn Sie den Papierkorb geleert haben, sind Ihre Dateien unwiederbringlich gelöscht.

WISSEN

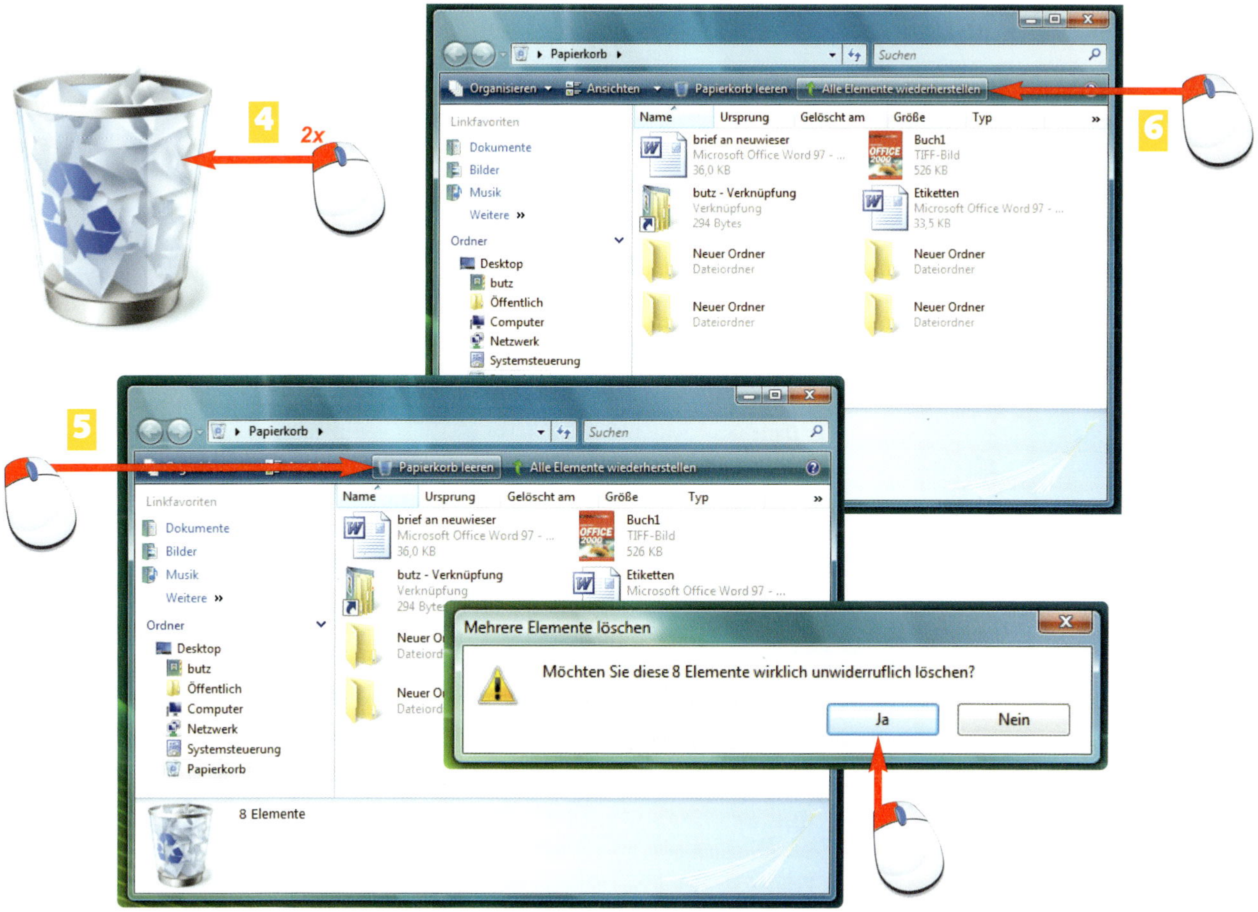

4 Doppelklicken Sie auf den Papierkorb, der auf dem Desktop liegt. Die zuvor gelöschten Dateien werden angezeigt.

5 Möchten Sie die Dateien endgültig von Ihrem Rechner entfernen, klicken Sie auf *Papierkorb leeren.* Bestätigen Sie die Rückfrage mit *Ja.*

6 *Alle Elemente wiederherstellen* verschiebt die ausgewählten Dateien wieder an ihre ursprünglichen Speicherorte zurück.

Ende

Leeren Sie den Papierkorb erst, wenn Sie sich hundertprozent sicher sind, dass nichts Wichtiges dabei ist!

HINWEIS

Dateien, die Sie löschen möchten, können Sie mit gedrückter linker Maustaste direkt auf das Symbol des Papierkorbs schieben.

TIPP

Start

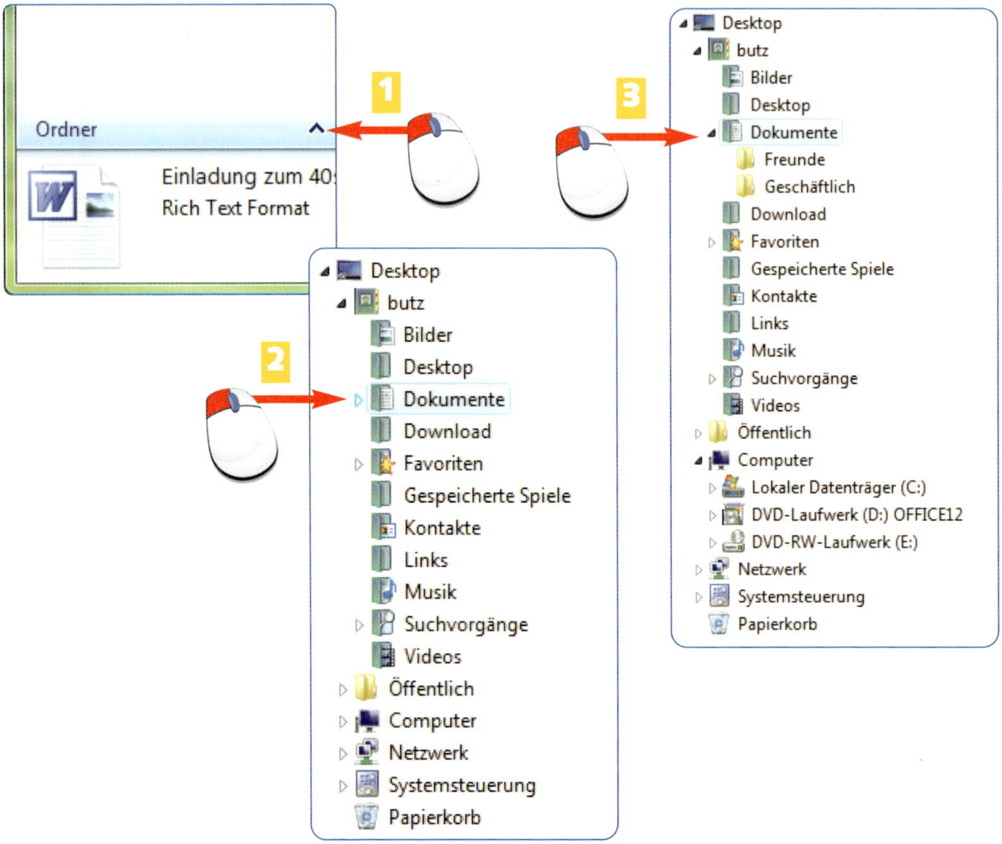

1 Klicken Sie auf *Start/Dokumente*. Klicken Sie auf *Ordner*, um die Struktur Ihres Computers sichtbar zu machen.

2 Mit einem Klick auf das vorangestellte Dreieck machen Sie untergeordnete Elemente sichtbar.

3 Mit einem erneuten Klick auf das Dreieck verschwinden die untergeordneten Elemente wieder.

In der Hierarchie Ihres Rechners sind ganz oben angeordnet: der Desktop, darunter Ihr eigener Ordner (hier: *butz)*, den Sie auch im Startmenü wiederfinden. Wiederum darunter finden Sie alle für Sie wichtigen Ordner wie zum Beispiel *Bilder, Dokumente, Musik* usw.

WISSEN

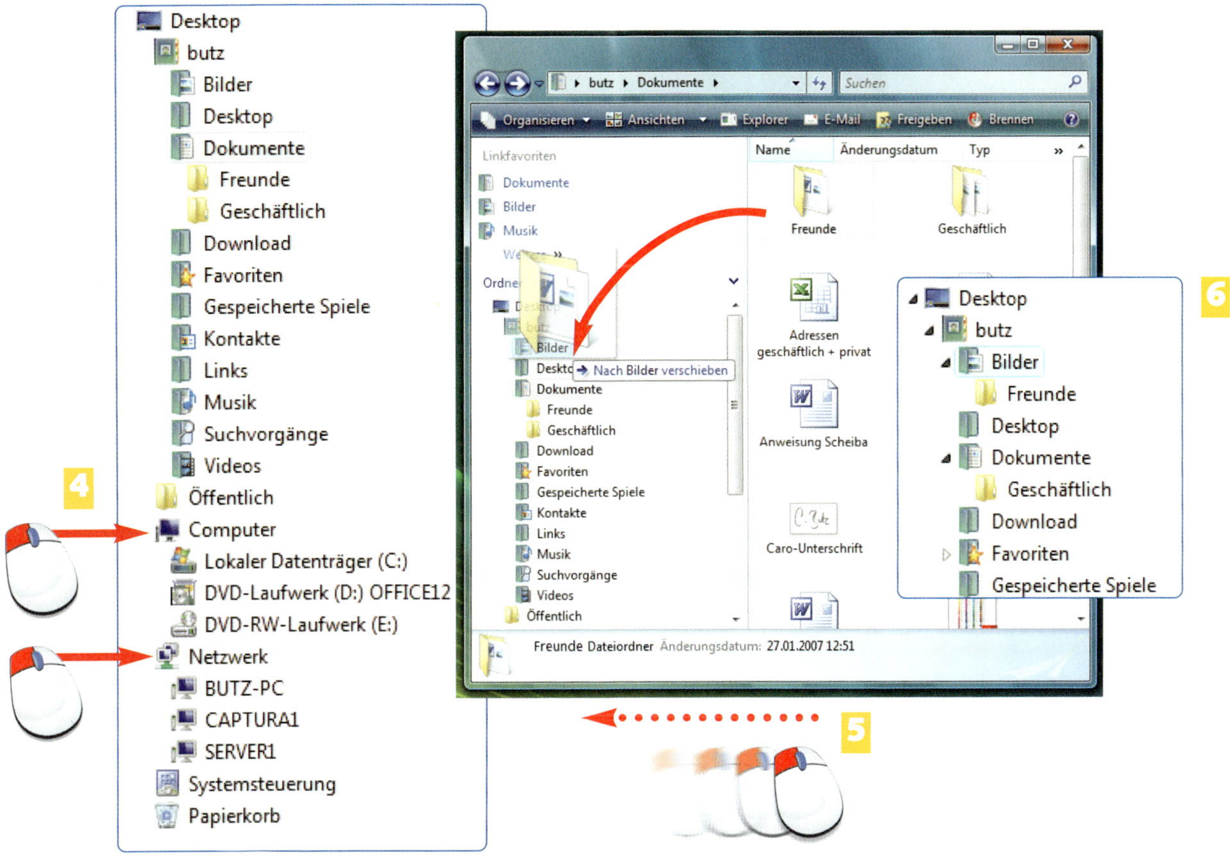

4 Unter *Computer* verstecken sich übrigens Ihre Laufwerke, wie zum Beispiel das *DVD-Laufwerk*. Und wer in einem Netzwerk eingebunden ist, erreicht die anderen Computer über *Netzwerk*.

5 Übrigens: Wenn Sie einen Ordner verschieben, ändern Sie die Struktur Ihrer Ordner.

6 In meinem Beispiel befindet sich der Ordner *Freunde* jetzt unter den *Bildern* und nicht mehr unter den *Dokumenten*.

Ende

Übrigens gibt es auch eine Tastenkombination, um Aktionen wieder rückgängig zu machen. Drücken Sie einfach [Strg]+[Z].

TIPP

Sollte beim Umstrukturieren etwas schieflaufen, dann wählen Sie *Organisieren/Rückgängig*.

TIPP

Wenn Sie einen Ordner mit gedrückter [Strg]-Taste anpacken und verschieben, erstellen Sie eine Kopie des Ordners und seines gesamten Inhalts.

HINWEIS

Start

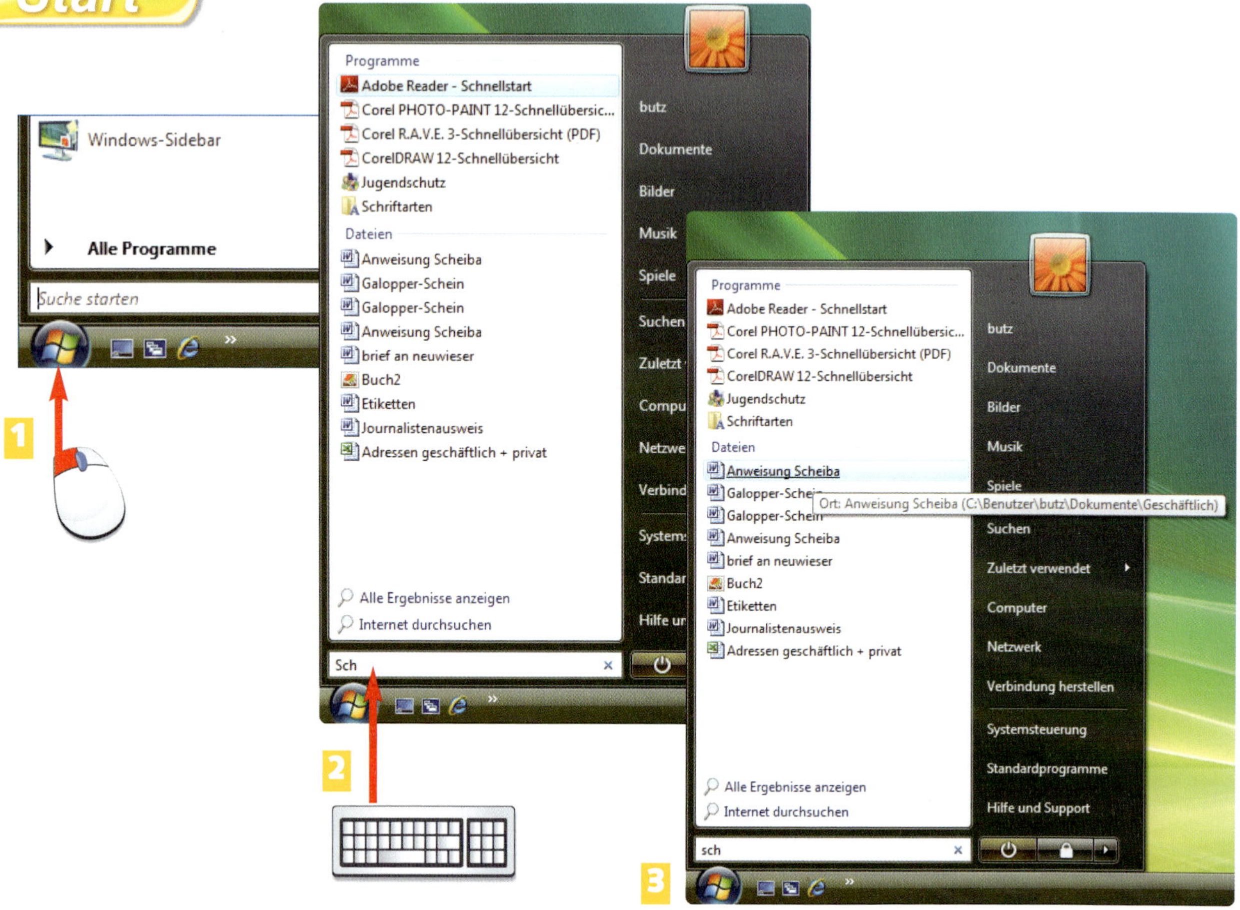

1 Klicken Sie in der Taskleiste auf *Start*.

2 Geben Sie den Suchbegriff in das Feld *Suche starten* ein.

3 Schon bei der Eingabe der ersten Buchstaben zeigt Windows die gefundenen Dateien an. Bewegen Sie die Maus auf eine der Dateien, wird der Speicherort der Datei sichtbar.

In dem Moment, in dem Sie Ihrem Text oder Bild einen Namen gegeben, sprich sie gespeichert haben, befindet sich die Datei irgendwo auf Ihrem Computer. Mit der Eingabe des Dateinamens können Sie die Datei suchen.

WISSEN

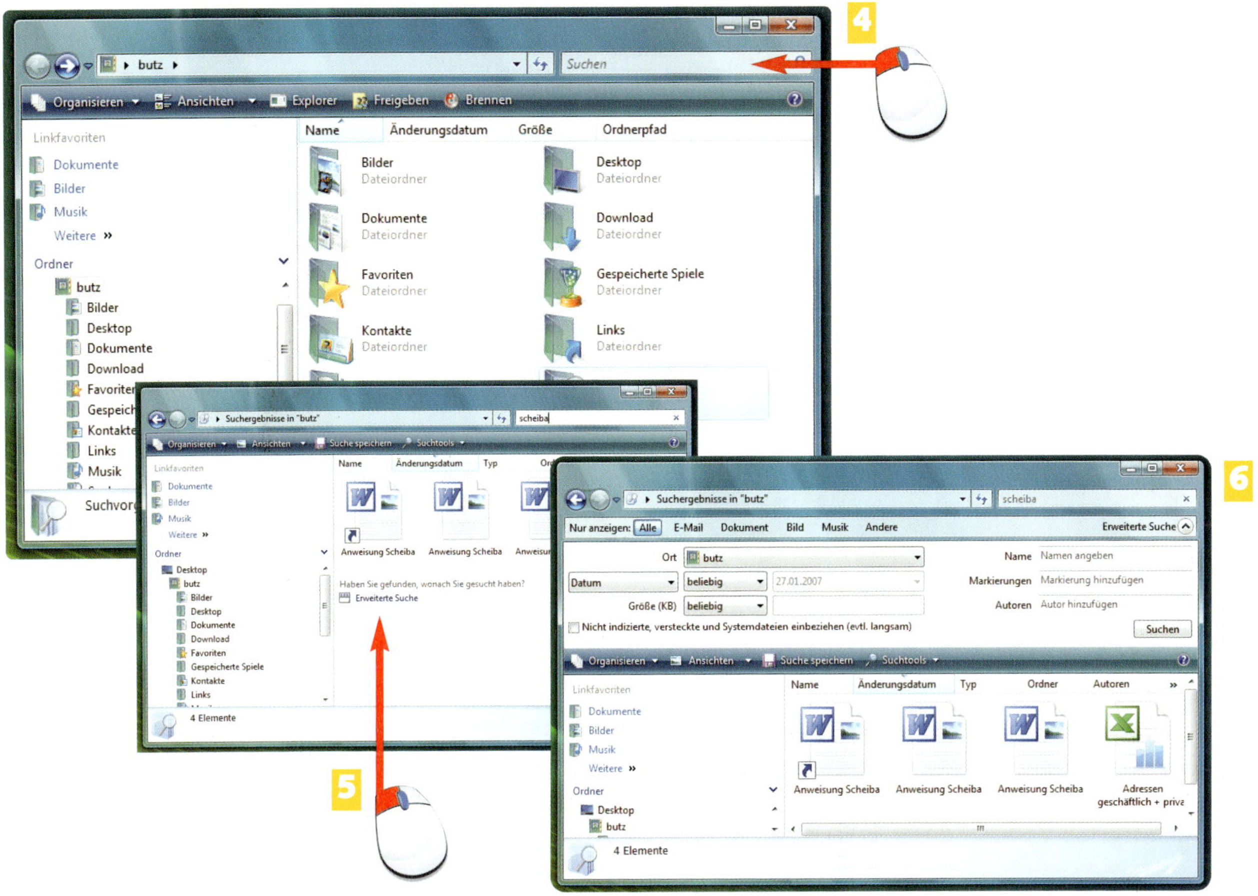

4 In den Fenstern *Dokumente*, *Bilder* usw. klicken Sie in der rechten oberen Ecke auf *Suche* und geben Ihren Suchbegriff ein.

5 Die gefundenen Dateien werden aufgelistet. Klicken Sie auf *Erweiterte Suche*.

6 Jetzt stehen Ihnen weitere Möglichkeiten offen, Ihre Suche einzuschränken.

Ende

Möchten Sie wirklich ALLES durchsuchen, dann stellen Sie unter *Ort* die Option *Überall* ein. Das gesamte Netzwerk wird nach der eingegebenen Datei durchsucht.

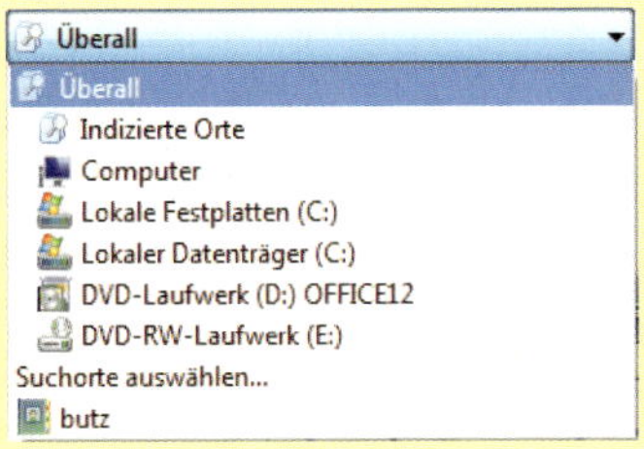

TIPP

Mit einem Doppelklick auf die gesuchte Datei im Fenster *Suchergebnisse* öffnen Sie sie. Das Programm, in dem die Datei erstellt wurde, startet automatisch.

HINWEIS

Dateien auf CD oder DVD brennen

Start

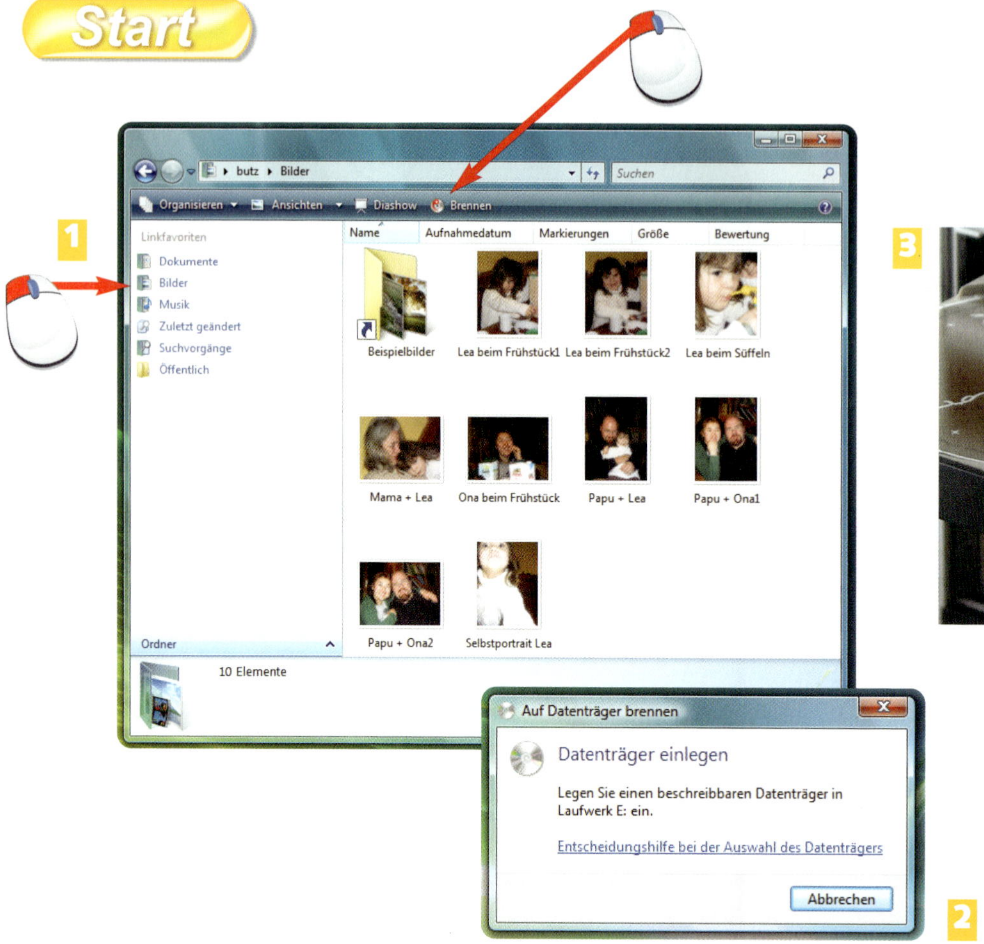

3

1 Klicken Sie auf den Ordner, dessen Inhalt Sie auf CD oder DVD brennen möchten, oder markieren Sie die entsprechenden Dateien. Starten Sie den Vorgang mit *Brennen*.

2 Das Laufwerk wird automatisch geöffnet und Windows fordert Sie auf, eine CD oder DVD einzulegen.

3 Legen Sie die CD oder DVD in das geöffnete Laufwerk und schließen Sie es.

Wer sich detaillierte Einstellungen beim Brennen einer CD oder DVD wünscht, muss auf spezielle Brennsoftware zurückgreifen. Eine der bekanntesten und am weitesten verbreiteten Software hierfür ist Nero. Nähere Informationen dazu finden Sie unter www.nero.com.

WISSEN

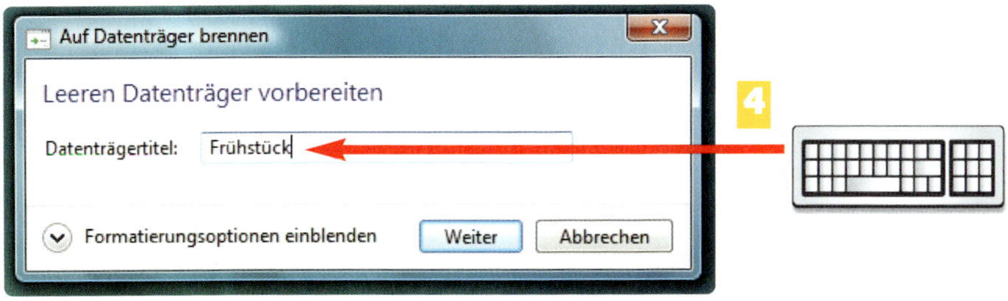

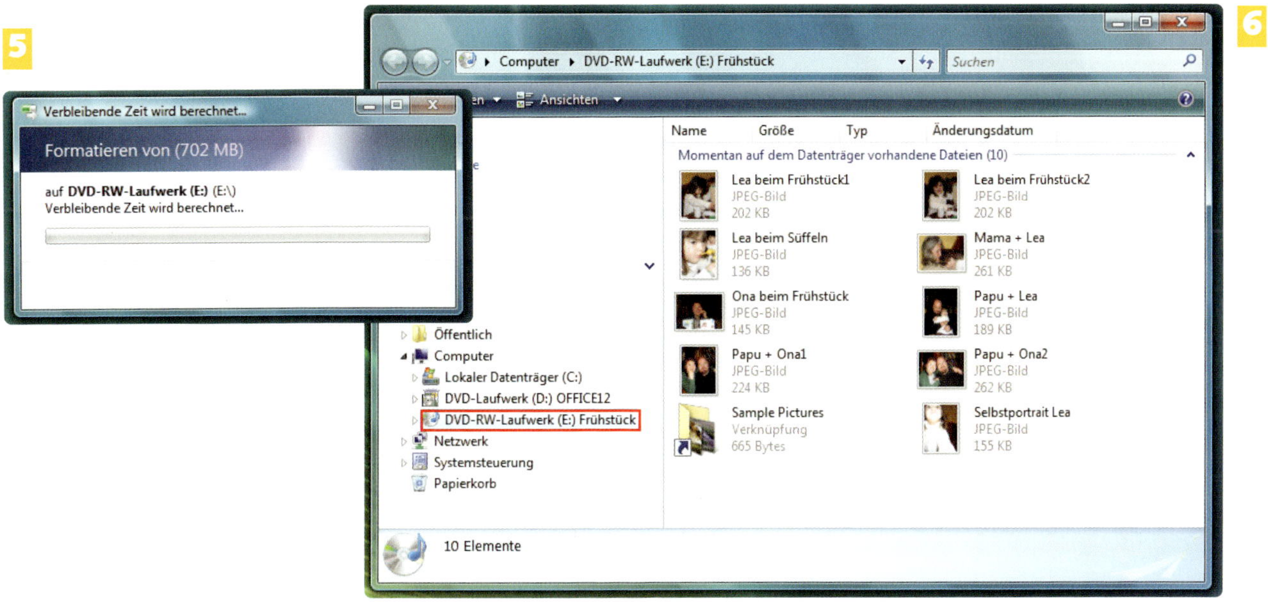

4 Geben Sie der CD oder DVD einen Namen und bestätigen Sie mit *Weiter*.

5 Windows zeigt Ihnen an, wie lange Sie warten müssen, bis die CD oder DVD beschrieben ist.

6 Nach dem Brennen sehen Sie sofort den Inhalt der CD oder DVD.

Ende

Mithilfe eines Lasers brennt der CD oder DVD-Brenner die Daten auf den CD- oder DVD-Rohling. Bei CDs und DVDs mit der Bezeichnung CD-R bzw. DVD-R ist dieser Vorgang irreversibel, während die Daten von CDs und DVDs mit der Bezeichnung CD-RW und DVD-RW wieder gelöscht werden können.

HINWEIS

7

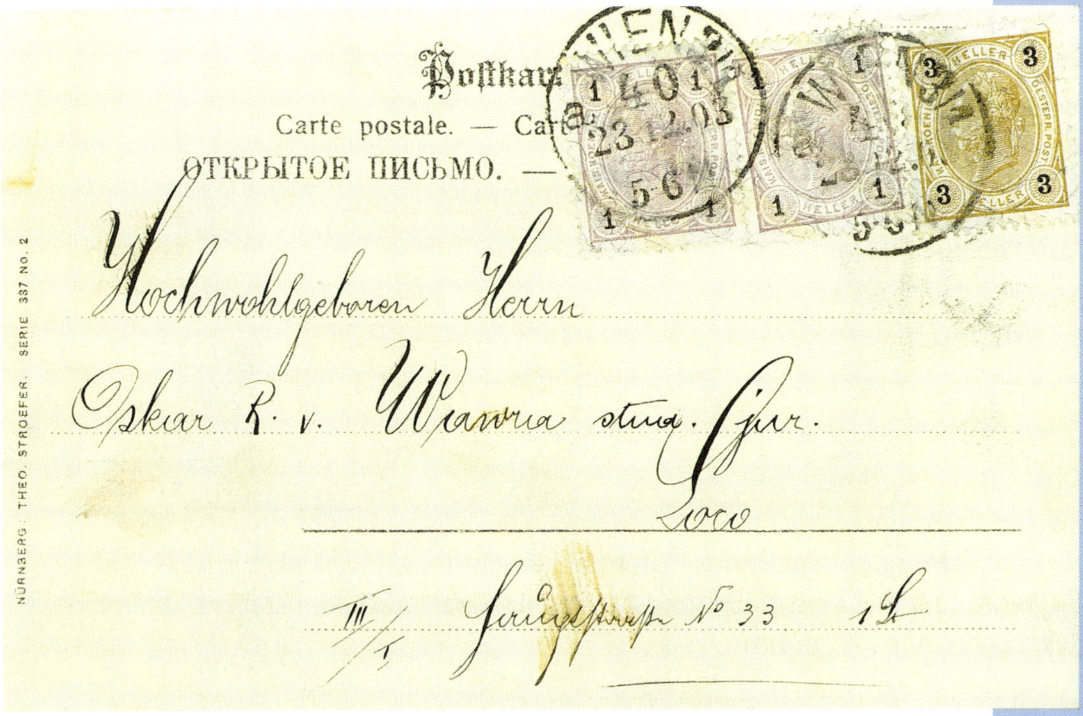

Schnell mal einen Brief schreiben

Start

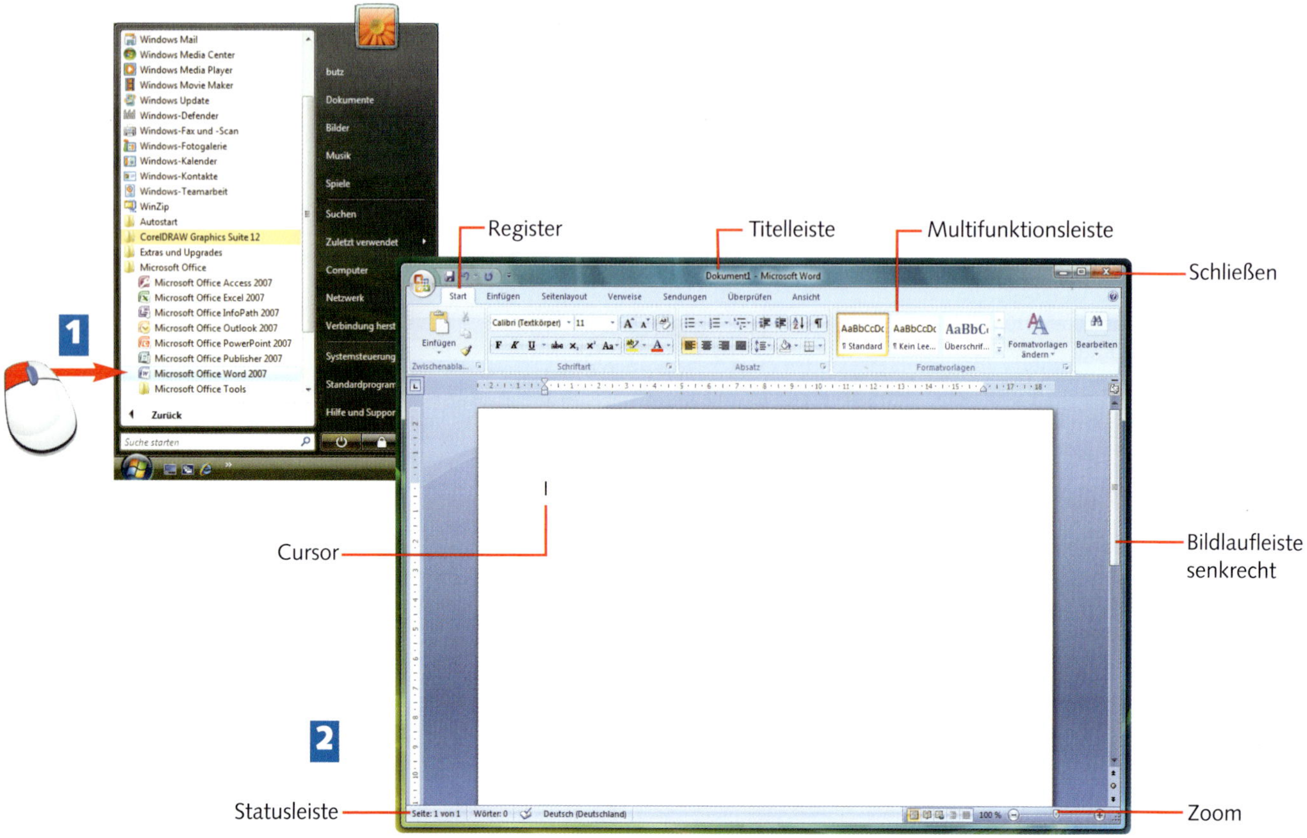

1 Klicken Sie auf *Start/Alle Programme.* Sofern bei Ihnen das Office-Paket installiert ist, finden Sie Word unter *Microsoft Office.* Ist Word als Einzelprodukt installiert, dann finden Sie es gleich unter *Alle Programme.*

2 Nach dem Start von Word präsentiert sich der abgebildete Bildschirm. Zum Gestalten des Textes setzen Sie in der Hauptsache die Multifunktionsleiste ein.

Egal, welches Textverarbeitungsprogramm Sie verwenden: Die Grundlagen für die Texteingabe und Textkorrektur sind immer die gleichen. Alternativ zu Word können Sie mit WordPad (stark abgespeckt in den Möglichkeiten) oder Open Office arbeiten. Microsoft Word ist allerdings das weitverbreitetste Textverarbeitungsprogramm.

WISSEN

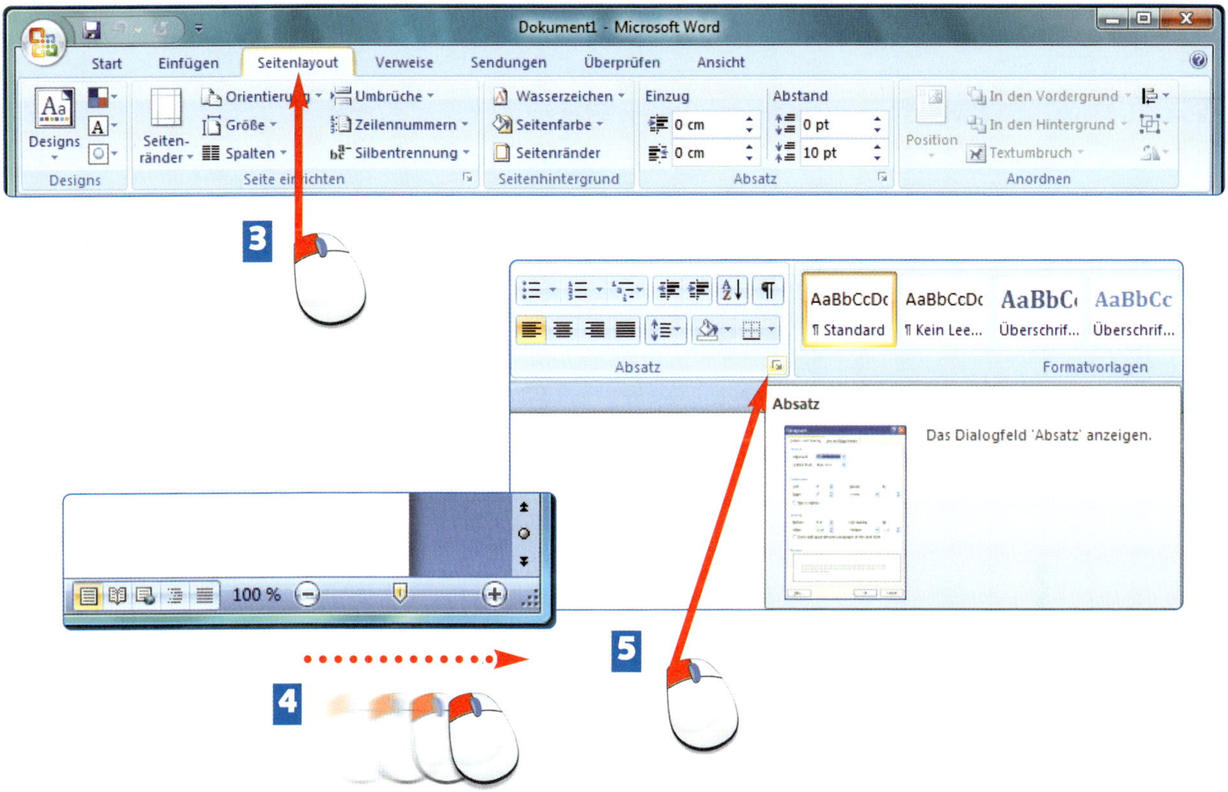

3 Klicken Sie auf ein Register, ändert sich das Aussehen und die Symbole auf der Multifunktionsleiste.

4 Um die Ansicht zu vergrößern oder verkleinern, ziehen Sie den Regler beim Zoom nach links oder rechts.

5 Mit einem Klick auf das kleine Pfeilchen, beispielsweise im Bereich *Absatz*, öffnen Sie ein Dialogfeld, in dem Sie weitere Einstellungen vornehmen können.

Ende

Wer Word schon einmal aufgerufen hat, der findet das Programmsymbol direkt unter der Windows Start-Schaltfläche und kann es von dort aufrufen.

TIPP

Word gibt es auch als einzelnes Programm zu kaufen. Sollte Office nicht installiert sein, finden Sie Word direkt unter *Alle Programme*.

HINWEIS

Start

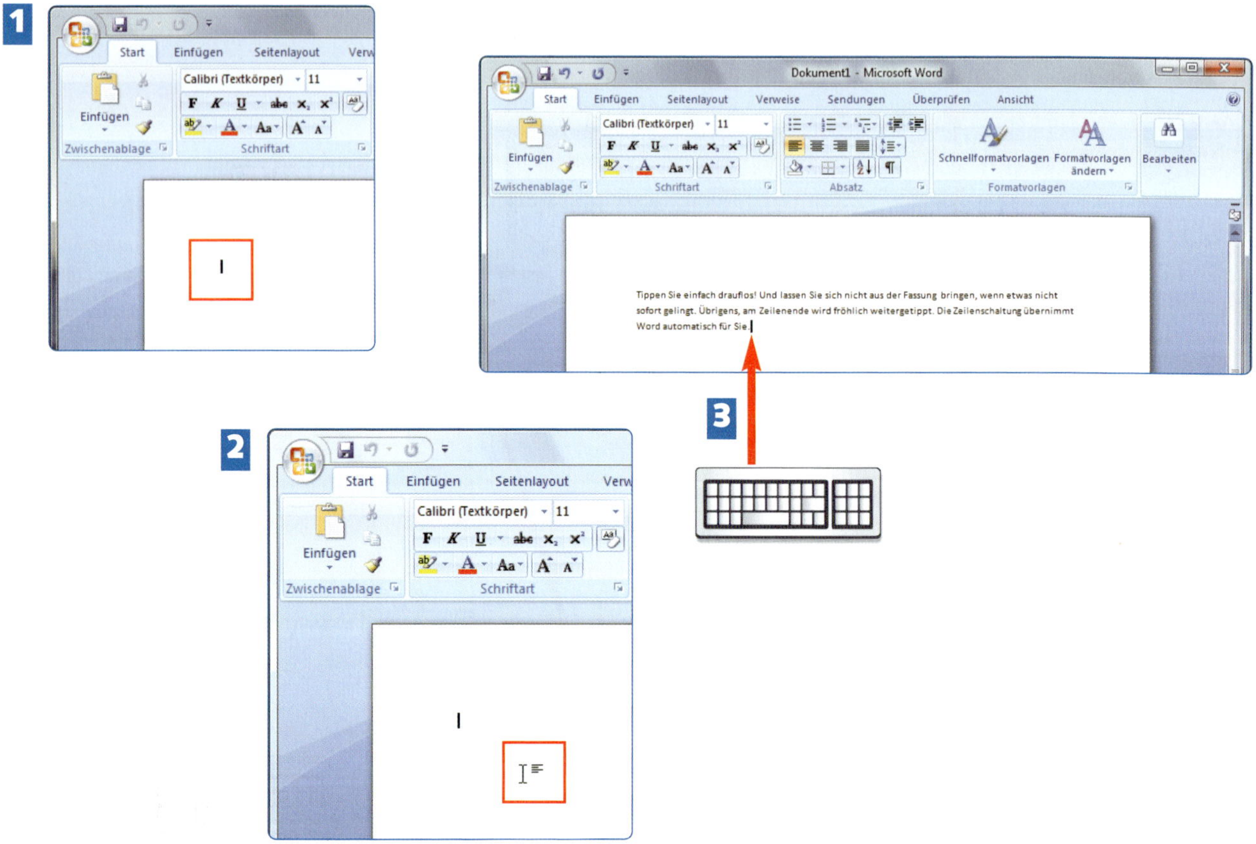

1 In der linken oberen Ecke sehen Sie den blinkenden Cursor. Dort beginnen Sie mit dem Schreiben.

2 Je nachdem, wo sich der Mauszeiger befindet, wechselt er sein Aussehen. Innerhalb des Seitenrands zeigt er sich als Textcursor.

3 Tippen Sie einfach drauflos. Der blinkende Cursor wandert mit.

Gern falsch gemacht: Klicken Sie an die Stelle, an der Sie etwas ändern möchten. Nur dann weiß der Computer, wo er etwas zu tun hat. Hinschauen alleine genügt nicht! Alle Aktionen, die Sie unternehmen, beziehen sich immer auf den Stand des blinkenden Cursors bzw. auf die Markierung, die Sie zuvor vorgenommen haben.

WISSEN

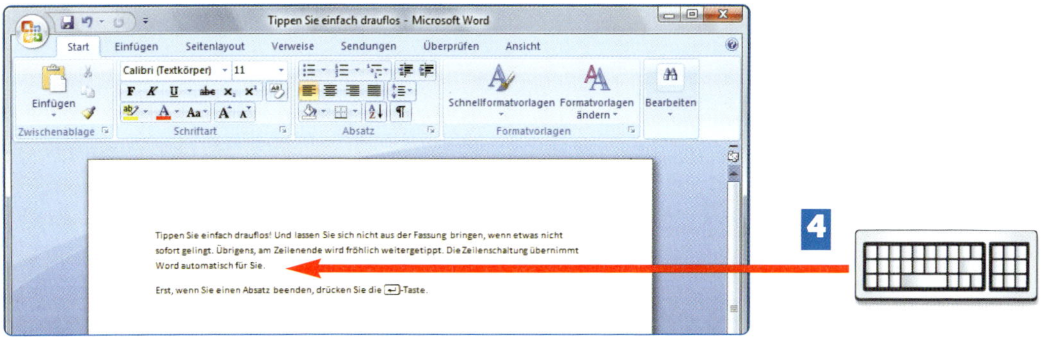

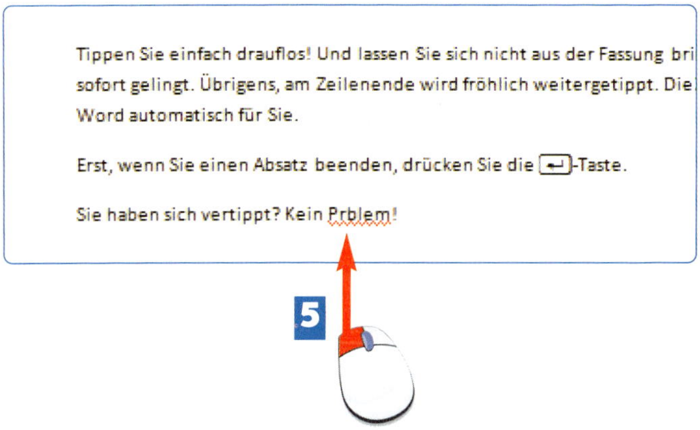

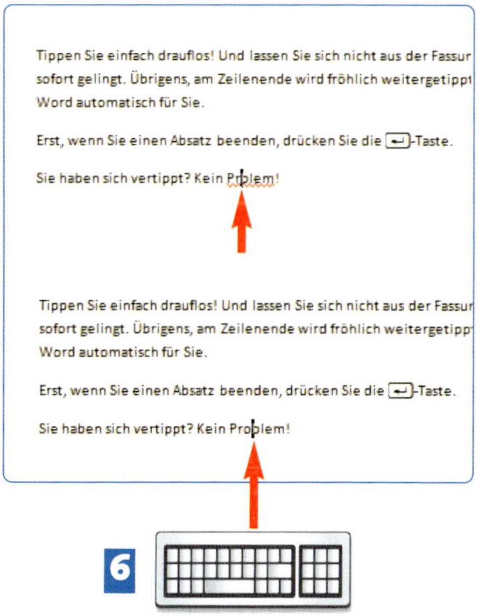

4 Drücken Sie auf die ↵-Taste, wenn Sie einen neuen Absatz erzeugen möchten. Drücken Sie erneut dieselbe Taste, wenn eine Leerzeile dazwischen sein soll.

5 Nehmen Sie die Maus in die Hand und klicken Sie an die Stelle, wo der Buchstabe fehlt (hier: der Buchstabe „o“).

6 Der Cursor blinkt jetzt an dieser Stelle. Tippen Sie den Buchstaben ein. Der weitere Text verschiebt sich entsprechend nach rechts.

Sind Sie beim Tippen am Ende einer Zeile angelangt, springt der Cursor automatisch an den Anfang der nächsten Zeile. Das wird als **Zeilenumbruch** bezeichnet.

FACHWORT

Auf Seite 18 und 19 finden Sie die wichtigsten Maustechniken und Tastenkombis zum Thema Markieren und Korrigieren auf einen Blick.

HINWEIS

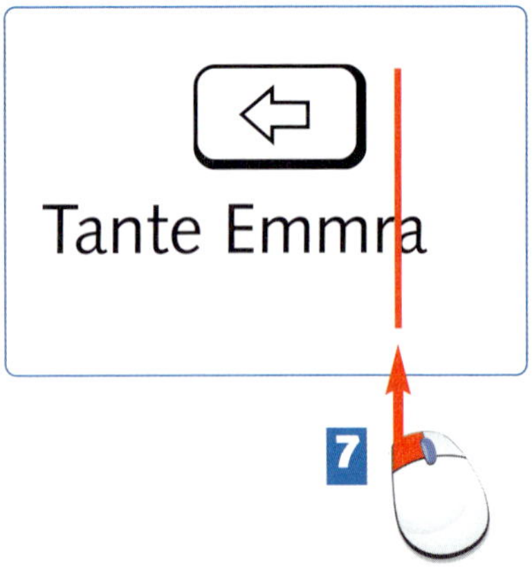

7

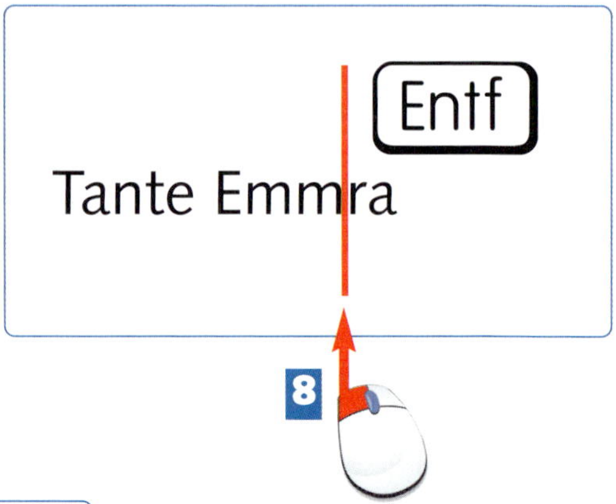

8

9

7 Klicken Sie rechts neben den Buchstaben, den Sie löschen möchten. Drücken Sie einmal auf die [⇦]-Taste. Der Buchstabe wird in Pfeilrichtung gelöscht.

8 Klicken Sie links neben den Buchstaben, den Sie löschen möchten, und drücken Sie die [Entf]-Taste.

9 Der entsprechende Buchstabe ist gelöscht, der Cursor blinkt an dieser Position.

Vertippen ist auf dem Computer kein Problem. Selbst wenn Sie den gesamten Text bereits geschrieben haben, lassen sich Tippfehler leicht korrigieren. Einfach mit der Maus hinklicken und den „Vertipper" korrigieren.

WISSEN

10

11

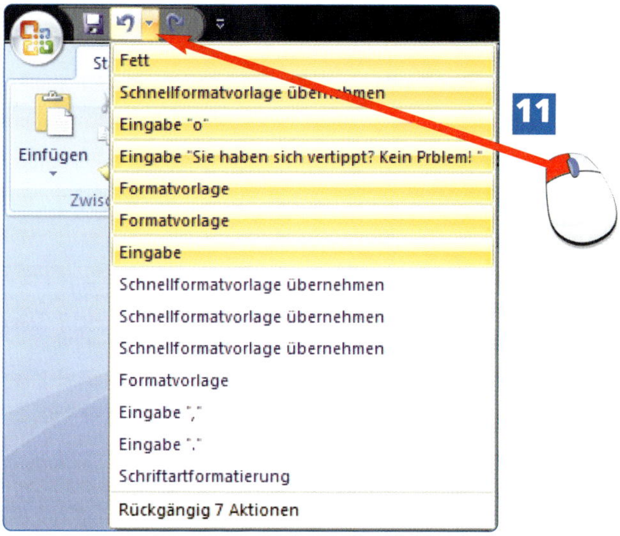

12

Text korrigieren

[⇦]	**Zeichen links** neben dem Textcursor löschen
[Strg] + [⇦]	**Wort links** neben dem Textcursor löschen
[Entf]	**Zeichen rechts** neben dem Textcursor löschen
[Strg] + [Entf]	**Wort rechts** neben dem Textcursor löschen

10 Ist beim Schreiben etwas schiefgelaufen und Sie wissen nicht mehr, wie Sie es zurückstellen können, dann klicken Sie auf *Rückgängig*.

11 Klappen Sie das Rückgängig-Menü auf und bestätigen Sie mit einem Klick mehrere Schritte, die Sie rückgängig machen wollen.

12 Mit den angegebenen Tastenkombinationen löschen bzw. korrigieren Sie Ihren Text ganz schnell.

Ende

Zu oft auf das Symbol *Rückgängig* geklickt? Dann klicken Sie einfach auf *Wiederherstellen*. Das finden Sie rechts neben dem *Rückgängig*-Symbol (siehe Bild 11).

TIPP

Noch schneller: Mit der Tastenkombination [Strg]+[Z] machen Sie den letzten Schritt rückgängig und mit [Strg]+[Y] stellen Sie ihn wieder her.

TIPP

Wozu muss ich Text markieren?

Start

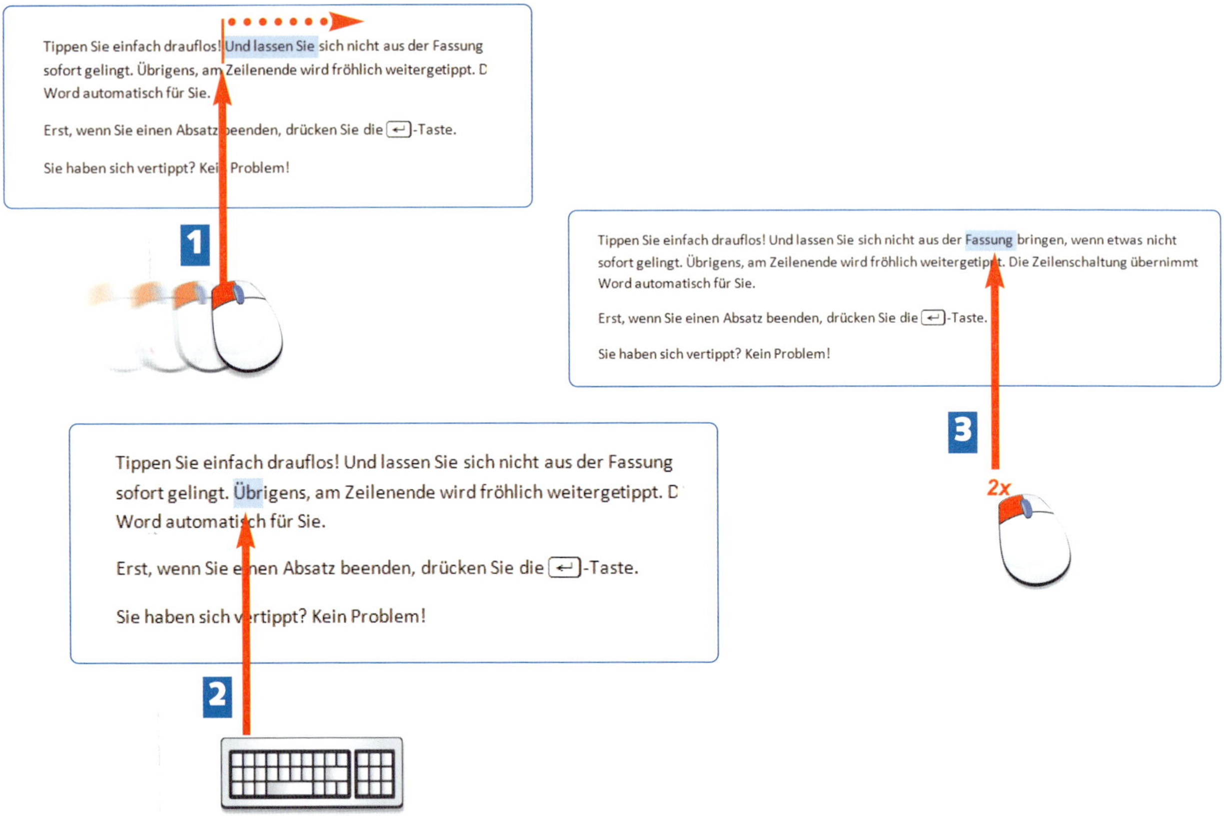

1 Klicken Sie in den Text und ziehen Sie die Maus mit gedrückter linker Maustaste über den zu markierenden Text.

2 Oder klicken Sie in den Text. Drücken Sie die ⇧-Taste und erweitern Sie die Markierung gleichzeitig mit den Richtungstasten ←, ↓, →, ↑. So markieren Sie zeichenweise.

3 Oder doppelklicken Sie in den Text. Das Wort, auf das Sie geklickt haben, wird markiert.

Eine Markierung teilt dem Textverarbeitungsprogramm mit: „Schau her, mit dem markierten Text soll etwas geschehen". Welche Aktion anschließend ausgeführt wird, bestimmen Sie: Markierter Text lässt sich beispielsweise verschieben oder mit einer anderen Schriftgröße und Schriftart versehen.

WISSEN

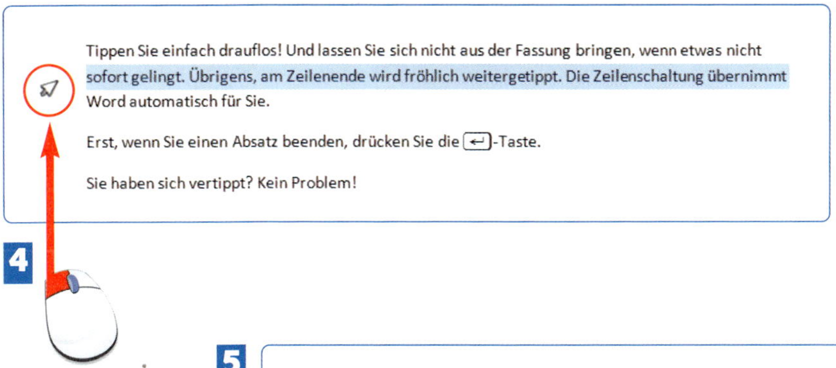

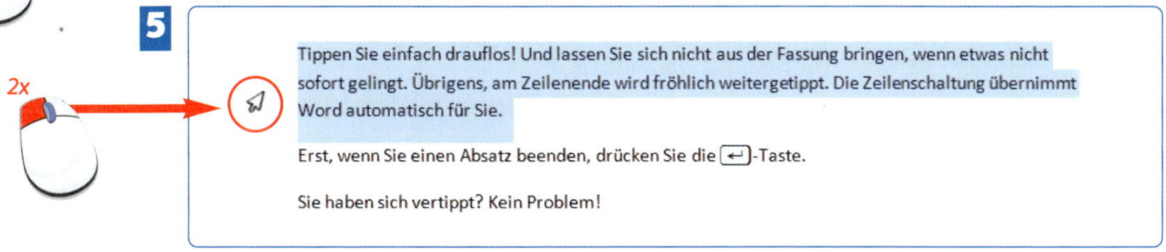

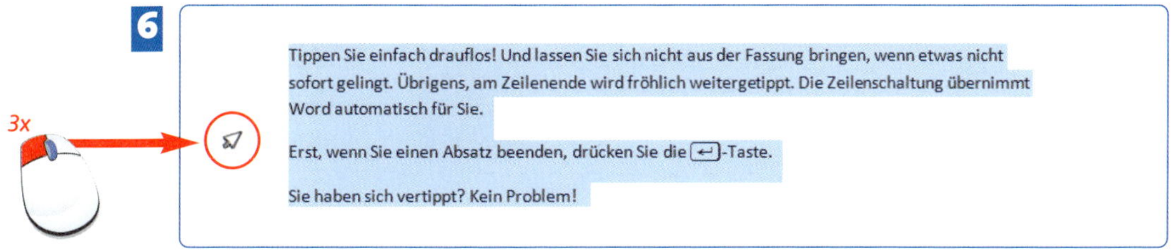

4 Bewegen Sie die Maus links neben den Text, bis Sie den Mauscursor sehen. Klicken Sie einmal, um eine Zeile zu markieren.

5 Wieder steht der Mauscursor links neben dem Text. Doppelklicken Sie, um einen ganzen Absatz zu markieren.

6 Erneut stellen Sie den Cursor links neben den Text. Klicken Sie drei Mal hintereinander, um den gesamten Text im Dokument zu markieren.

Ende

Markieren Sie einen Satz, der mit einem Satzzeichen beendet wird, indem Sie die Strg-Taste drücken und gleichzeitig mit der linken Maustaste hineinklicken.

HINWEIS

Fürs Markieren gibt es viele Tastenkombinationen. Eine sehr nützliche zum Markieren des gesamten Textes ist Strg+A.

HINWEIS

Text komfortabel kopieren und verschieben

Start

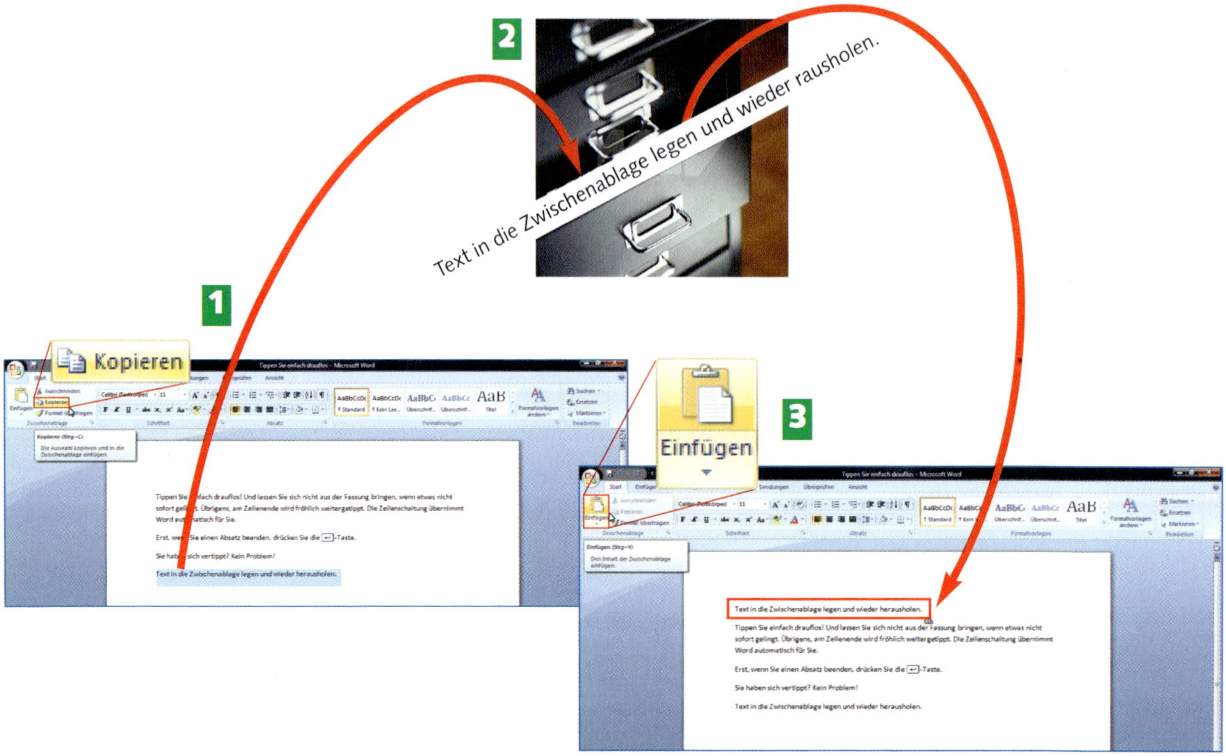

1 Markieren Sie den Text, den Sie kopieren möchten, und klicken Sie auf das Symbol *Kopieren*.

2 Der Text landet in der Windows-Zwischenablage, die man sich wie eine Schublade vorstellen kann.

3 Klicken Sie mit der Maus an die Position im Text, an der Sie eine Kopie einfügen möchten. Klicken Sie auf *Einfügen*.

Es ist ganz egal, in welchem Programm Sie gerade arbeiten. Markierte Elemente lassen sich immer über die Zwischenablage kopieren oder verschieben. Übrigens: Die beiden Symbole *Kopieren* und *Ausschneiden* finden Sie in nahezu allen Programmen.

WISSEN

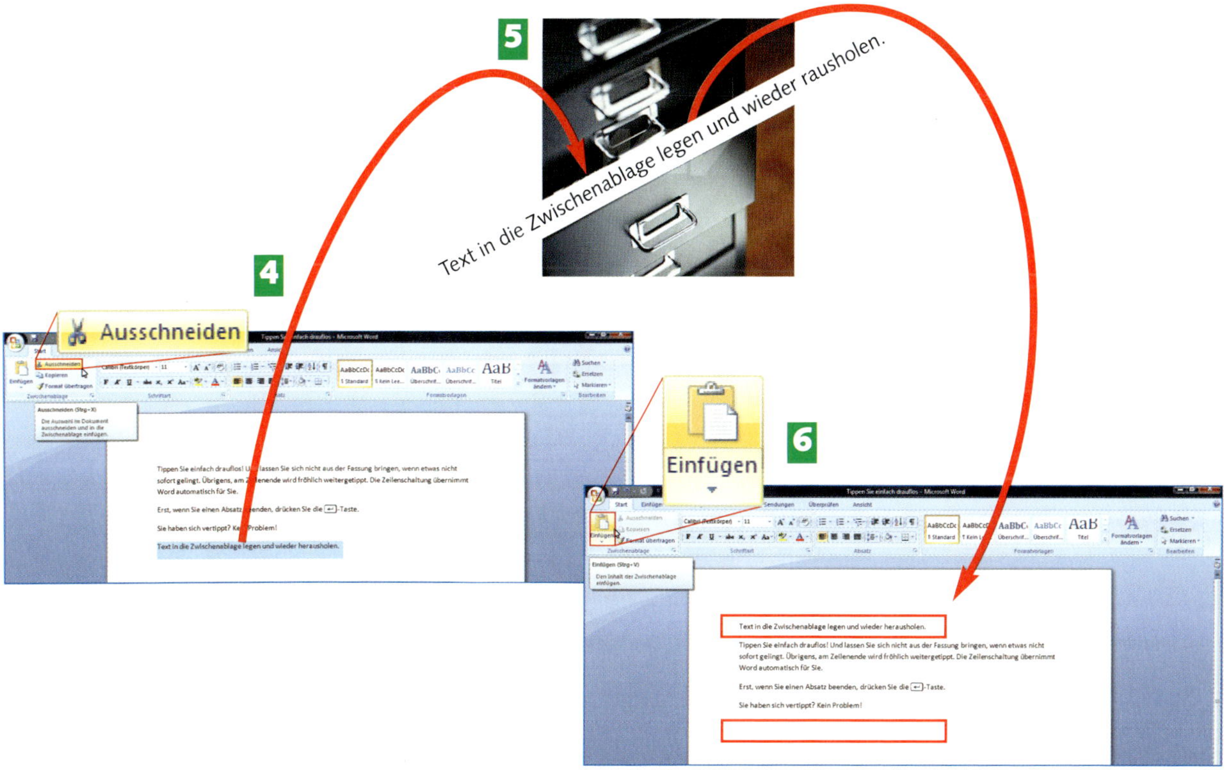

4 Zum Verschieben des Textes markieren Sie ihn und klicken anschließend auf *Ausschneiden*.

5 Der markierte Text landet in der Zwischenablage.

6 Positionieren Sie den Cursor an der Stelle, an der Sie den Text einfügen möchten. Klicken Sie auf *Einfügen*.

Ende

Für Tastaturfans: Strg+C kopiert den Text in die Zwischenablage. Mit Strg+V fügen Sie ihn irgendwo wieder ein.

HINWEIS

In die **Windows-Zwischenablage** legen Sie zuvor markierten Text mit den Befehlen *Bearbeiten/Kopieren* oder *Bearbeiten/Ausschneiden*.

FACHWORT

Für Mausfans: Bewegen Sie den Mauscursor auf markierten Text und ziehen Sie ihn mit gedrückter linker Maustaste an seine neue Position.

HINWEIS

Den Brief zuerst „herunterschreiben"

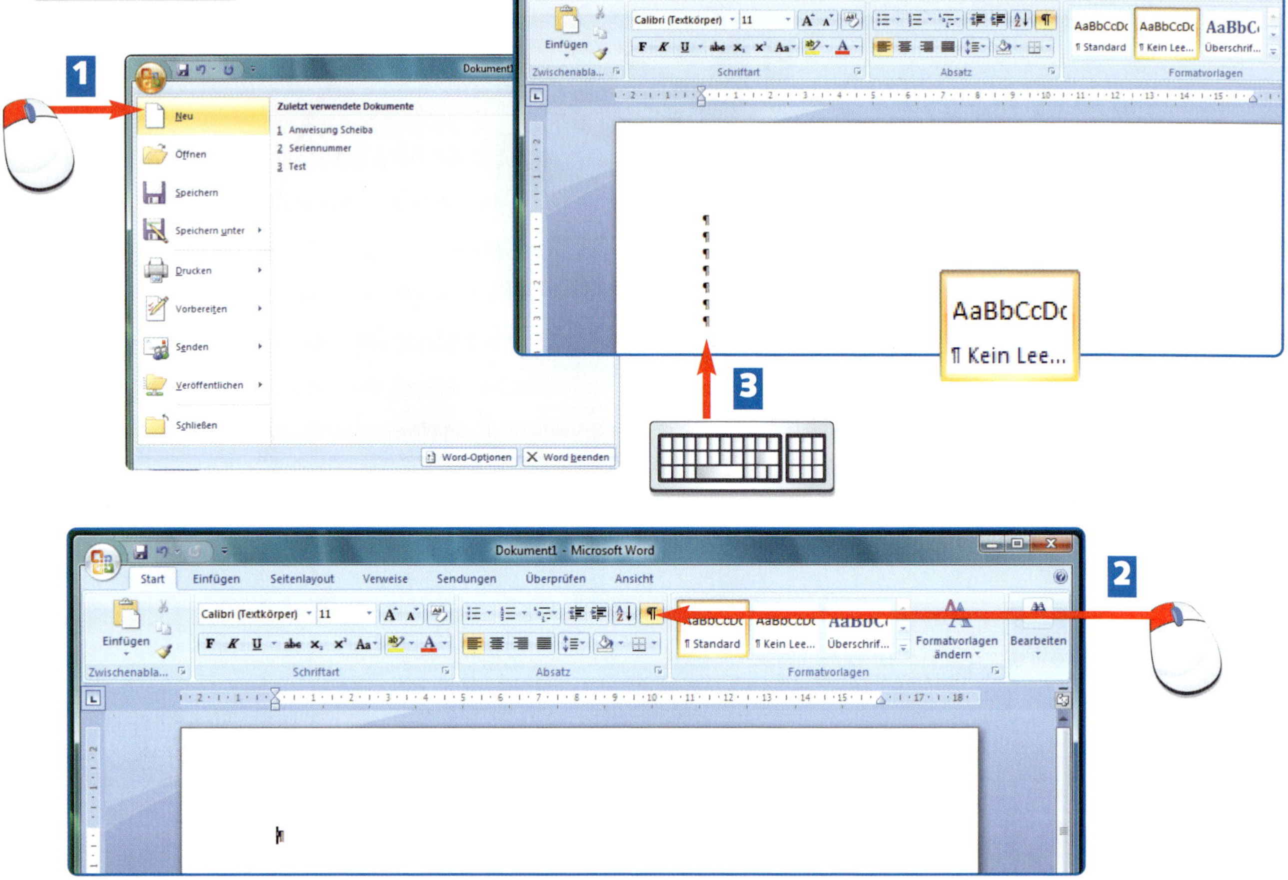

1 Über die Office-Schaltfläche und einen Klick auf *Neu* holen Sie sich ein leeres Blatt auf den Bildschirm.

2 Mit einem Klick auf *¶ Alle anzeigen* blenden Sie die *Absatzmarken* ein.

3 Bevor Sie das Schreiben beginnen, klicken Sie in der Multifunktionsleiste auf *Kein Leerraum.* Drücken Sie 7 Mal auf die ↵-Taste, damit die Adresse in ein Fensterkuvert passt.

In der Multifunktionsleiste finden Sie zwei wichtige Symbole: *Standard* und *Kein Leerraum.* Wenn Sie Ihren Text schreiben, dann liegt Ihrem Text automatisch der Standardabsatz zugrunde. Er fügt automatisch einen Leerraum zwischen die Absätze. Möchten Sie das verhindern, dann klicken Sie auf *Kein Leerraum.*

WISSEN

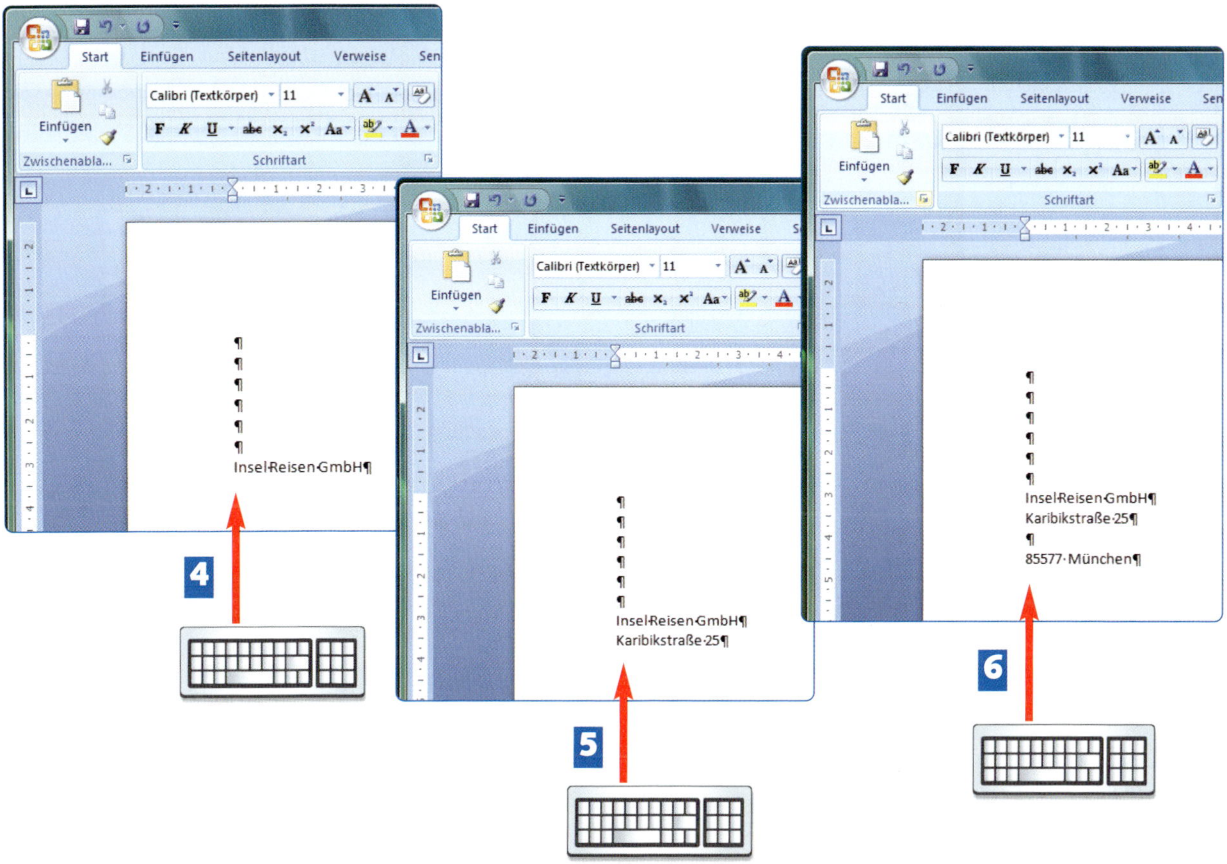

4 Schreiben Sie die erste Zeile der Empfängeradresse, und drücken Sie die [↵]-Taste.

5 Tippen Sie nun den Straßennamen und drücken Sie zwei Mal auf die [↵]-Taste. Es entsteht eine Leerzeile zwischen Straße und Ort.

6 Geben Sie die Postleitzahl und den Ort ein.

TIPP

Möchten Sie den Seitenrand ändern, klicken Sie auf das Register *Seitenlayout* und anschließend auf *Seitenränder.*

FACHWORT

Der **Seitenrand** ist der Bereich, der nicht bedruckt wird. Er wird vom Blattrand oben, links, rechts und unten gemessen.

HINWEIS

Bevor Sie mit dem Gestalten des Briefs beginnen, tippen Sie ihn zuerst komplett ab. Die Formatierung (Gestaltung) erledigen Sie erst zum Schluss.

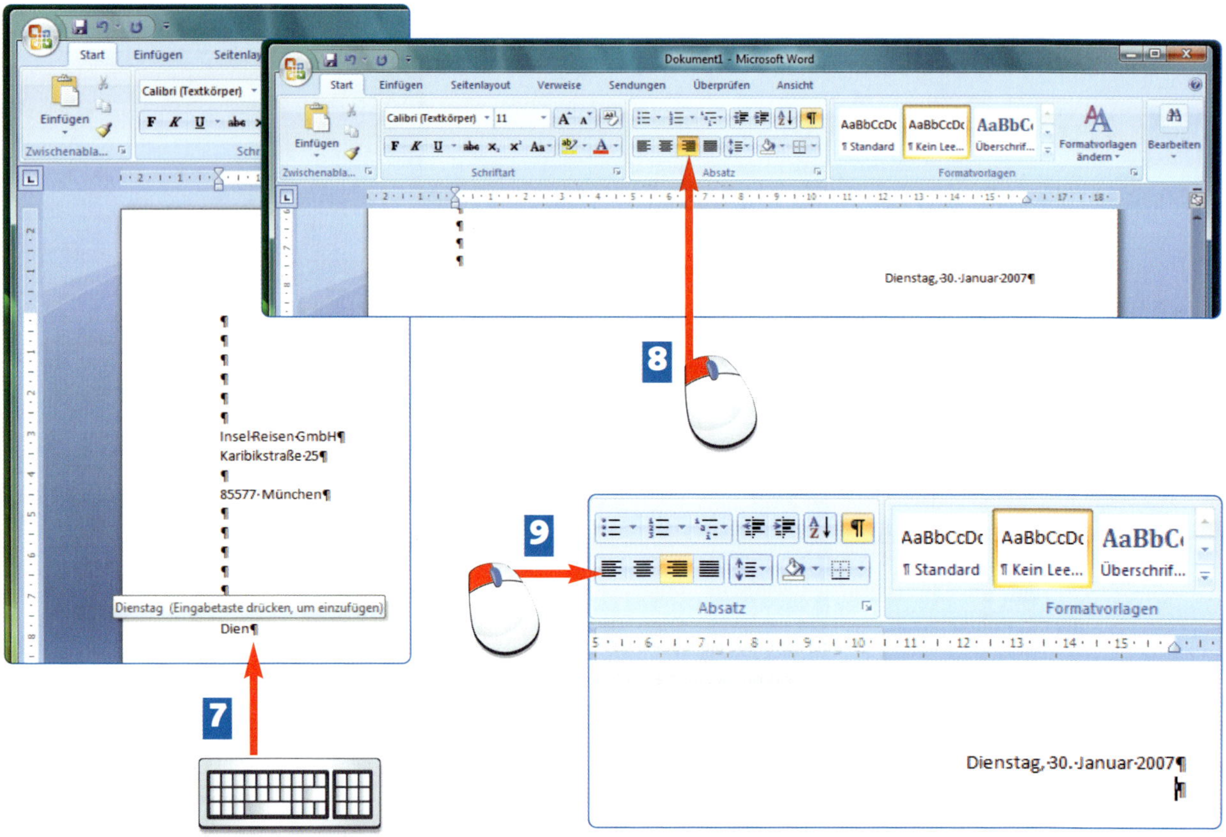

7 Drücken Sie mehrfach die [↵]-Taste und schreiben Sie das Datum. Word erkennt, was Sie schreiben möchten: mit der Taste [F3] ergänzen Sie den Text automatisch.

8 Klicken Sie in der Symbolleiste auf *Rechtsbündig*, damit Ihr Datum am rechten Seitenrand steht.

9 Drücken Sie einmal die [↵]-Taste und anschließend auf *Linksbündig*. Der folgende Text wird wieder am linken Seitenrand platziert.

Word hinterlegt für Sie verschiedene Textbausteine, die als Schnellbausteine betitelt werden. Sie erscheinen als gelbe Sprechblasen, die Sie jederzeit mit Drücken der [↵]-Taste oder der [F3]-Taste aufrufen können.

WISSEN

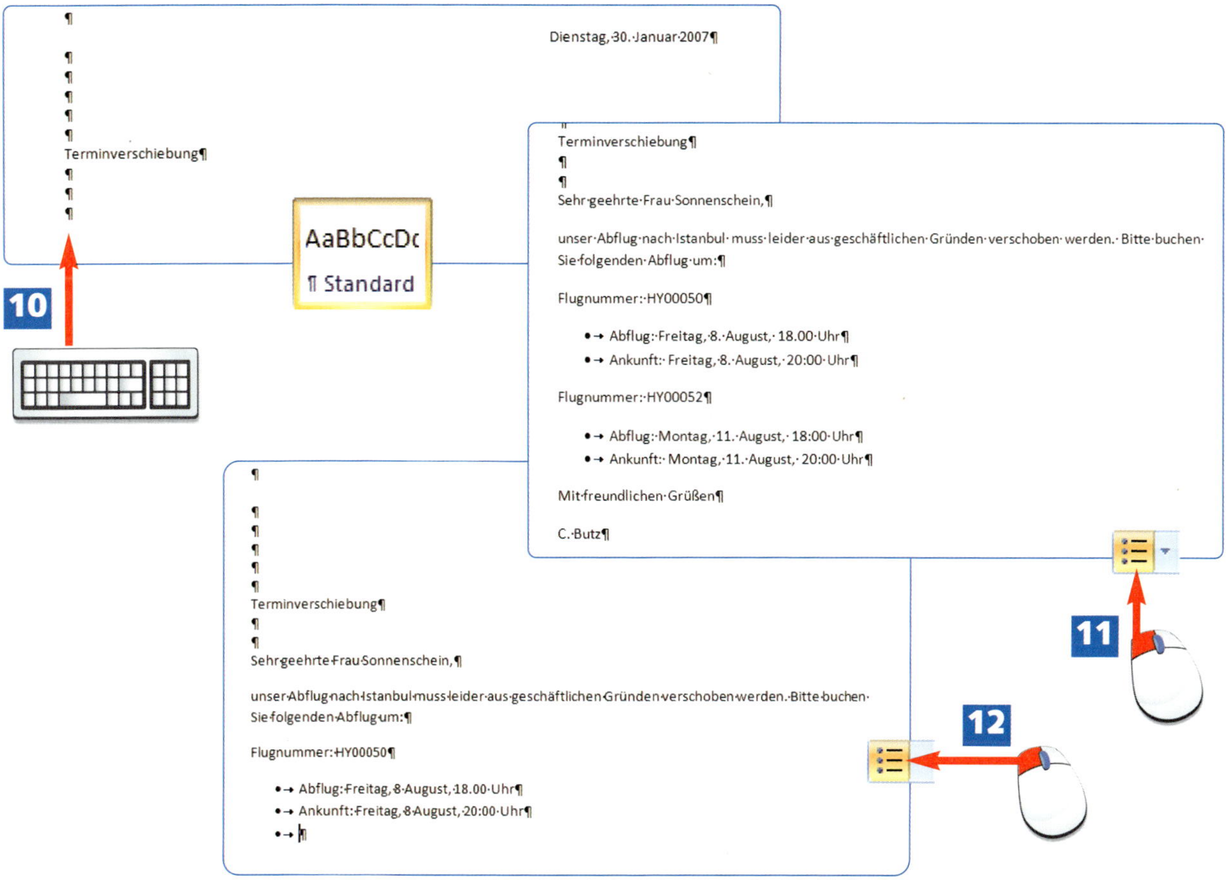

10 Drücken Sie mehrfach die ↵-Taste und geben Sie dort den Betreff ein. Klicken Sie auf *Standard* in der Multifunktionsleiste und ergänzen Sie Ihren Brieftext.

11 Möchten Sie Aufzählungszeichen einfügen, klicken Sie auf *Aufzählungszeichen* in der Multifunktionsleiste und tippen Ihren Text.

12 Schalten Sie die Aufzählungszeichen mit einem erneuten Klick auf *Aufzählungszeichen* wieder aus.

Ende

Ein **Zeichen** ist z.B. ein einzelner Buchstabe oder eine Zahl. Es kann sich aber auch um ein Leerzeichen handeln: Jedes Drücken auf der Tastatur „spuckt" ein Zeichen aus.

FACHWORT

Sie erzeugen einen **Absatz,** wenn Sie beim Tippen die ↵-Taste drücken, egal, ob das nach einem Wort oder nach einer bzw. mehreren Zeilen stattfindet.

FACHWORT

Entfernen Sie ein Aufzählungszeichen, indem Sie in der Multifunktionsleiste erneut auf *Aufzählungszeichen* klicken. Der Cursor muss dazu im entsprechenden Absatz blinken.

HINWEIS

Start

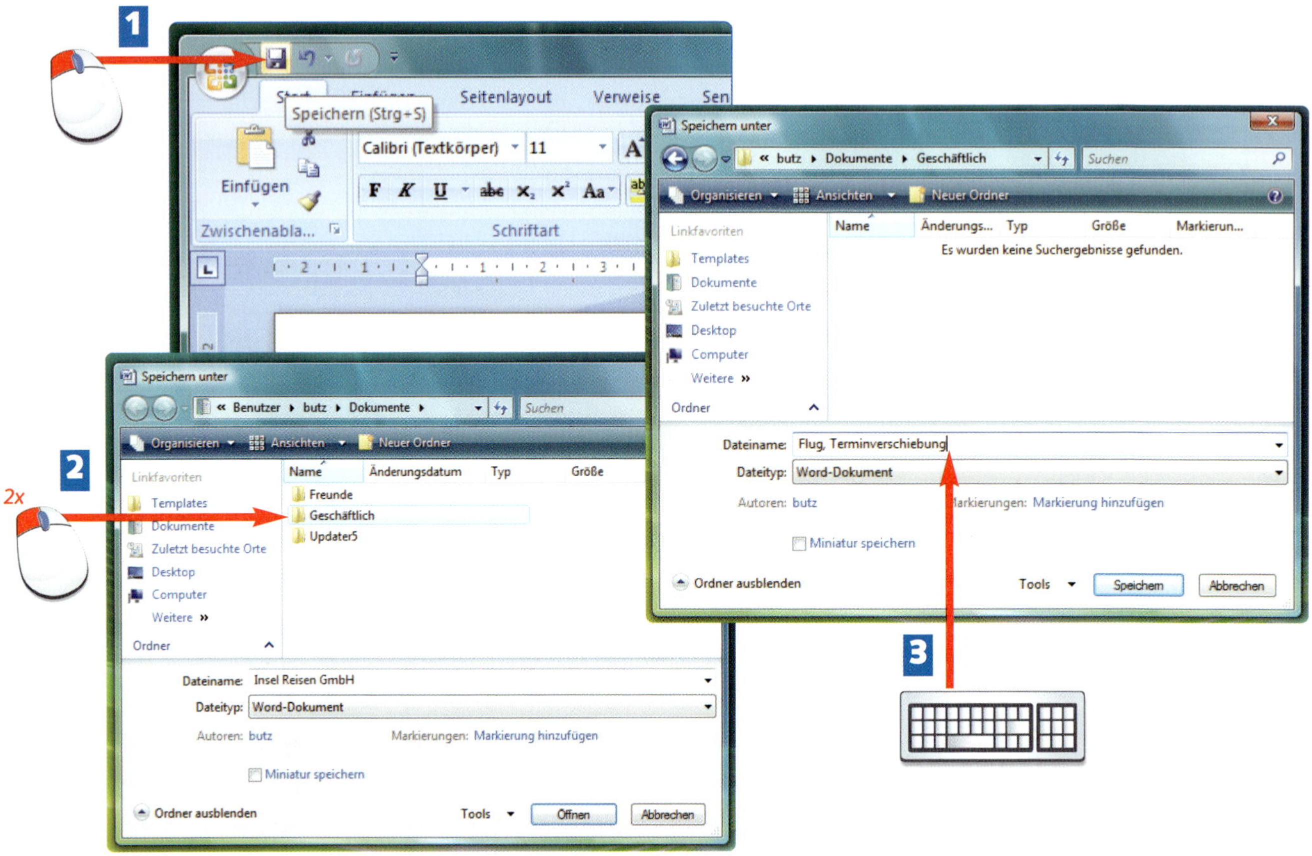

1 Klicken Sie auf das Symbol *Speichern*, um den Brief abzulegen.

2 Im Dialogfenster *Speichern unter* wählen Sie aus, in welchen Ordner Sie Ihren Brief speichern möchten. Mit einem Klick auf *Dokumente* und z.B. anschließendem Doppelklick auf *Geschäftlich* landet der Brief dort.

3 Geben Sie einen *Dateinamen* ein.

Besitzt Ihr Brief noch keinen Namen und Sie klicken das 1. Mal auf das Symbol *Speichern*, öffnet sich das Dialogfeld *Speichern unter*. Jetzt müssen Sie einen Namen vergeben. Hat Ihr Brief bereits einen Namen erhalten, öffnet sich das Dialogfeld mit einem Klick auf *Speichern* nicht mehr. Damit halten Sie lediglich Änderungen fest.

WISSEN

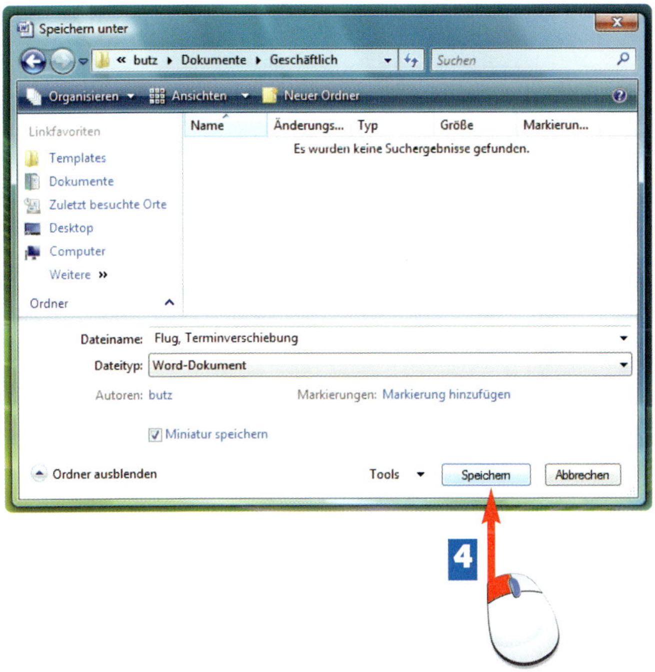

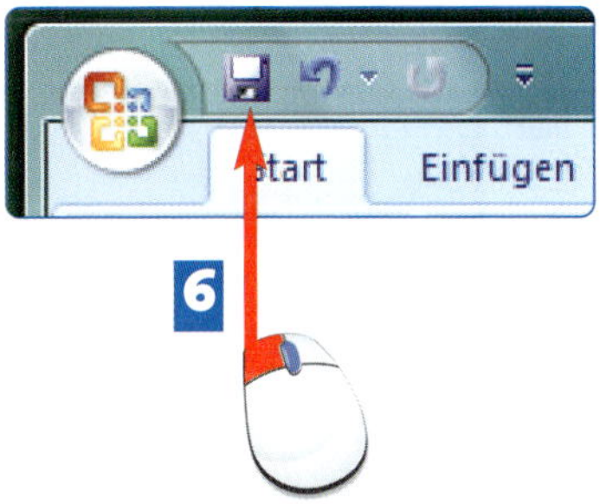

5

4 Klicken Sie auf die Schaltfläche *Speichern*.

5 In der Titelleiste von Word erscheint der von Ihnen eingegebene Name. In meinem Beispiel: *Flug, Terminverschiebung*.

6 Wenn Sie weitere Änderungen am Brief vornehmen, dann halten Sie sie mit einem erneuten Klick auf *Speichern* fest.

Ende

Eine Kopie des Briefs legen Sie an, wenn Sie auf die Office-Schaltfläche klicken und *Speichern unter* wählen. Geben Sie einen neuen *Dateinamen* ein.

HINWEIS

Eine **Datei** enthält vielerlei Informationen, die unter einem Namen auf der Festplatte gespeichert werden. Beim Vergeben eines Dateinamens erstellen Sie automatisch eine Datei.

FACHWORT

Start

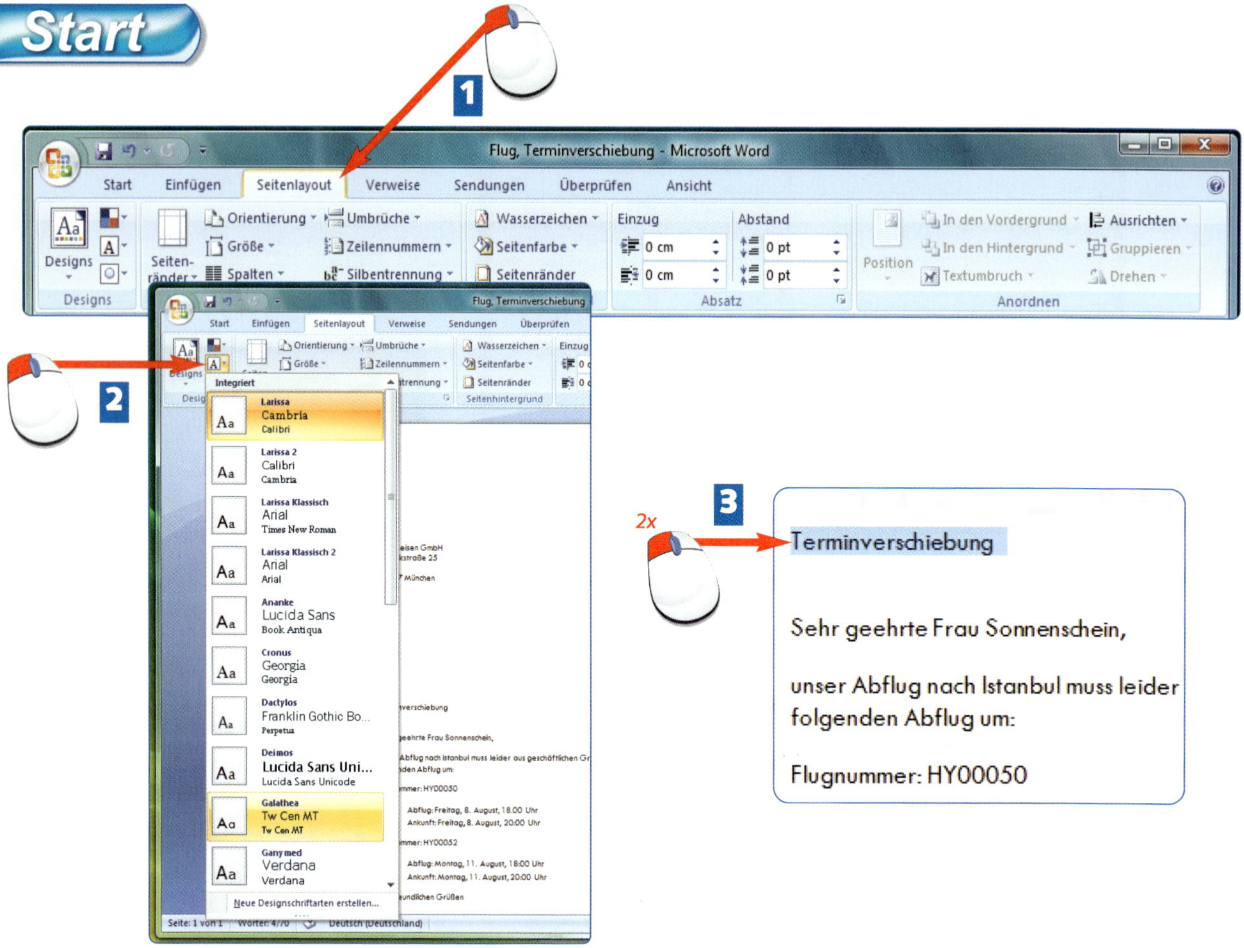

1 Klicken Sie auf das Register *Seitenlayout*.

2 In der Multifunktionsleiste klicken Sie auf *Designschriftarten*. Wählen Sie aus dem aufgeklappten Menü eine andere Schrift. Die Änderung betrifft den ganzen Brief.

3 Den Betreff hervorheben: Doppelklicken Sie auf den Betreff (hier: *Terminverschiebung*), um den Text zu markieren.

Schriften gibt es auf dem Computer inzwischen wie Sand am Meer. Welche Schriften letztendlich bei Ihnen vorhanden sind, hängt von den installierten Programmen ab. Egal, ob Sie sich in Word, WordPad, Excel usw. befinden, eine installierte Schrift lässt sich in jedem Programm verwenden.

WISSEN

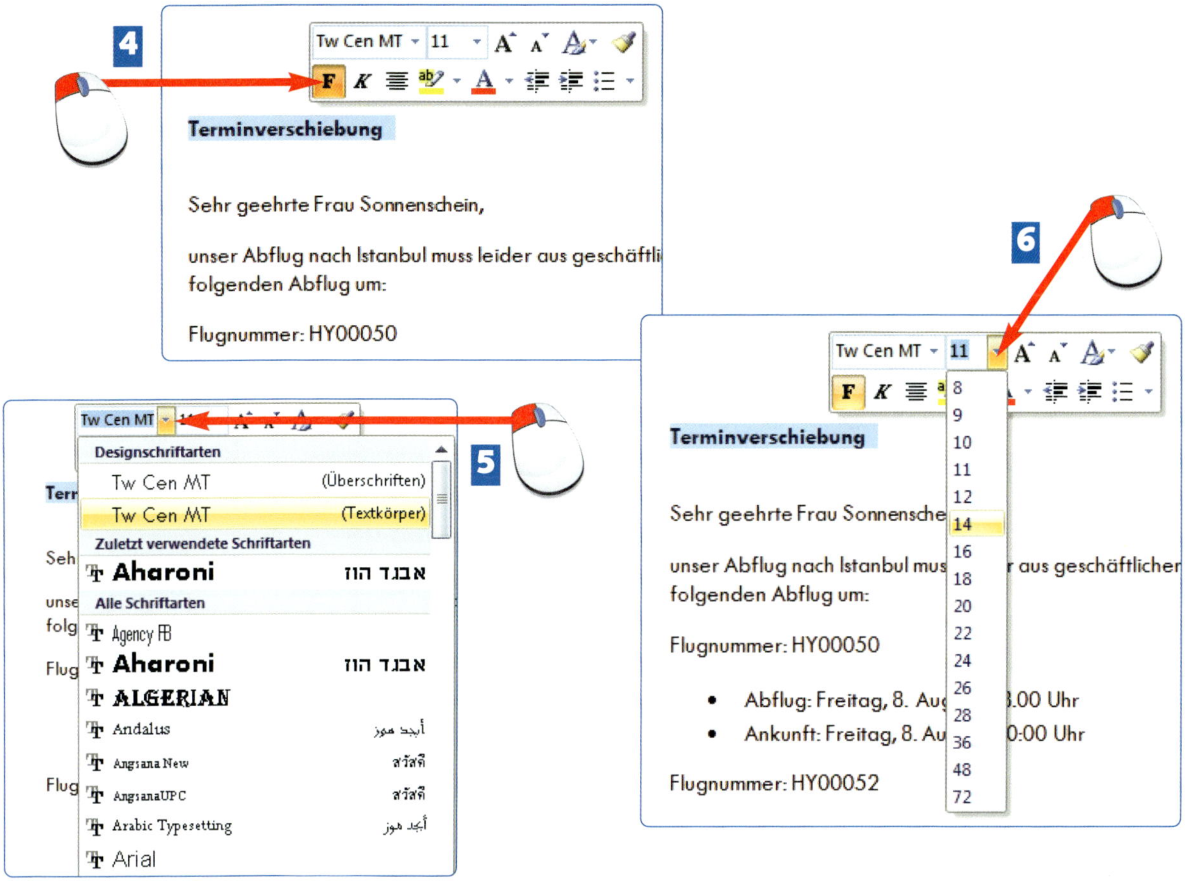

4 Bewegen Sie die Maus leicht nach rechts oben. Es erscheint eine kleine Symbolleiste. Heben Sie beispielsweise den Betreff mit *Fett* hervor.

5 Oder wählen Sie eine andere *Schriftart*.

6 Oder ändern Sie die Schriftgröße: Klicken Sie auf den Pfeil, der nach unten zeigt, und markieren Sie die gewünschte Schriftgröße.

Mit einem Klick auf das Symbol *Kursiv* erscheint der markierte Text schräg, also kursiv.

TIPP

Fachchinesisch: **Formatieren** bedeutet in der Computersprache nichts anderes als Gestalten. Unterstreichen Sie z.B. Text, formatieren Sie ihn.

FACHWORT

Sehen Sie einen bestimmten Textabschnitt Ihres Briefs nicht, dann denken Sie an die Bildlaufleiste am rechten Rand. Mit ihr blättern Sie nach oben oder unten.

HINWEIS

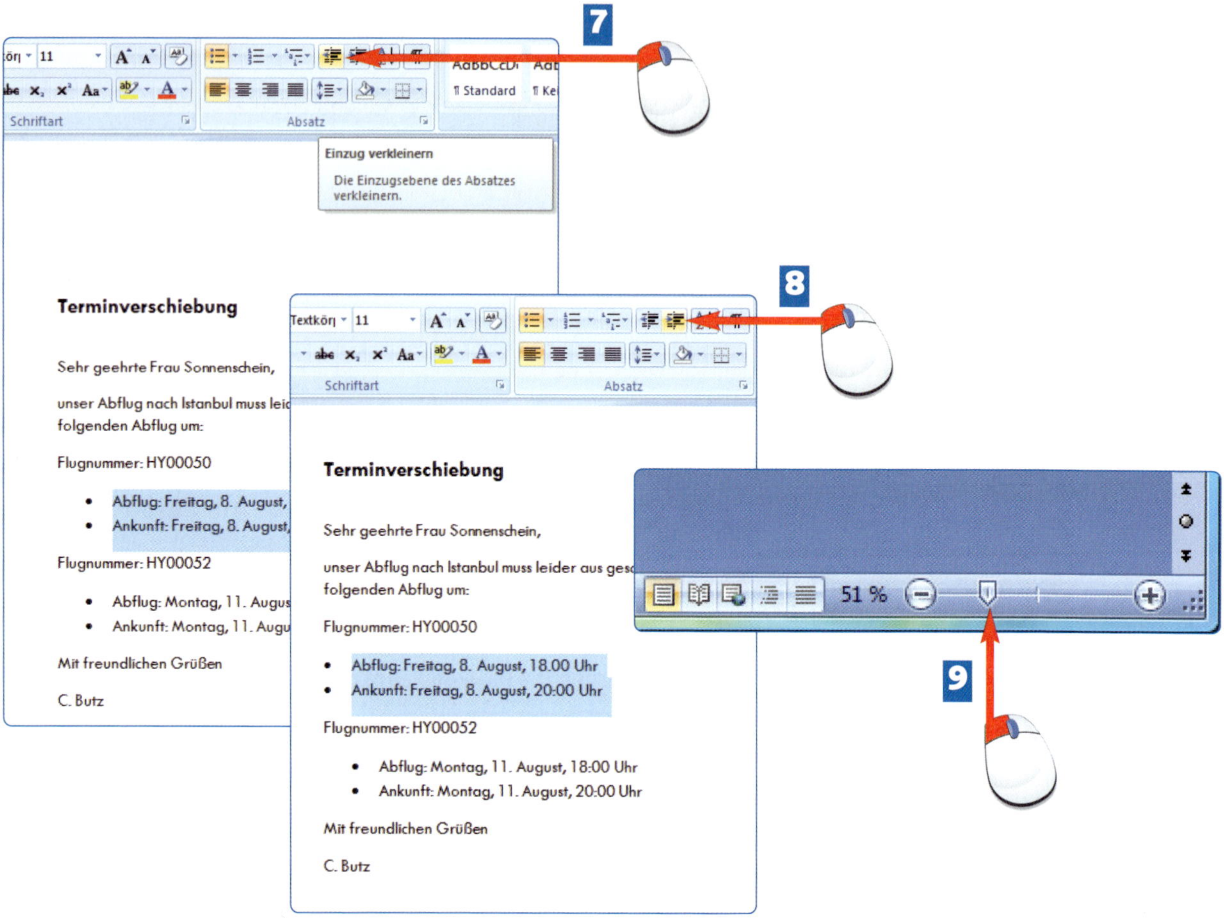

7 Text ein- und ausrücken: Markieren Sie den Text, dessen Einrückung Sie löschen möchten, und klicken Sie auf *Einzug verkleinern.*

8 Umgekehrt funktioniert das genauso: Mit einem Klick auf *Einzug vergrößern* rücken Sie markierten Text wieder ein.

9 Einen Überblick verschaffen Sie sich mit dem *Zoom*. Ziehen Sie den Regler nach links, um die ganze Seite sehen zu können.

Als Anhaltspunkt: Schriftgrößen werden in Punkt gemessen. Dabei entspricht eine 12 pt große Schrift dem Schreibmaschinenstandard. In Zeitungen, Zeitschriften und Büchern verwenden die Verlage meist eine 10 pt große Schrift. Manchmal ist sie ein bisschen kleiner, manchmal ein bisschen größer, je nach Schrifttyp.

WISSEN

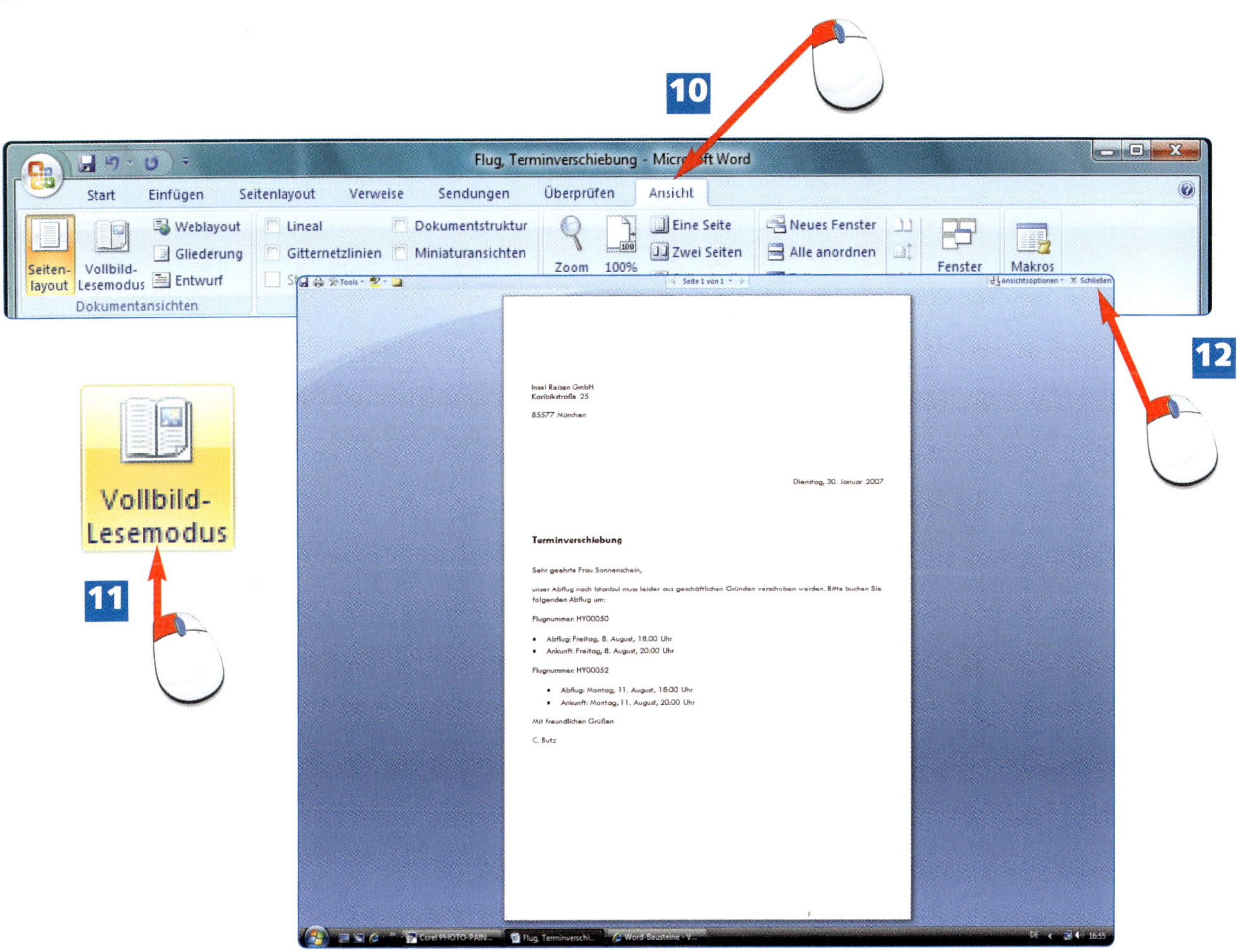

10 Wechseln Sie auf das Register *Ansicht* ...

11 ... und anschließend auf *Vollbild-Lesemodus.* Dort sehen Sie den Brief ohne Formatierungszeichen, Seitenränder usw.

12 Ein Klick auf *Schließen* bringt Sie wieder zurück in die Seitenlayoutansicht, in der Sie Ihren Brief bearbeiten.

Ende

TIPP

Ganz schnell verlassen Sie den *Vollbild-Lesemodus,* wenn Sie die Esc-Taste drücken.

HINWEIS

Kleine Änderungen lassen sich auch im *Vollbild-Lesemodus* einfügen. Allerdings wird hier nicht die kleine Symbolleiste zum Formatieren eingeblendet.

Dem Brief eine Kopfzeile verpassen

Start

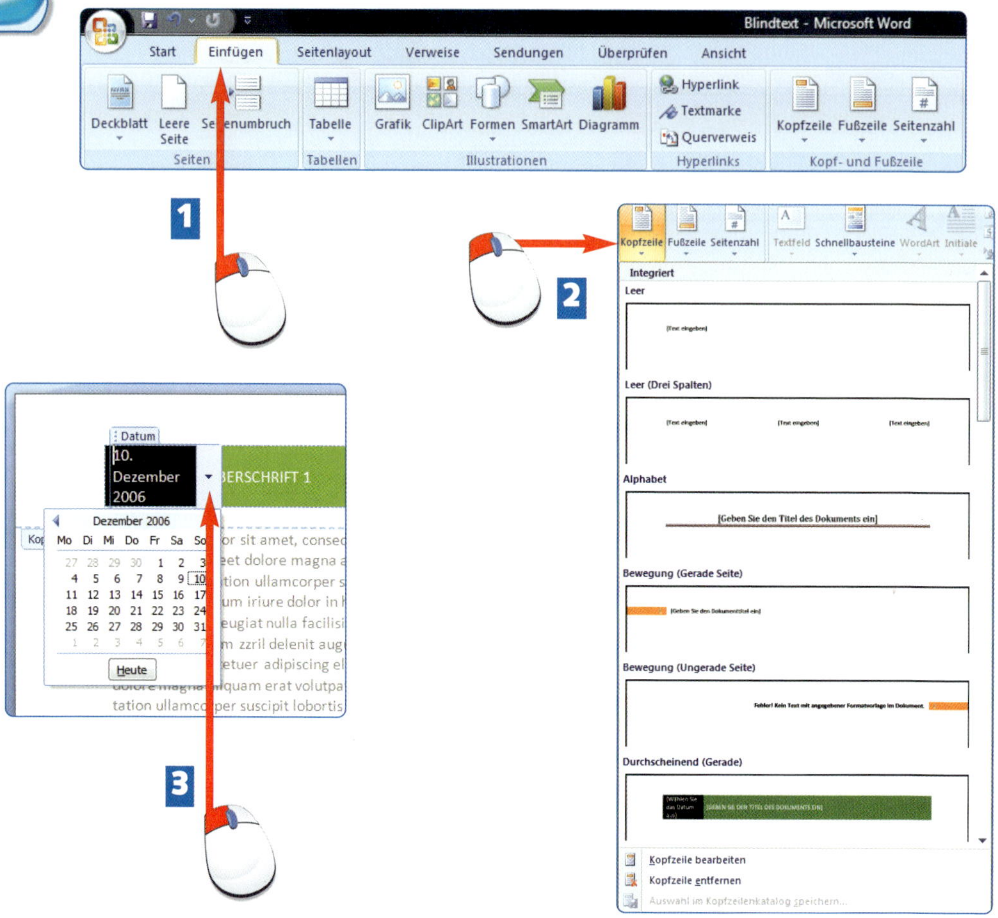

1 Klicken Sie in der Multifunktionsleiste auf das Register *Einfügen*. Jetzt sehen Sie in der Mitte der Leiste das Symbol *Kopfzeile*.

2 Klappen Sie mit einem Klick den Kopfzeilenkatalog auf und markieren Sie die Kopfzeile, die Ihnen gefällt (hier: *Durchscheinend (Gerade)*).

3 Beispielsweise lässt sich hier das Datum einstellen. Wählen Sie es mit einem Klick aus.

Kopf- und Fußzeilen zeichnen sich dadurch aus, dass sie sich auf jeder Seite wiederholen. Eingerichtet wird die Kopfzeile nur einmal.
In einer Kopfzeile kann zum Beispiel ein Logo untergebracht sein. Für die Fußzeile würde sich die Seitennummerierung anbieten.

WISSEN

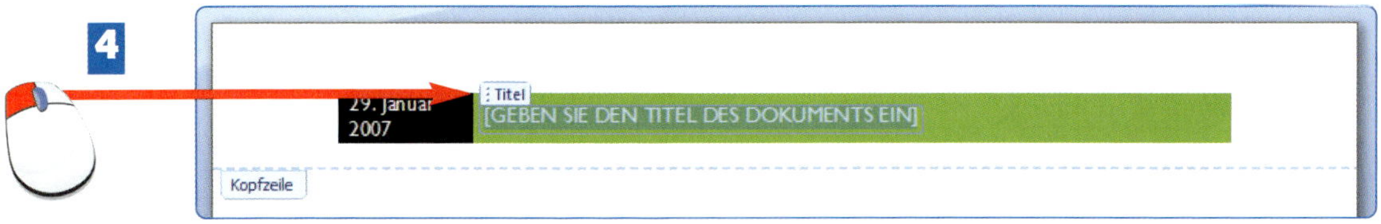

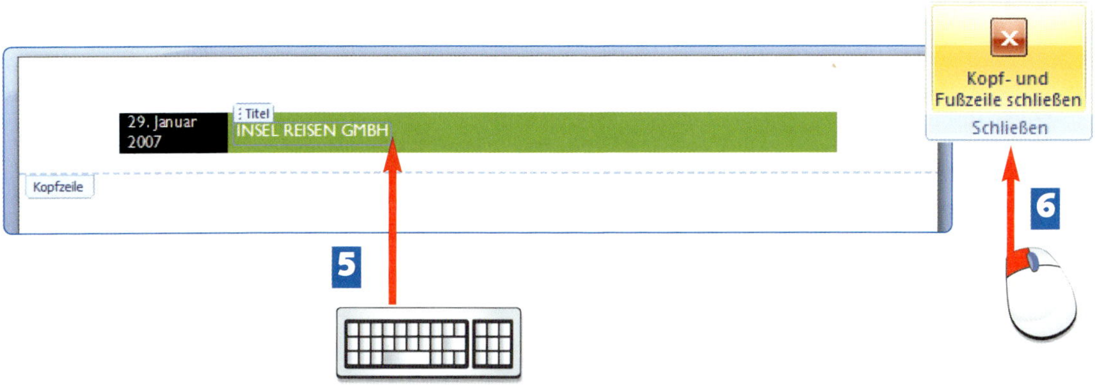

4 Klicken Sie auf den Titel. Der Text wird automatisch markiert.

5 Überschreiben Sie den vorgegebenen Text beispielsweise mit Ihrem Firmennamen.

6 Möchten Sie die Kopf- und Fußzeile wieder verlassen, klicken Sie rechts außen auf das Symbol *Kopf- und Fußzeile schließen.*

Ende

Unter dem Register *Seitenlayout* finden Sie das Symbol *Designs*. Dort können Sie mit einem einzigen Klick das gesamte Aussehen, inklusive einer anderen Farbe, für den Kopf auswählen.

HINWEIS

Dem Brief eine Fußzeile verpassen

Start

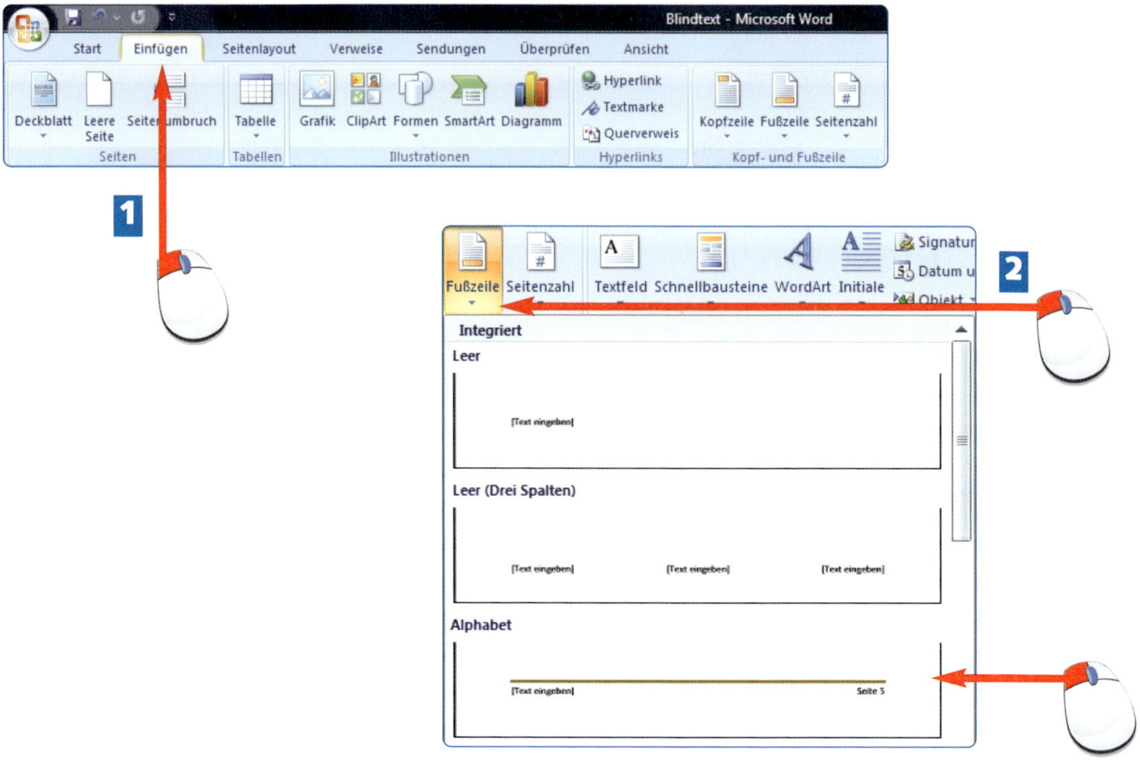

1 Klicken Sie in der Multifunktionsleiste auf das Register *Einfügen.*

2 Klappen Sie mit einem Klick den Fußzeilenkatalog auf und markieren Sie die Fußzeile, die Ihnen gefällt. Hier ist beispielsweise eine Fußzeile *(Alphabet)* mit automatischer Seitennummerierung gewählt.

In dem von Windows mitgelieferten Programm WordPad lassen sich keine Kopf- und Fußzeilen definieren. Dieses Programm eignet sich wirklich nur zum Tippen und Gestalten von Texten mit einem sehr einfachen Textaufbau.

WISSEN

3

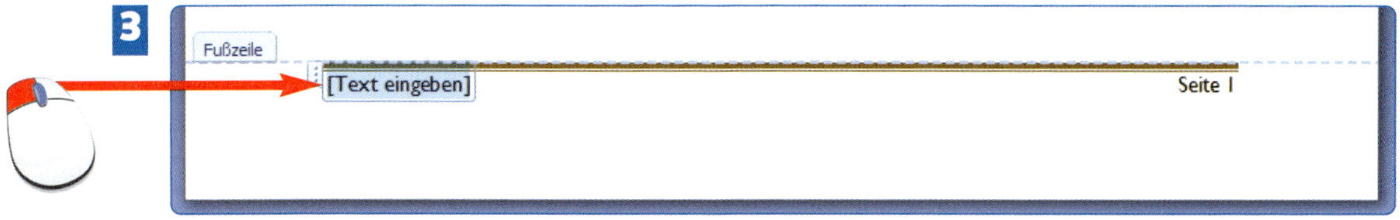

4

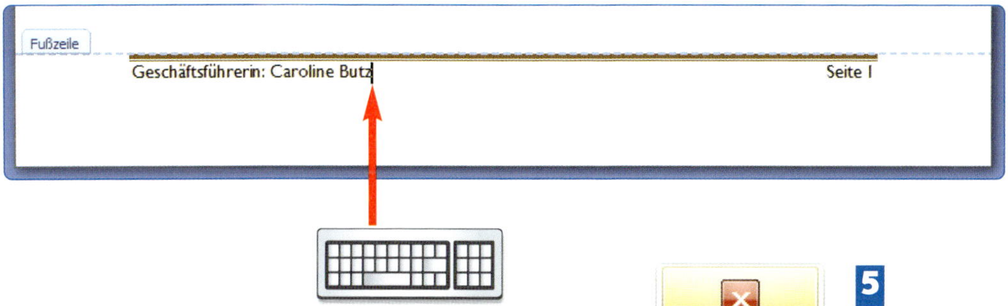

5

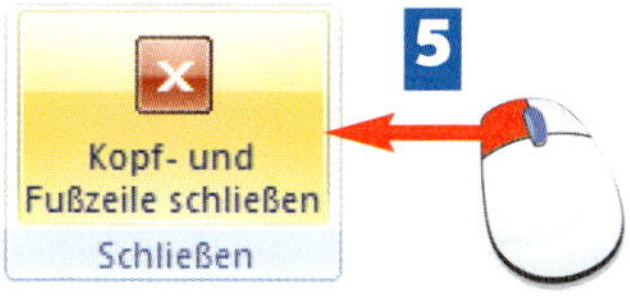

3 Markieren Sie mit einem Klick den Fußzeilentext.

4 Schreiben Sie Ihren eigenen Text in die Fußzeile.

5 Verlassen Sie die Fußzeile mit *Kopf- und Fußzeile schließen*.

Ende

HINWEIS

Per Doppelklick auf die Kopfzeile öffnen Sie den Kopf- und Fußzeilenmodus. Jetzt lässt sich die Kopfzeile bearbeiten.

HINWEIS

Befinden Sie sich in der Kopf- bzw. Fußzeile, verlassen Sie die Fußzeile per Doppelklick auf den Brieftext.

8

Der Weg ins Internet: Ich bin drin!

Start

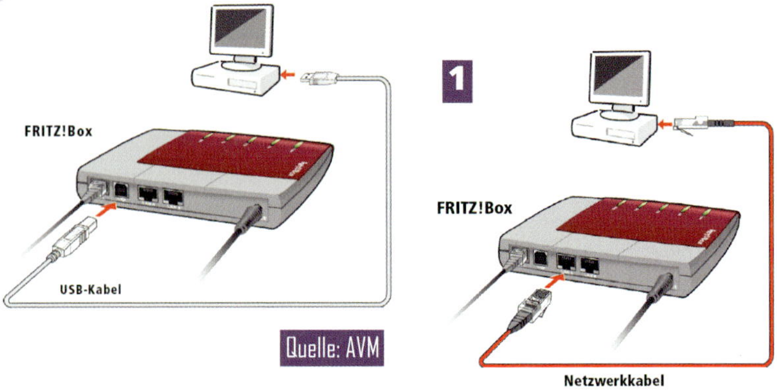

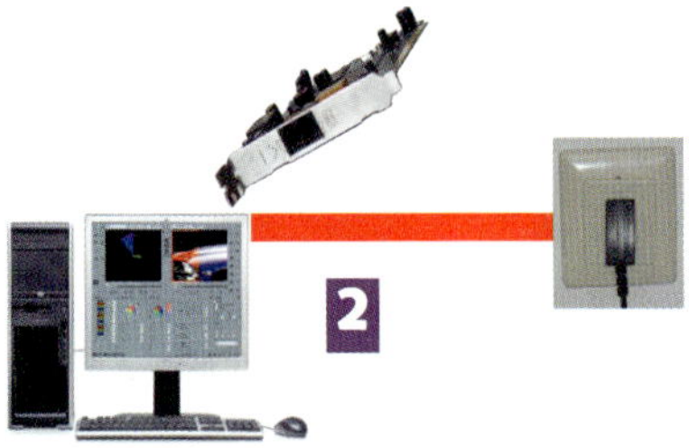

PC mit eingebauter analoger Karte

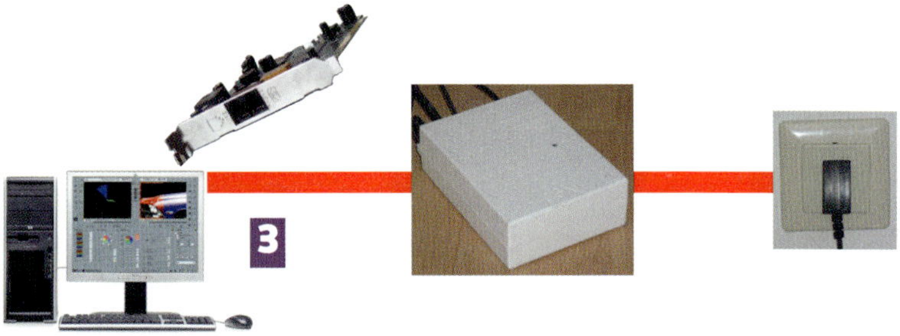

PC mit eingebauter ISDN-Karte

1 DSL: Wer über die Fritzbox ins Internet will, braucht die Zugangsdaten eines Providers. Ohne Provider und Zugangsdaten lässt sich die Fritzbox nämlich nicht installieren!

2 Analog: Wer eine analoge Verbindung ins Internet nutzt, kann sich über Internet-by-Call einwählen (siehe Bild 5: Anbieterübersicht).

3 ISDN: Für ISDN gilt dasselbe – auch hiermit lässt sich eine Internet-by-Call-Verbindung einrichten. Ein Provider ist nicht zwingend nötig (siehe Bild 5: Anbieterübersicht).

Folgende Möglichkeiten gibt's, um ins Internet zu kommen: Entweder Sie schließen einen Vertrag mit einem Provider ab und zahlen eine monatliche Grundgebühr (zwingend bei DSL). Oder Sie nutzen die Alternative Internet-by-Call. Die verbrauchten Gebühren werden mit der Telefonrechnung abgebucht (nur für Analog und ISDN).

WISSEN

5

6

Anbieter	Einwahlnummer	Benutzername	Kennwort
Arcor	01920787	arcor	internet
Tele2	01936841	Topfreizeit	Topfreizeit
msn Eco	0193670	msn@easysurfer-eco.de	msn
Talknet	01925867	online	talknet
Avego	019282132	avego	online
LYCOS	01921232117	brunch@lycosonline	lycos

4 Nach dem Start von Windows öffnet sich automatisch das *Begrüßungscenter*. Hierüber richten Sie Ihre Internetverbindung ein. Klicken Sie auf *Mit dem Internet verbinden...*

5 ...und anschließend rechts oben im Fenster nochmal auf *Mit dem Internet verbinden.* Sie rufen einen Assistenten auf, der Sie durch die gesamte Installation führt.

6 ISDN oder Analog: Eine kleine Auswahl von Internet-by-Call-Anbietern. Hier finden Sie die Einwahlnummern, den Benutzernamen und das Kennwort.

Ende

TIPP

Achtung! Die Groß- und Kleinschreibung bei der Eingabe des Kennworts beachten.

FACHWORT

Ein **Provider** stellt Ihnen die Verbindung über die Telefonleitung zum Internet gegen eine Gebühr zur Verfügung.

HINWEIS

Die Gebühren der Internet-by-Call-Anbieter bewegen sich im Bereich von etwa 0,25 und 2 Cent pro Minute. Das kommt natürlich auf die Tageszeit und den Anbieter an.

Start

1 Klicken Sie auf *Start* und anschließend auf *Internet*.

2 Oder klicken Sie in der Schnellstartleiste auf *Internet Explorer Browser starten*.

3 Nach der Verbindung landen Sie automatisch auf der Seite von msn, dem Service Provider von Microsoft, sofern keine anderen Einstellungen von Ihrem Computerhändler gemacht wurden.

Im Internet kommunizieren unzählige Computer via Telefonleitung, Datenleitung oder Satellit miteinander. Jeder kann im Internet Informationen bereitstellen oder abrufen. Die bereitgestellten Informationen finden Sie auf den sogenannten Websites wieder.

WISSEN

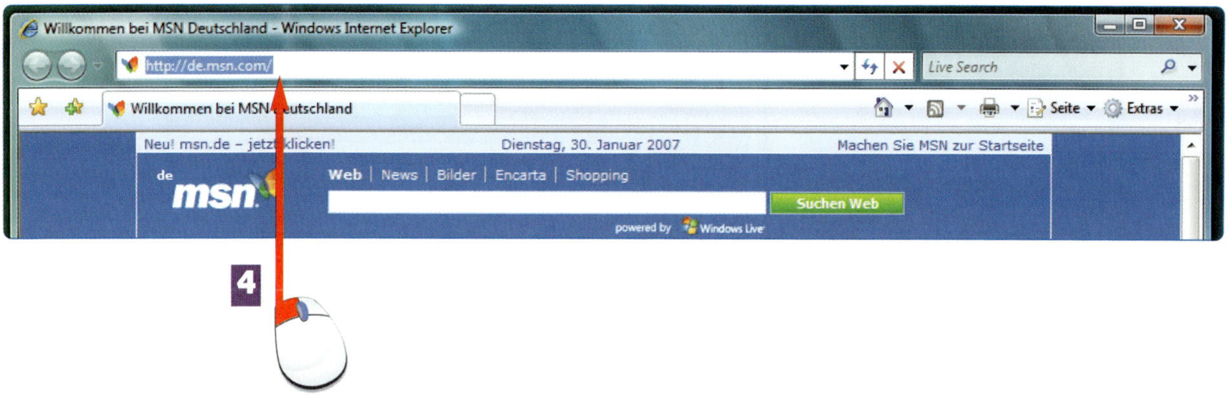

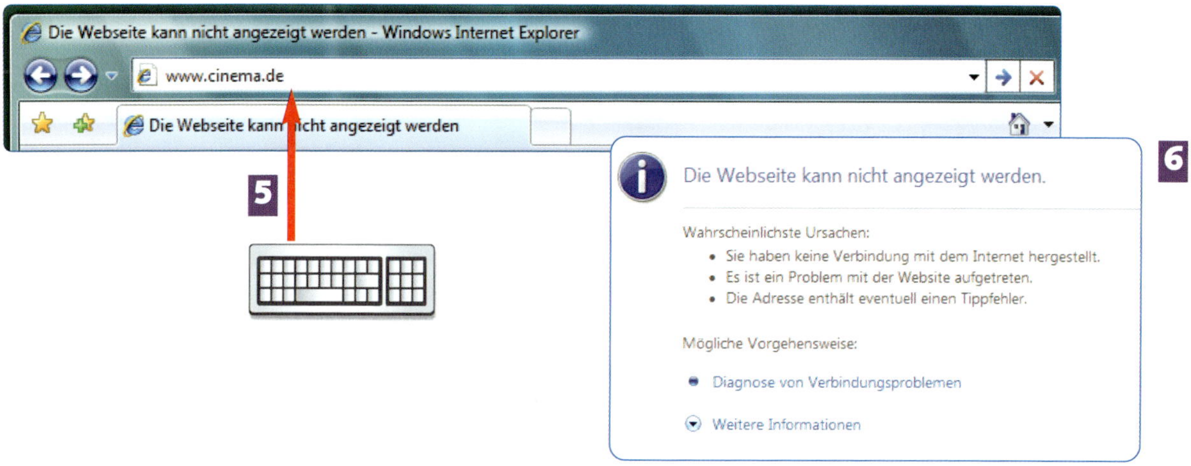

4 Klicken Sie mit der linken Maus in das Adressfeld. Die Internetadresse wird blau hinterlegt.

5 Tippen Sie sofort drauflos! Geben Sie die gewünschte Internetadresse ein und drücken Sie die ⏎-Taste.

6 Vertippt? Dann erscheint die Anzeige in Bild 6. Geben Sie die Internetadresse noch mal genau ein und drücken Sie erneut die ⏎-Taste.

TIPP

http:// brauchen Sie in der Regel nicht eingeben. Es reicht, wenn Sie mit www beginnen.

FACHWORT

Den Internet Explorer bezeichnet man als **Browser,** mit dessen Hilfe Sie Internetseiten anschauen und bedienen können.

HINWEIS

www steht für World Wide Web, danach folgt der Name der Website, gefolgt von der Domäne:
.de steht für Deutschland
.org für Organisation usw.

7 Klicken Sie auf einen Link, um sich auf der Website weiterzubewegen (hier: *Neu im Kino*).

8 Wenn die Hand erscheint, versteckt sich darunter ein Link. Klicken Sie darauf, um sich weitere Informationen anzeigen zu lassen.

9 Soll eine Abfrage gestartet werden, geben Sie in die vorgegebenen Felder den entsprechenden Text ein (hier: *Erding*).

Der bekannteste Dienst im Internet ist das World Wide Web (www). Es ist vergleichbar mit einem bunten Kiosk, an dem Sie alle möglichen Informationen in Form von Texten und Bildern erhalten. In dem Moment, in dem Sie www ins Adressfeld eintippen, nutzen Sie diesen Dienst.

WISSEN

10

12

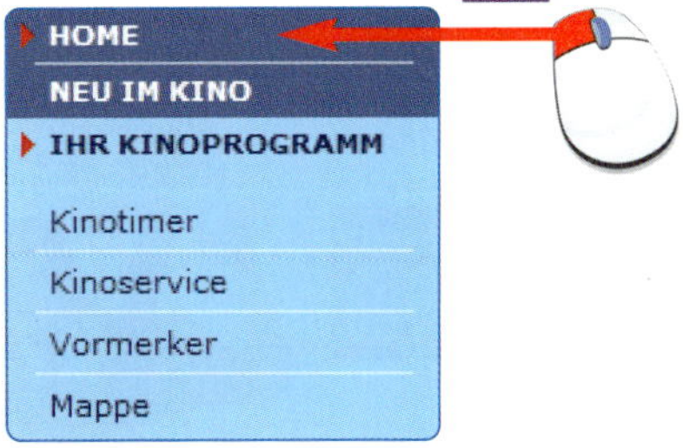

11

10 Starten Sie die Abfrage mit Klick auf *Suche starten.*

11 Auf der folgenden Website sehen Sie das Ergebnis Ihrer Abfrage.

12 Mit einem Klick auf den Link *Home* erscheint wieder die Startseite der Website.

Ende

Nahezu auf jeder Website gibt es den Link *Home*. Mit einem Klick darauf landen Sie auf der Startseite der Website.

TIPP

Hyperlink oder **Link** ist ein Querverweis auf eine andere Datenquelle. Mit einem Klick auf einen Link landen Sie an entsprechender Stelle.

FACHWORT

Ein Link zeigt sich nach einem Besuch in einer anderen Farbe. Daran erkennen Sie, ob Sie auf dieser Website schon waren oder nicht.

HINWEIS

Start

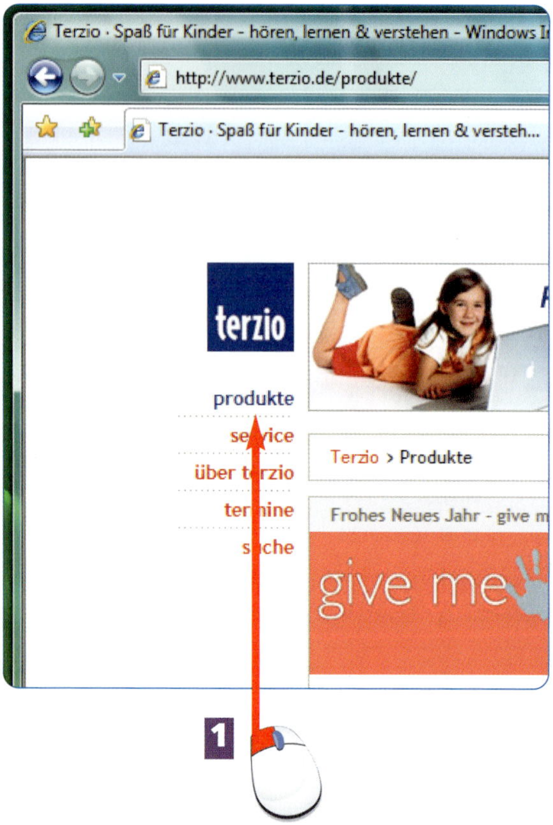

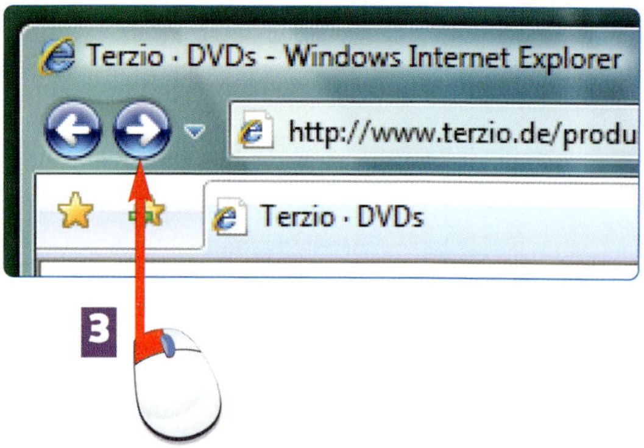

1 Sie haben eine Website aufgerufen und klicken auf einen Link. Jetzt stellen Sie fest, dass Sie dort nicht hin wollen.

2 Mit einem Klick auf *Zurück* bewegen Sie sich wieder auf die vorherige Seite...

3 ...und mit *Vorwärts* auf die bereits aufgerufene Seite. So können Sie zwischen den bereits aufgerufenen Seiten problemlos navigieren.

Manche Internetadressen kann man sich überhaupt nicht merken, deshalb stellt der Internet Explorer die sogenannten Favoriten zur Verfügung. Hier speichert er die Internetadressen. Ohne die Internetadresse neu einzutippen, kann man sie mit einem einfachen Klick aufrufen.

WISSEN

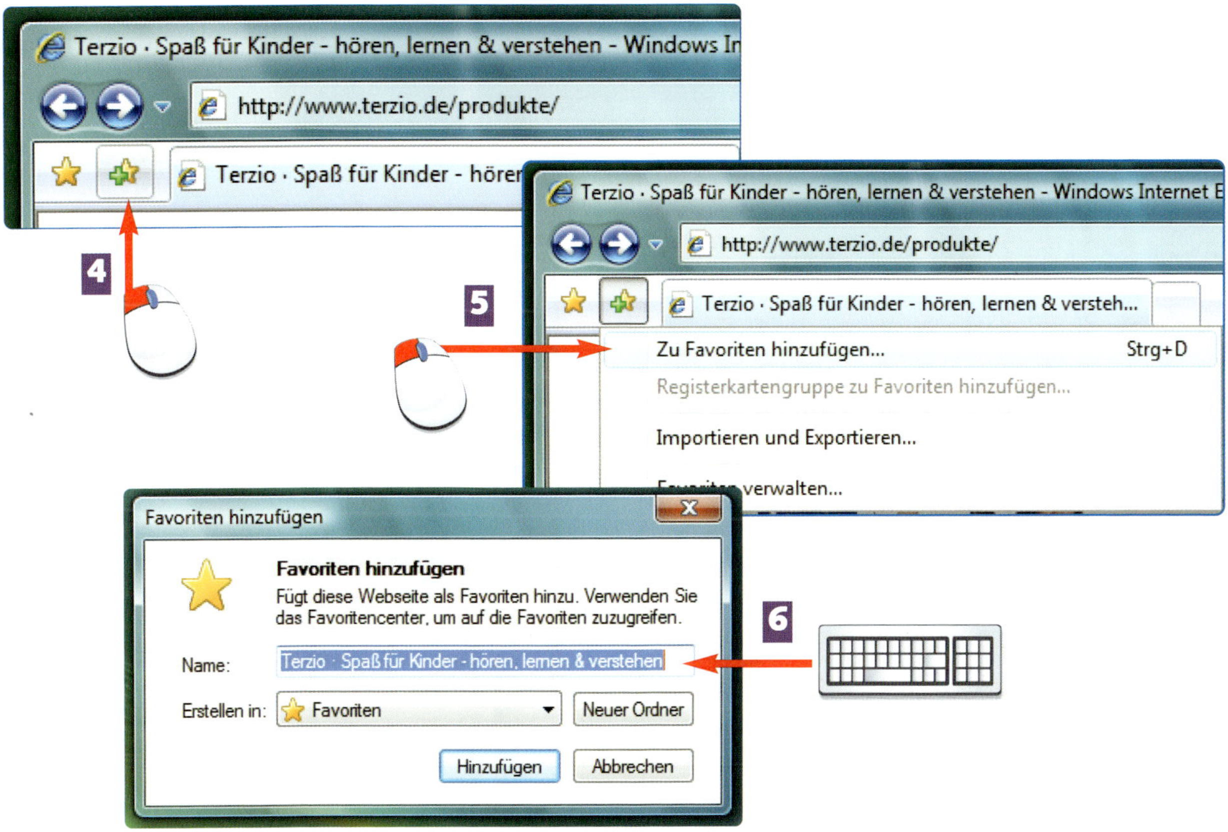

4 Eine Website gefällt Ihnen besonders? Dann speichern Sie sie doch unter den Favoriten. Klicken Sie dazu auf *Zu Favoriten hinzufügen*.

5 Klicken Sie erneut auf *Zu Favoriten hinzufügen.*

6 Im folgenden Dialog geben Sie den Namen für die Website ein und bestätigen mit *Hinzufügen*. Den vorgeschlagenen Namen können Sie jederzeit überschreiben.

FACHWORT

Eine **Website** besteht aus einzelnen Seiten, die miteinander verknüpft sind und als Webseiten bezeichnet werden.

HINWEIS

Zu den Favoriten fügen Sie immer die geöffnete Website hinzu. Später lässt sie sich mit einem Klick sofort aufrufen.

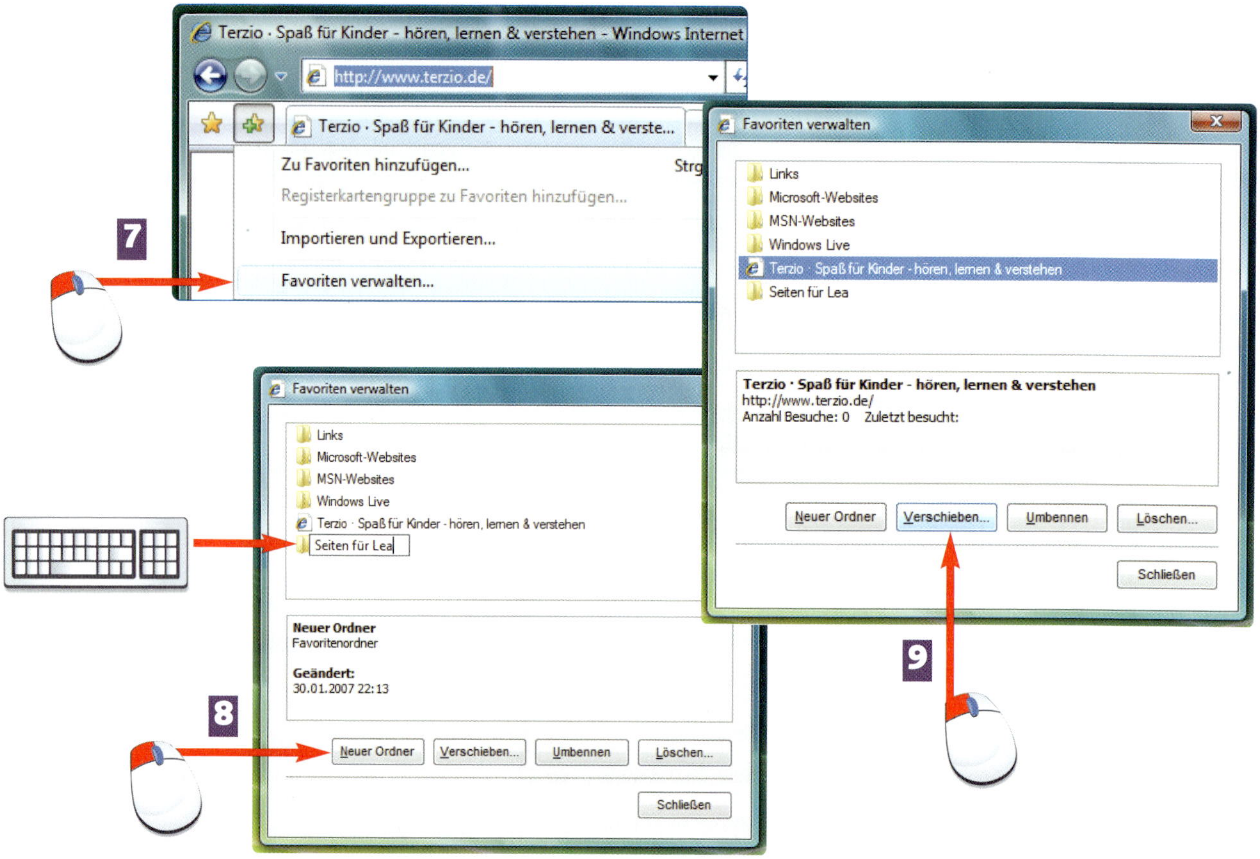

7 Klicken Sie auf *Favoriten verwalten*, um die Website an einem bestimmten Ort (Ordner) abzulegen.

8 Mit einem Klick auf *Neuer Ordner* fügen Sie einen neuen Ordner hinzu. Geben Sie dem Ordner einen Namen.

9 Markieren Sie die Website, die Sie in den neu erstellten Ordner bringen möchten, und klicken Sie auf *Verschieben*.

Den Überblick über die Favoriten behalten Sie, wenn Sie Ordner erstellen, in die Sie die Websites einordnen. Auch nach längerer Surfpause finden Sie Ihre Websites wieder.

WISSEN

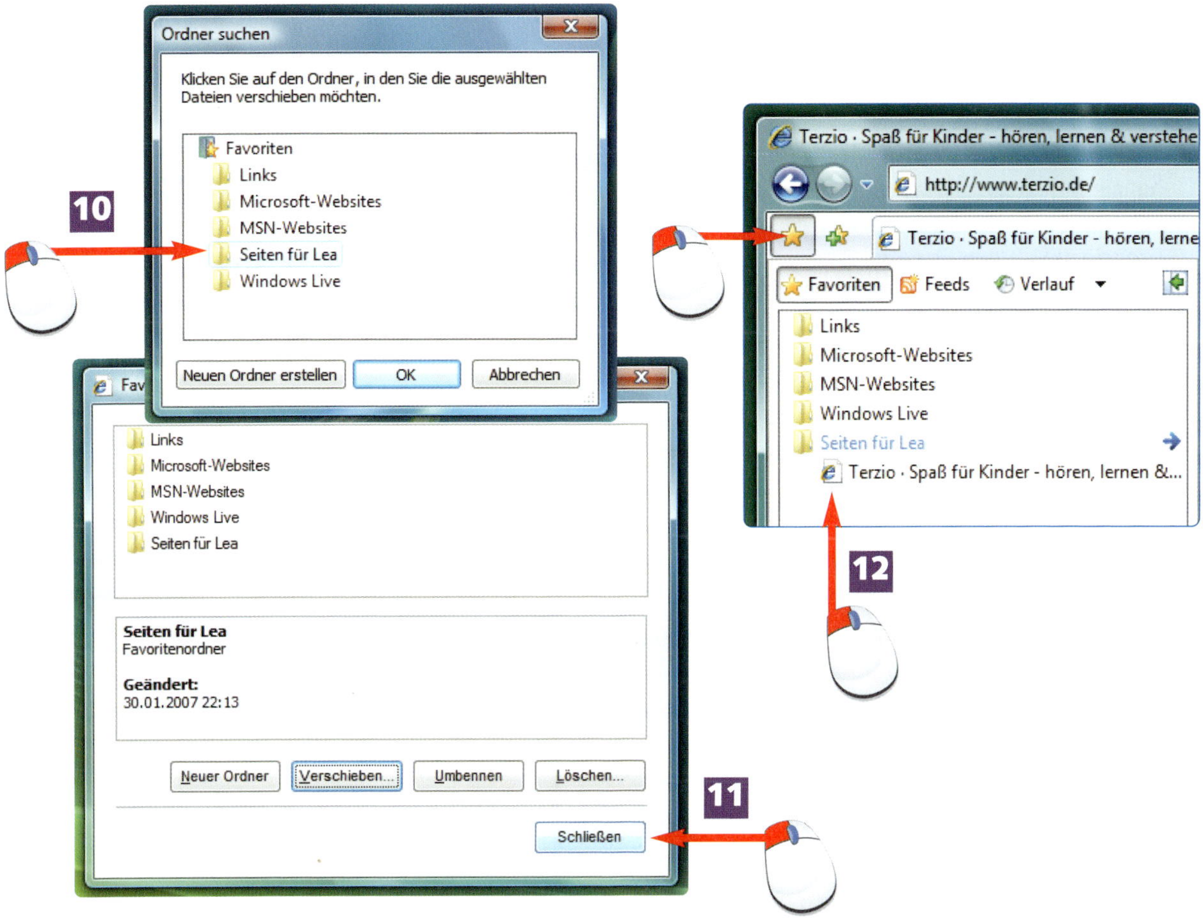

10 Jetzt markieren Sie den gewünschten Ordner (hier: *Seiten für Lea)* und bestätigen mit *OK*.

11 Ist die Aktion vollbracht, klicken Sie auf *Schließen*.

12 Rufen Sie das *Favoritencenter* auf: Die Website befindet sich nun unter dem zuvor gewählten Ordner. Klicken Sie auf die Website, wird sie geöffnet.

Ende

Ein Klick auf einen Ordner macht alle darunter eingeordneten Websites sichtbar. Ein weiterer Klick schließt den Ordner wieder.

HINWEIS

Möchten Sie das *Favoritencenter* verschwinden lassen, dann klicken Sie ein zweites mal auf *Favoritencenter*.

HINWEIS

Start

1

Suchmaschine	Internetadresse
altavista	www.altavista.de
Google	www.google.de
FIREBALL	www.fireball.de
LYCOS	www.lycos.de
YAHOO	www.yahoo.de

3

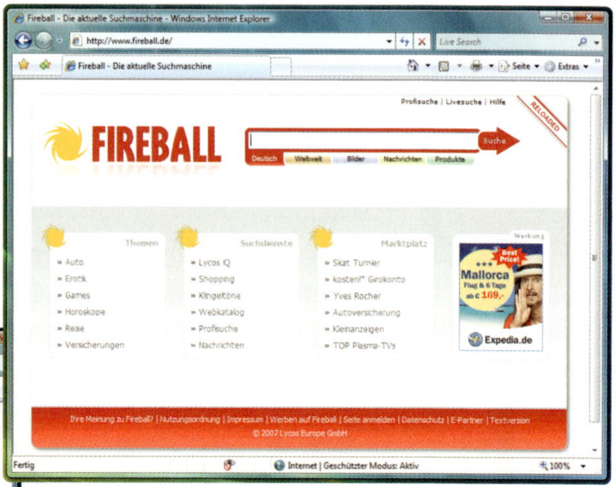

2

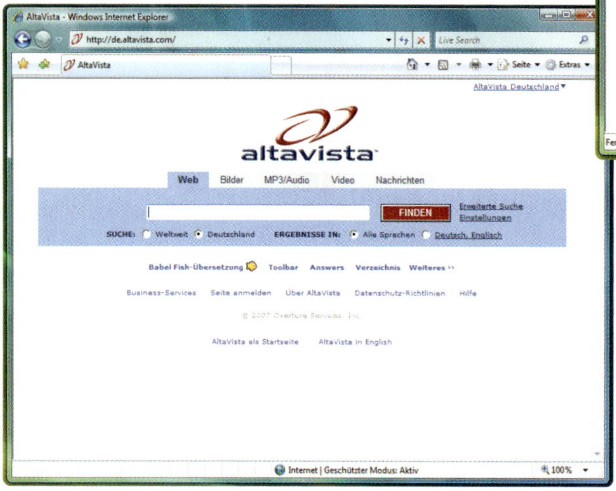

1 Hier eine kleine Auswahl bekannter Suchmaschinen. Wenn Sie die angegebene Internetadresse eingeben, erscheint die gewünschte Suchmaschine.

2 altavista setzt nach eigener Aussage auf „Präzision der Suchergebnisse".

3 Von Erotik bis Shopping deckt FIREBALL ein breites Themenspektrum bei der Suche im Internet ab.

Bei der unglaublichen Datenfülle im Internet helfen Suchmaschinen, zu bestimmten Themen die passenden Websites zu finden. Die Suchdienste sind Services, die im Internet kostenlos zur Verfügung stehen. Da die Suchmaschinen unterschiedlich arbeiten, erhalten Sie mit ein und derselben Suche unterschiedliche Ergebnisse.

WISSEN

4

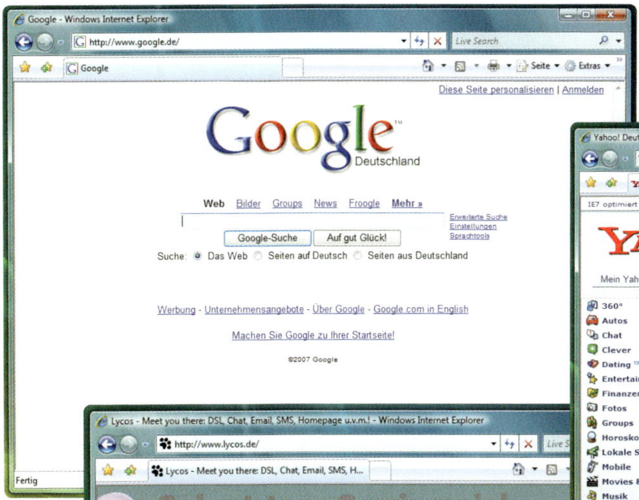

6

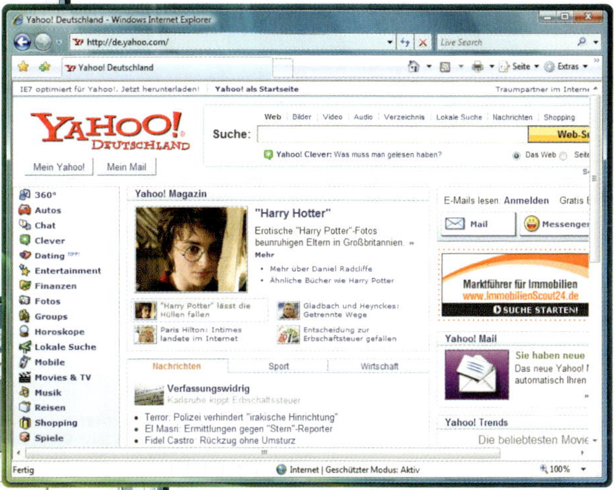

5

4 Von den Liebhabern liebevoll „Tante Google" genannt, sucht und findet diese Suchmaschine sehr schnell und zuverlässig die gewünschten Informationen.

5 LYCOS rangiert mit Millionen von Nutzern unter den deutschen Onlineanbietern ganz vorne.

6 Zwei ehemalige Studenten haben innerhalb von 10 Jahren YAHOO vom Studentenhobby für ein leichteres Surfen im Internet zur weltgrößten Internetfirma gemacht.

Ende

Sind die Suchergebnisse nicht zufriedenstellend, dann probieren Sie es einfach mit einer anderen Suchmaschine noch mal, z.B. mit www.metager.de.

TIPP

Eine Ansammlung von Internetseiten unter einem gemeinsamen Dach bezeichnet man als **Portal** oder **Internetportal**.

FACHWORT

Manche Suchmaschinen bieten als besonderen Service auch kostenlose E-Mail-Adressen an. Beispielsweise bei YAHOO und LYCOS können Sie diesen Service nutzen.

HINWEIS

Start

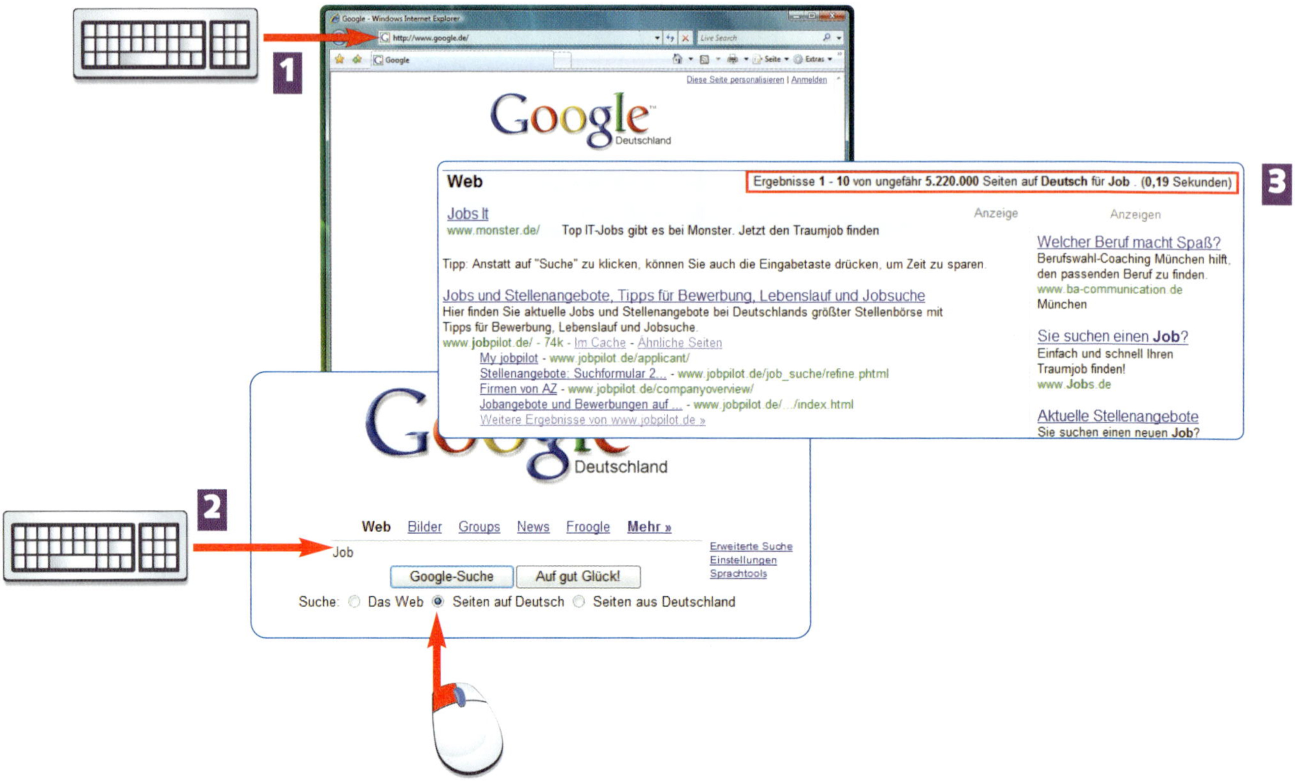

1 Rufen Sie eine Suchmaschine auf, indem Sie im Adressfeld die Internetadresse eingeben und die [↵]-Taste drücken (hier: *www.google.de*).

2 Geben Sie in das Feld den Begriff ein, nach dem Sie suchen möchten. Klicken Sie auf *Google-Suche*. Aktivieren Sie *Seiten auf Deutsch*, um die Suchergebnisse einzuschränken.

3 Hier sehen Sie das Ergebnis Ihrer Suche.

Suchmaschinen sind im Übrigen in unterschiedliche Kategorien aufgeteilt. Das liegt an deren Suchweise, die sich von Suchmaschine zu Suchmaschine unterscheidet. Beispielsweise gibt es Volltextsuchmaschinen, Verzeichnisse (nach Themen geordnet) oder Metasuchmaschinen (suchen in Suchmaschinen und Verzeichnissen gleichzeitig).

WISSEN

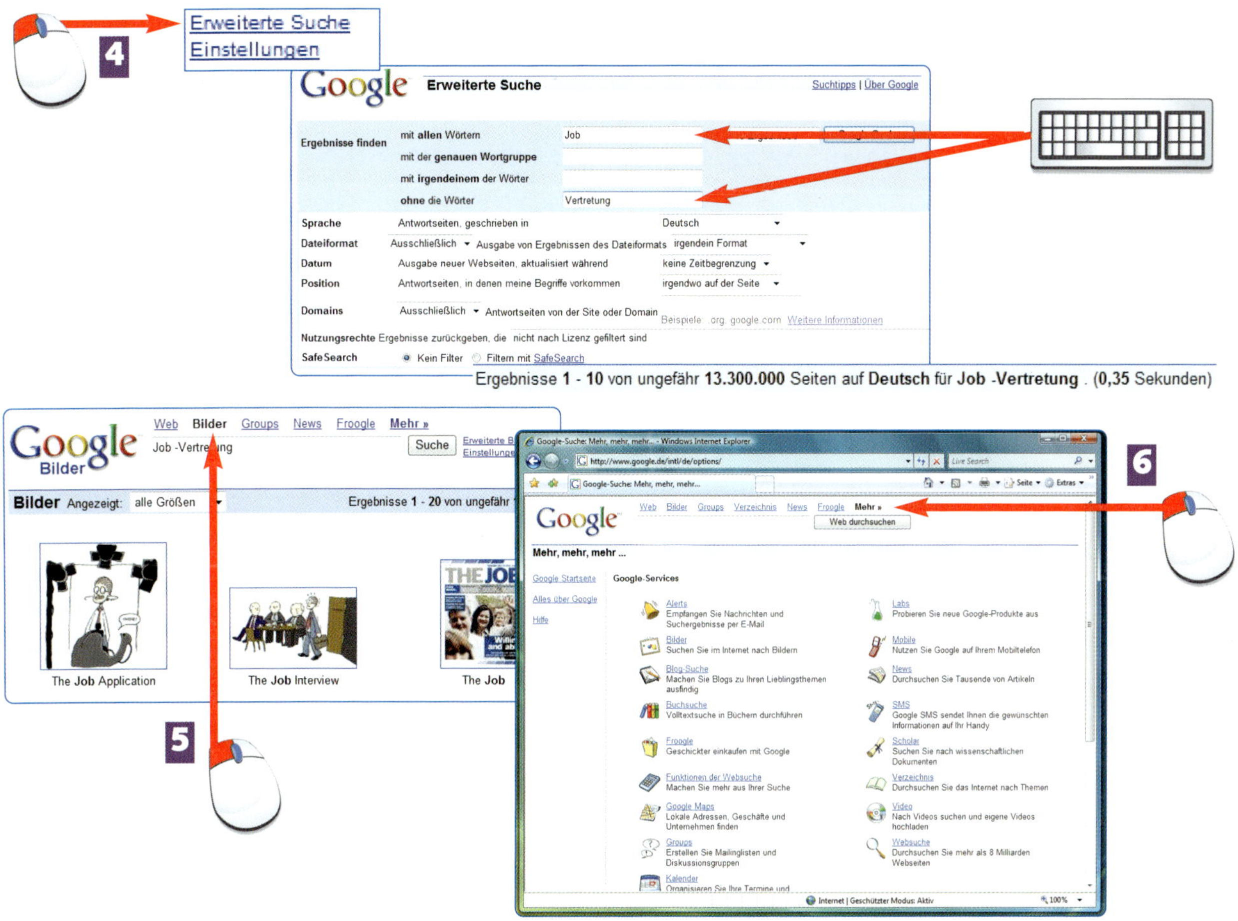

4 Mit *Erweiterte Suche* schränken Sie Ihre Suche weiter ein. Hier wird nach dem Wort *Job*, aber nicht nach *Vertretung* gesucht. Alle Websites mit *Vertretung* listet Google nicht auf.

5 Auch nach Bildern unterschiedlichster Art können Sie in Google suchen.

6 Mit einem Klick auf *Mehr* suchen Sie in übersichtlich geordneten Themen.

Ende

Bemühen Sie sich, bei der Suche mit Schlüsselwörtern zu arbeiten: Job, Verlag, Stellenangebot, Urlaub, Reisen usw.

TIPP

Wenn Sie nicht genau wissen, wonach Sie suchen, empfiehlt es sich, die nach Themen geordnete Struktur der Suchmaschinen zu nutzen.

TIPP

9

Antivirenprogramm downloaden & installieren

Start

1

2

1 Ein sehr bekanntes und verbreitetes Antivirenprogramm namens *Norton Antivirus* von symantec finden Sie unter www.norton-antivirus2007.com/de.

2 In den Tests immer wieder gut abgeschnitten hat das Programm *PC Tools AntiVirus* von PC Tools Software.

Firmen, die ihre Websites pflegen, sind bestrebt, die Website ständig zu verbessern. Deshalb sehen die Websites nach einem halben Jahr unter Umständen schon wieder ganz anders aus. Deshalb stimmen die Bilder hier nicht unbedingt mit Ihrem Ergebnis nach dem Aufrufen der Website überein.

WISSEN

3

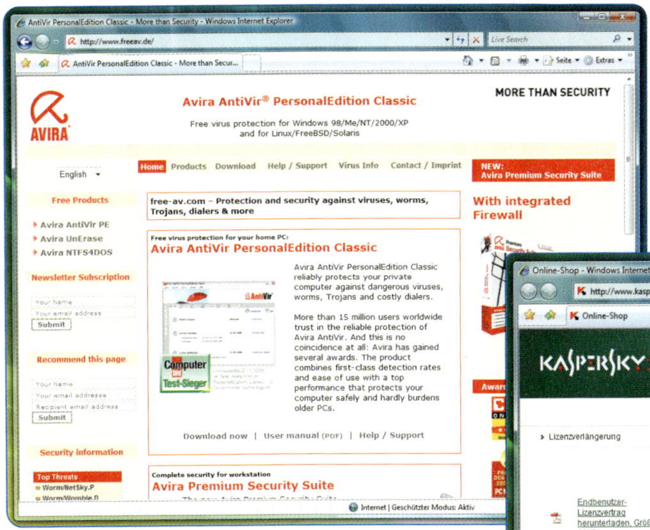

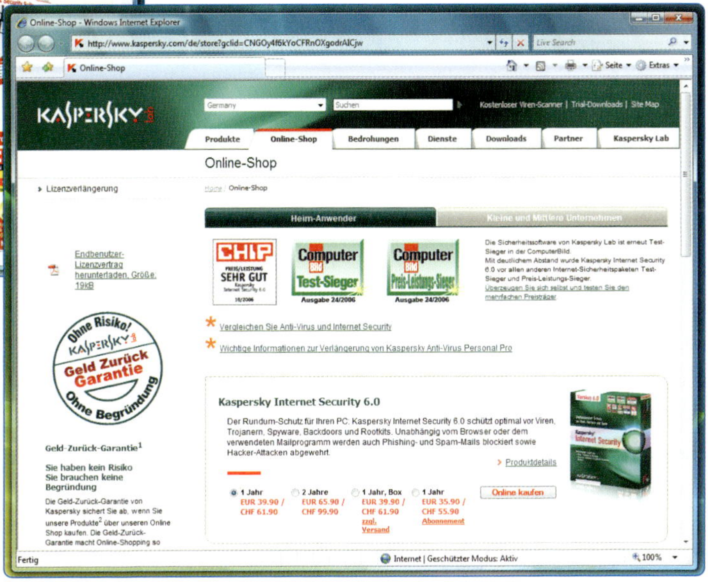

4

3 Die Software *AntiVir PersonalEdition Classic* von Avira erhalten Sie als Privatanwender auch kostenlos: www.freeav.de.

4 Ebenfalls ein Renner bei Antivirensoftware ist Kaspersky Internet Securitiy. Allerdings erhalten Sie sie nicht kostenlos: www.kaspersky.com/de.

Ende

Installieren Sie so schnell wie möglich einen Virenschutz, bevor Sie mit einem neu gekauften Computer ins Internet gehen. Nicht dass Sie sich gleich einen Virus einfangen!

HINWEIS

Ein **Computervirus** hängt sich an andere Computerprogramme an, verbreitet sich und kann enormen Schaden auf dem infizierten Computer anrichten.

FACHWORT

Zum Zeitpunkt der Veröffentlichung dieses Buchs gab es noch kein AntiVir PersonalEdition Classic für Windows Vista.

HINWEIS

Antivirenprogramm downloaden

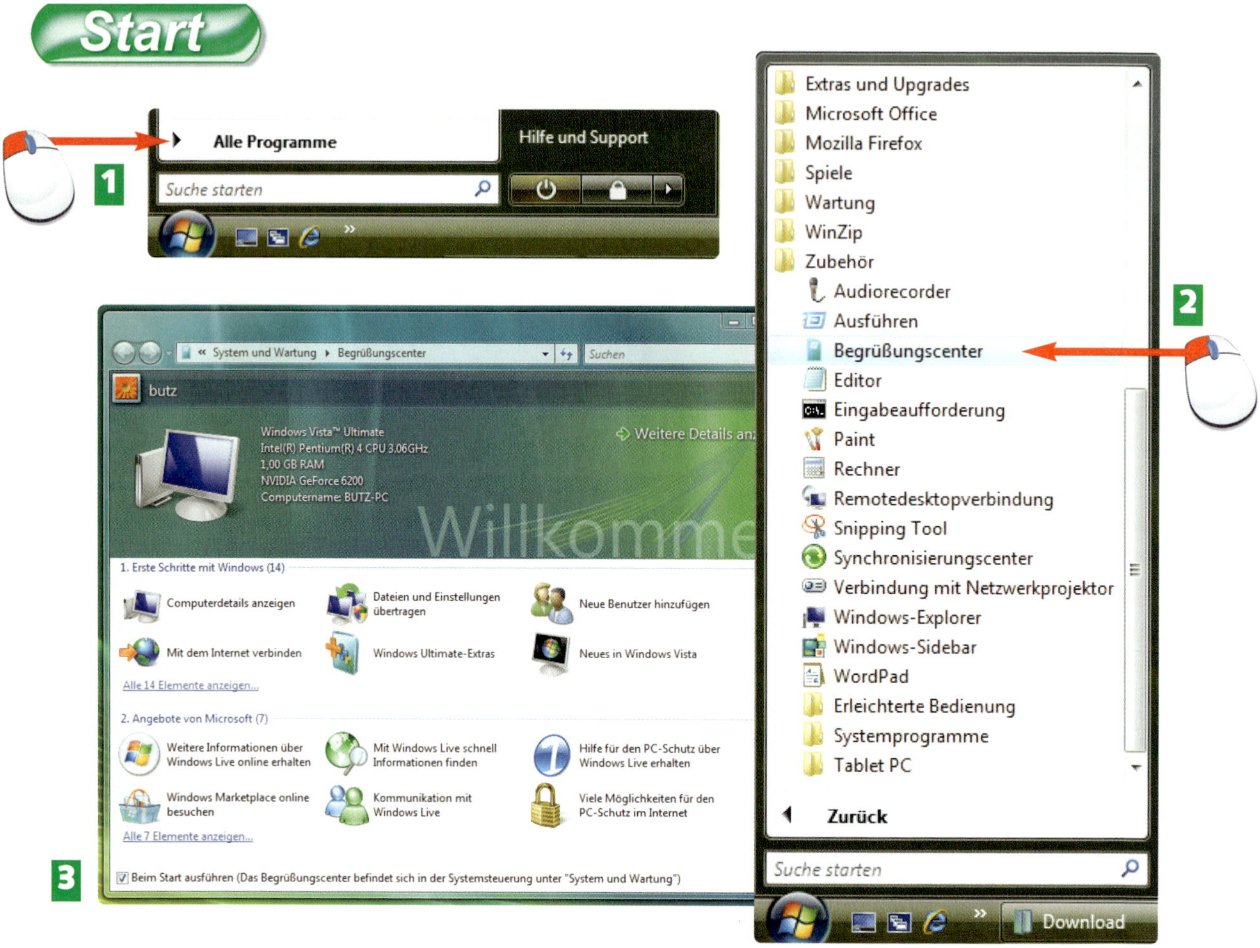

1 Klicken Sie auf *Start* und anschließend auf *Alle Programme.*

2 Wählen Sie mit einem Klick den Ordner *Zubehör* und klicken Sie dann auf *Begrüßungscenter*.

3 Das Begrüßungsfenster präsentiert sich.

Nach dem Start Ihres Computers öffnet sich automatisch das Begrüßungscenter. Hier lassen sich viele Aufgaben erledigen. unter anderem auch die Verwaltung der Antivirensoftware. Sollte das Begrüßungscenter nicht automatisch erscheinen, dann können Sie es über die Start-Schaltfläche öffnen (siehe Bild 1-3).

WISSEN

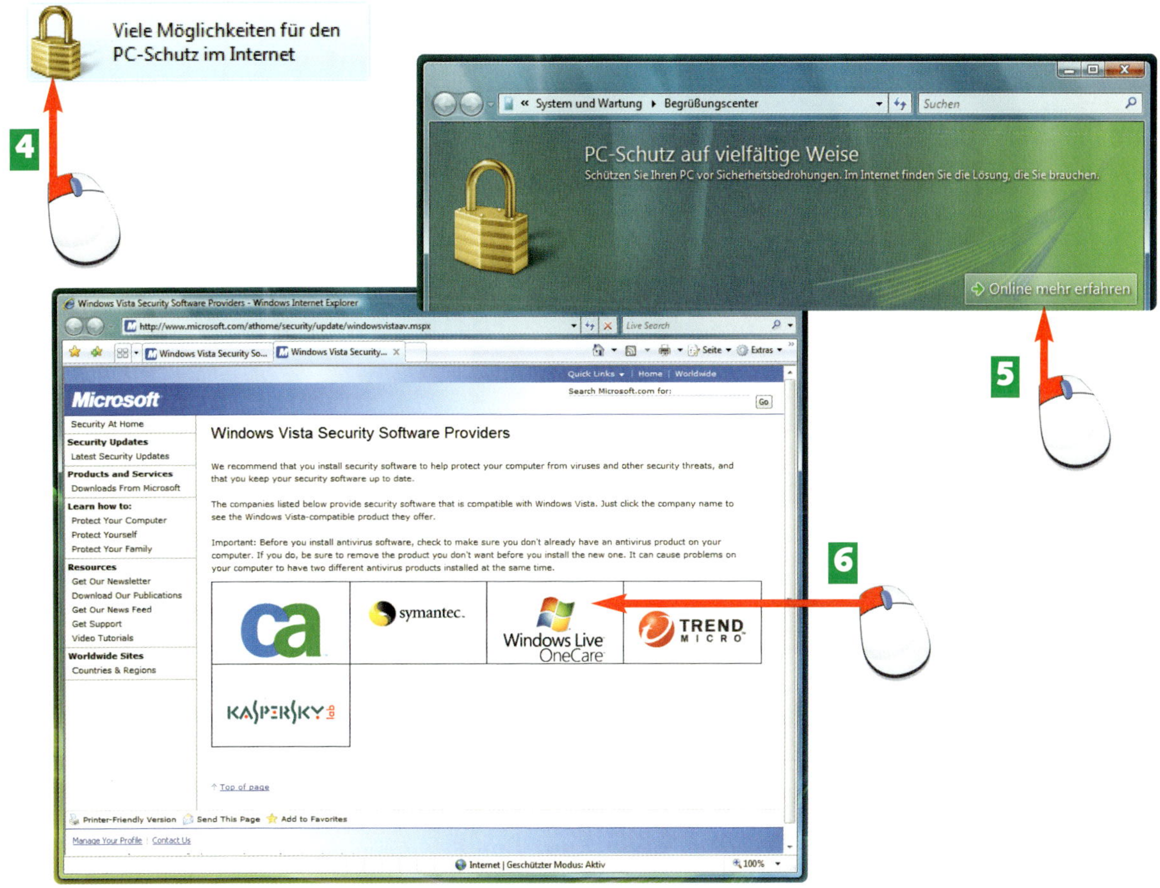

4 Klicken Sie im Begrüßungscenter auf *Viele Möglichkeiten für den PC-Schutz im Internet.*

5 Danach erscheint rechts oben im Fenster die Schaltfläche *Online mehr erfahren.* Klicken Sie darauf.

6 Über das Internet werden Sie mit einer Website verbunden, die Ihnen verschiedene Antivirensoftware zur Verfügung stellt. Wählen Sie die Software aus, die Ihnen zusagt (hier: *Windows Live OneCare).*

Mithilfe der Suchmaschinen lässt sich im Internet auch immer wieder kostenlose Antivirensoftware finden. Geben Sie als Stichwort z.B. Antivirenprogramm oder Sicherheit ein. Mehr Informationen über Suchmaschinen finden Sie ab Seite 126.

HINWEIS

Antivirenprogramm downloaden

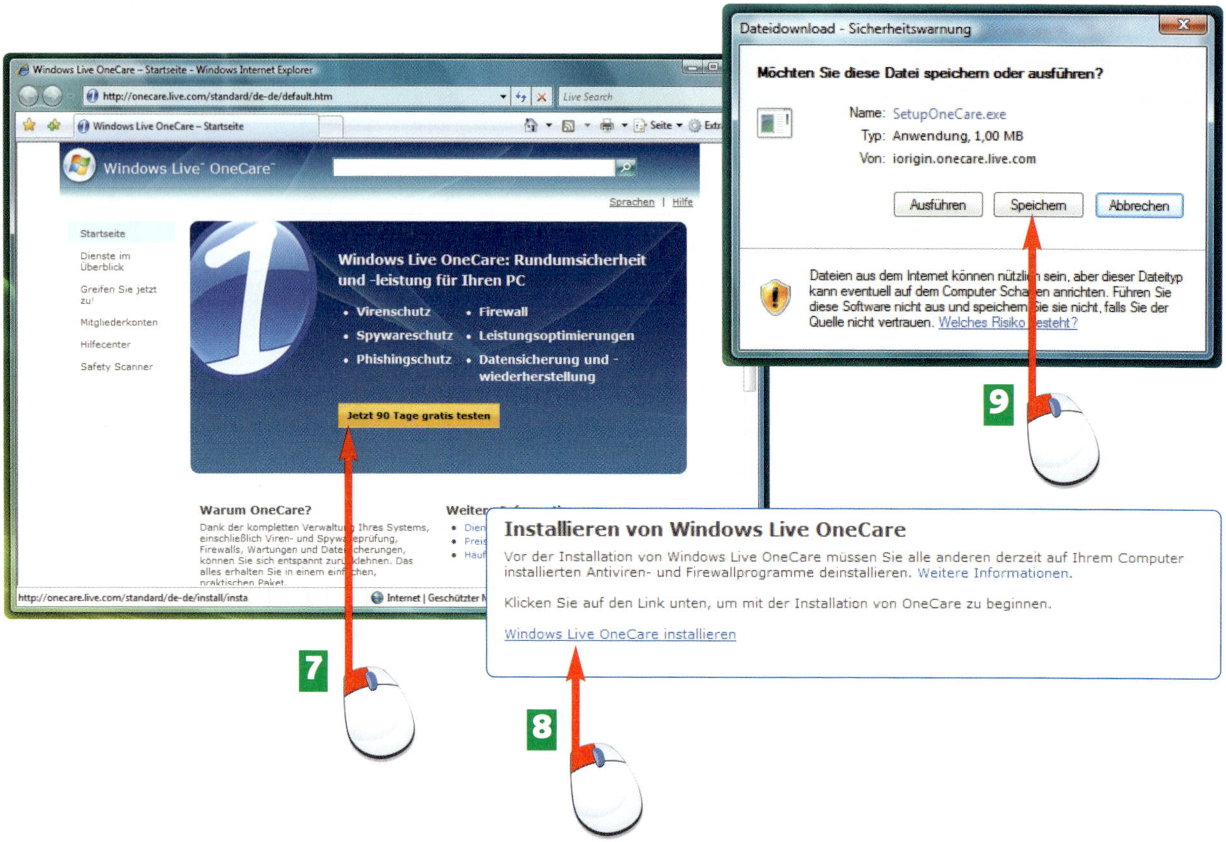

7 Klicken Sie auf *Jetzt 90 Tage gratis testen.*

8 Wenn keine Antivirensoftware auf Ihrem Computer installiert ist, klicken Sie auf *Windows Live OneCare installieren.*

9 Klicken Sie auf *Speichern,* um die Software auf Ihren Computer zu „transportieren".

So gehen Sie vor, wenn Sie ein Programm aus dem Internet downloaden und installieren möchten:
1. Zuerst das Programm aus dem Internet holen (Download),
2. anschließend per Doppelklick aufrufen und installieren
3. und zum Schluss starten und einsetzen.

WISSEN

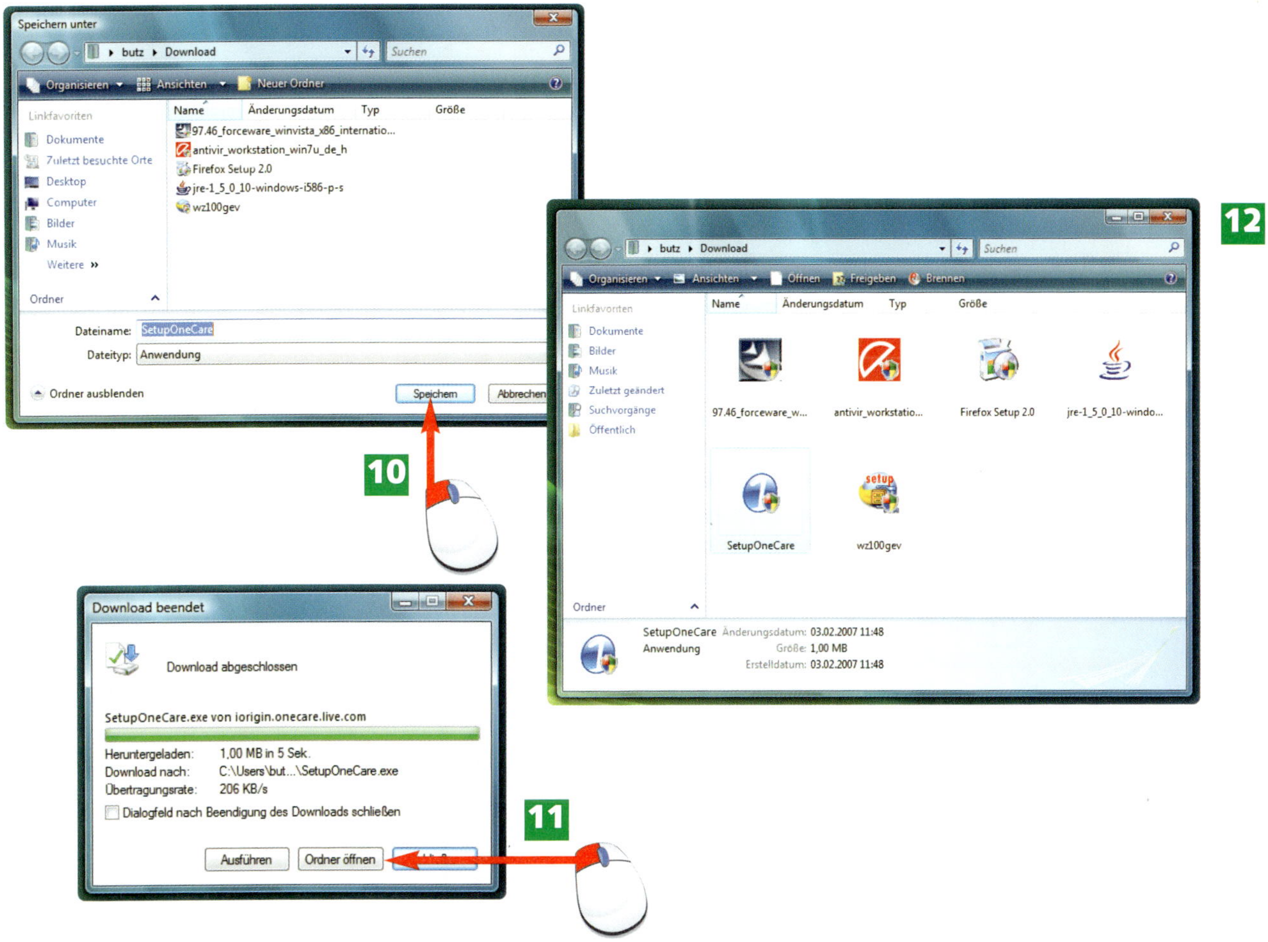

10 Wählen Sie am besten den Ordner *Download* in der linken Fensterhälfte (hier im Moment nicht zu sehen) aus und klicken Sie anschließend auf *Speichern*.

11 Nach dem abgeschlossenen Download klicken Sie gleich auf *Ordner öffnen*.

12 Das Fenster, in dem die Antivirensoftware gespeichert wurde, öffnet sich automatisch. Dort sehen Sie das Programm *SetupOneCare*.

Ende

Das Installationsprogramm wird als **Setup** bezeichnet. Deshalb heißt in meinem Beispiel die Datei *SetupOneCare*.

FACHWORT

Nach einem gewissen Zeitraum (hier 90 Tage) werden Sie aufgefordert, die Antivirensoftware zu registrieren und zu bezahlen. Danach lässt sich die Software weiter nutzen.

HINWEIS

Start

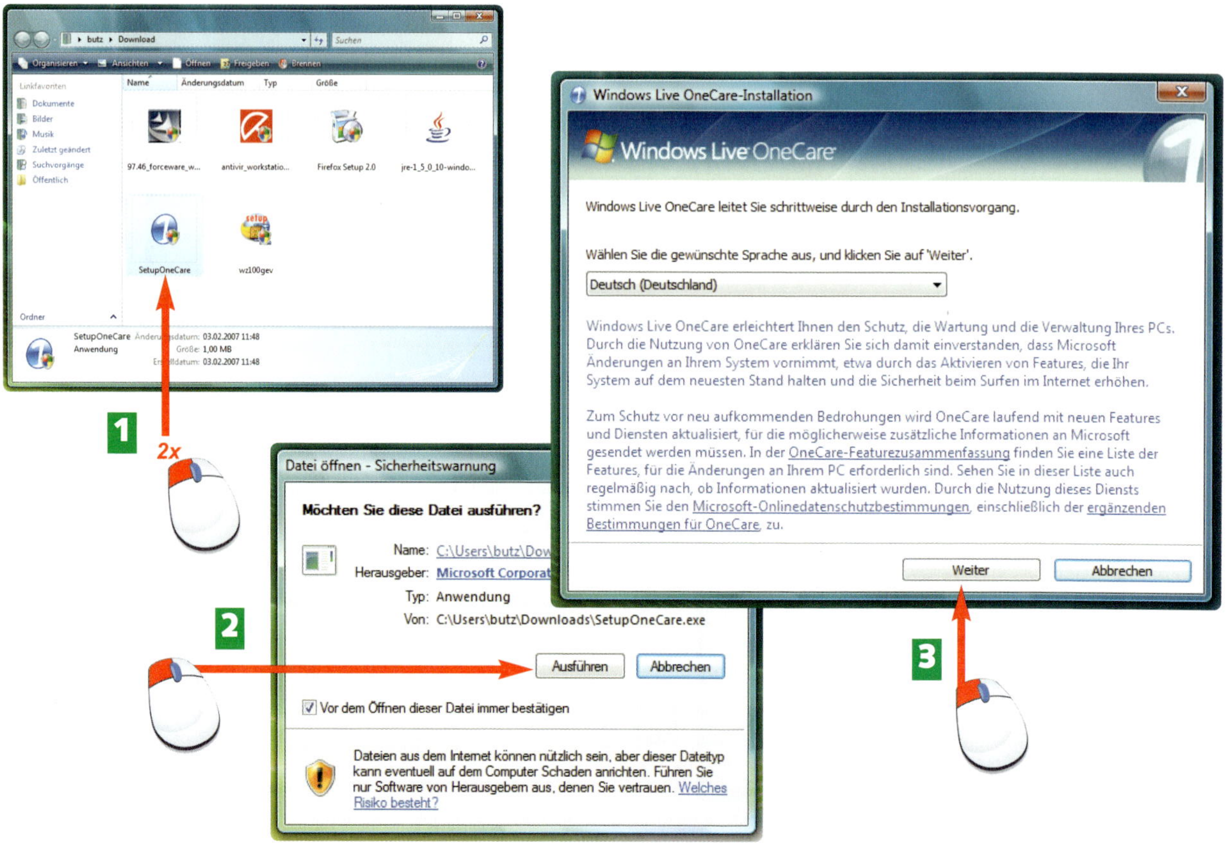

1 Doppelklicken Sie auf die Setup-Datei Ihres Antivirenprogramms.

2 Klicken Sie im folgenden Fenster auf *Ausführen*.

3 Wählen Sie hier die Sprache aus und bestätigen Sie mit *Weiter*.

Das Internet wimmelt immer mehr von Viren, Würmern, Spyware usw. Deshalb lohnt sich der Einsatz eines Antivirenprogramms auf jeden Fall. In den einschlägigen Computerzeitschriften lesen Sie nach, welches Antivirenprogramm momentan am effektivsten arbeitet.

WISSEN

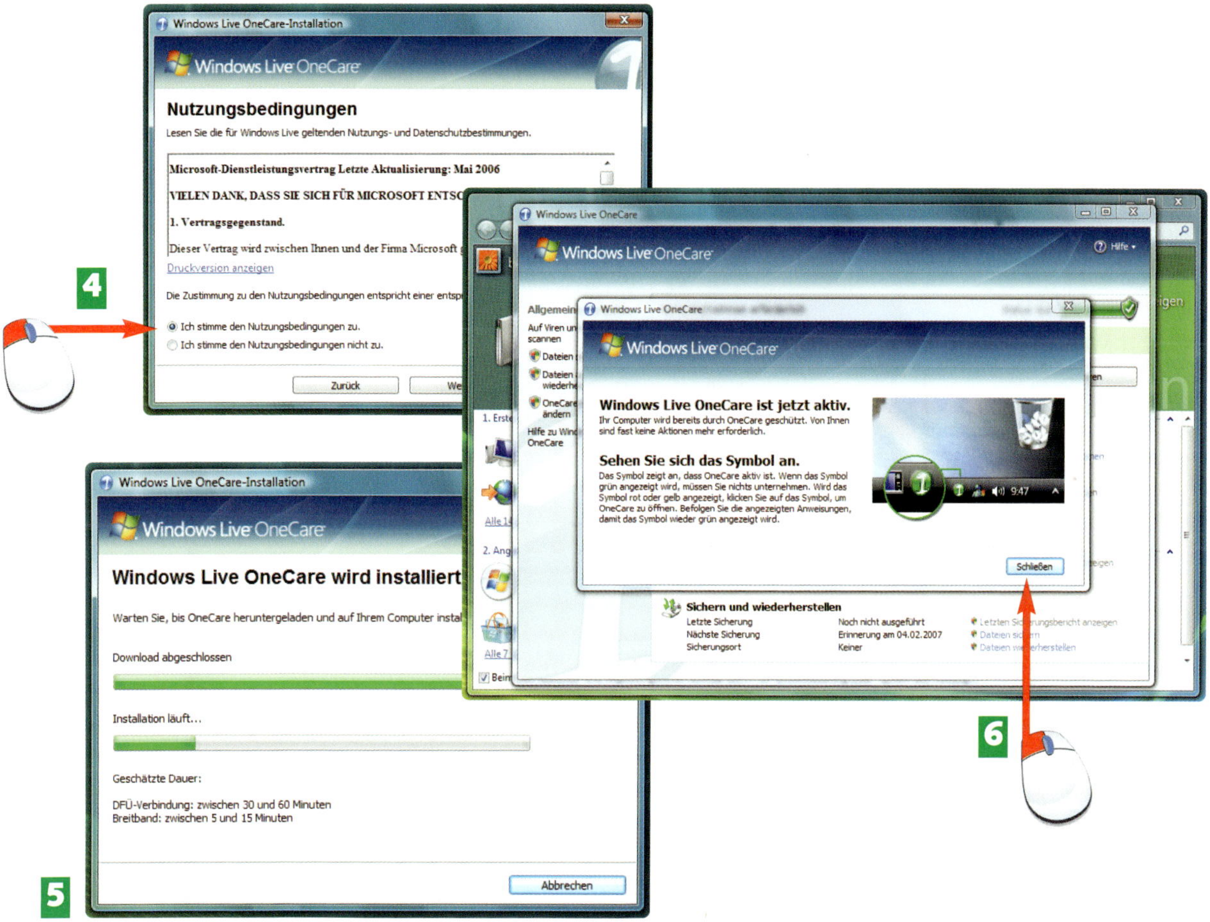

4 Aktivieren Sie *Ich stimme den Nutzungsbedingungen zu* und klicken Sie auf *Weiter*.

5 Im folgenden Fenster sehen Sie, wie weit die Installation fortgeschritten ist.

6 Am Ende der Installation teilt Ihnen OneCare seine Aktivität mit. Schließen Sie das Fenster.

Ende

Spyware ist Software, die sich ohne Zustimmung des Anwenders selbst installiert und verschlüsselte Daten an den Hersteller sendet.

FACHWORT

Würmer verbreiten sich über Netzwerke, z.B. über E-Mails. Würmer richten nicht zwingend Schaden an, belasten aber die Ressorcen eines Netzwerks und können dadurch Schaden hervorrufen.

FACHWORT

Start

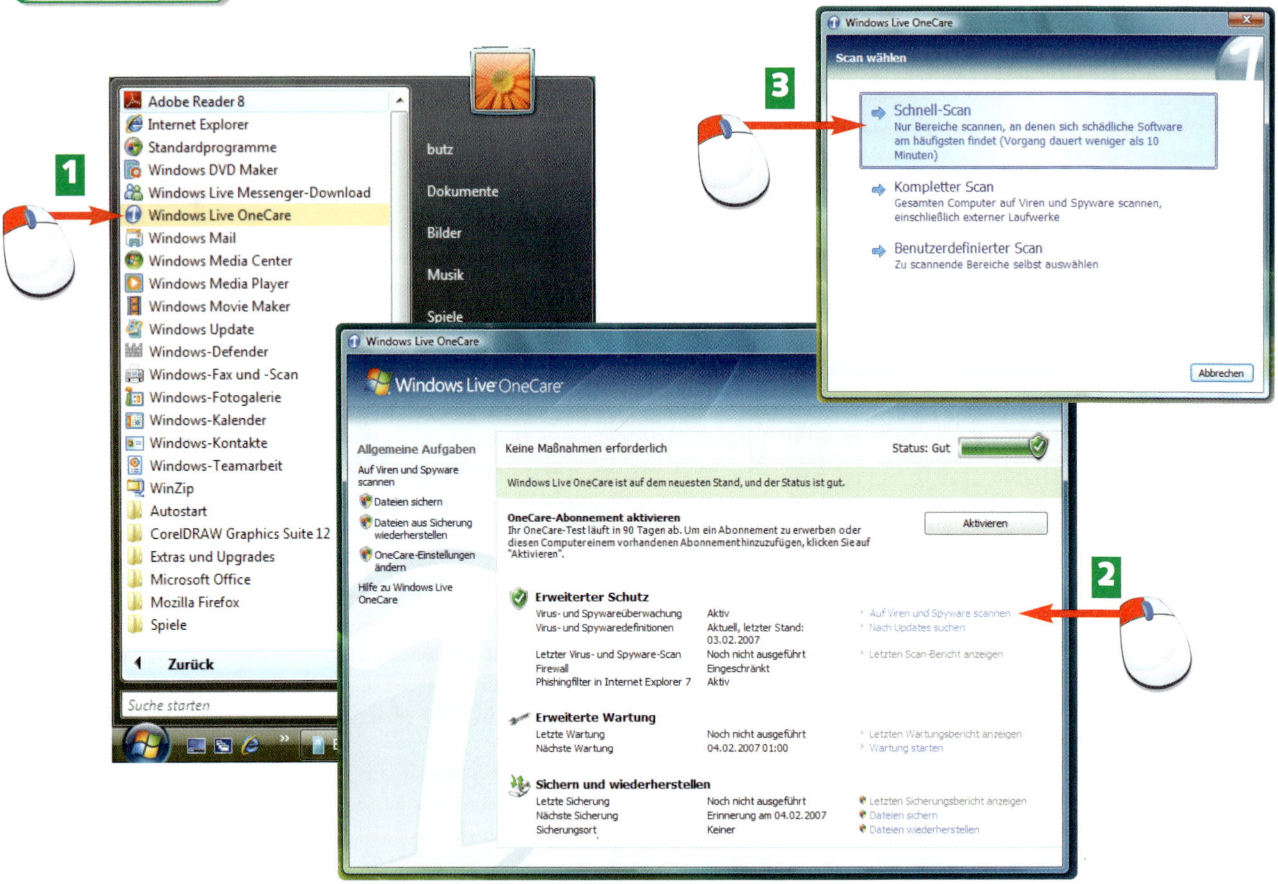

1 Klicken Sie auf *Start/Alle Programme* und rufen Sie *Windows LiveOneCare auf.*

2 Im folgenden Fenster klicken Sie *Auf Viren und Spyware scannen.*

3 Wählen Sie aus, ob Sie Ihren Computer gründlich *(Kompletter Scan)* oder auf die Schnelle *(Schnell Scan)* überprüfen möchten.

Ihre Antivirensoftware lassen Sie registrieren, indem Sie auf *Aktivieren* (in anderen Programmen *Registrieren*) klicken. Dort geben Sie Ihre Kontaktdaten ein und bezahlen die Software. Anschließend verfügen Sie über den gesamten Service des Programms.

WISSEN

4

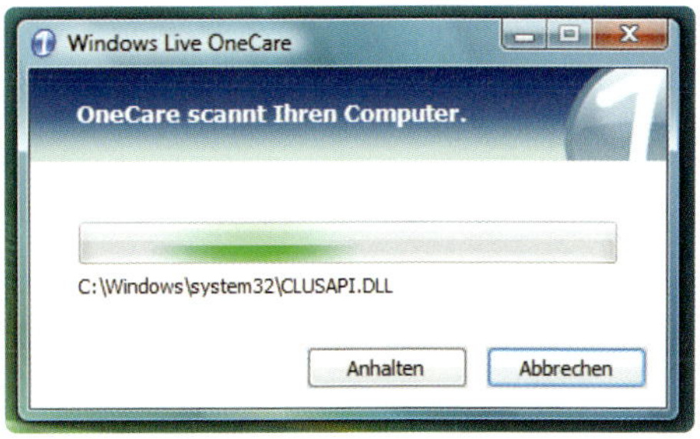

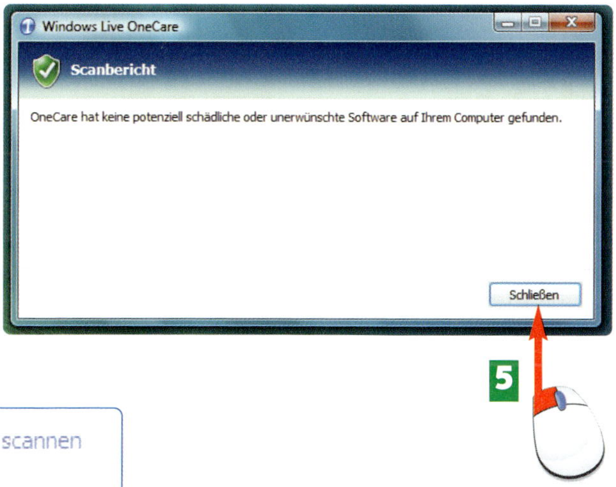

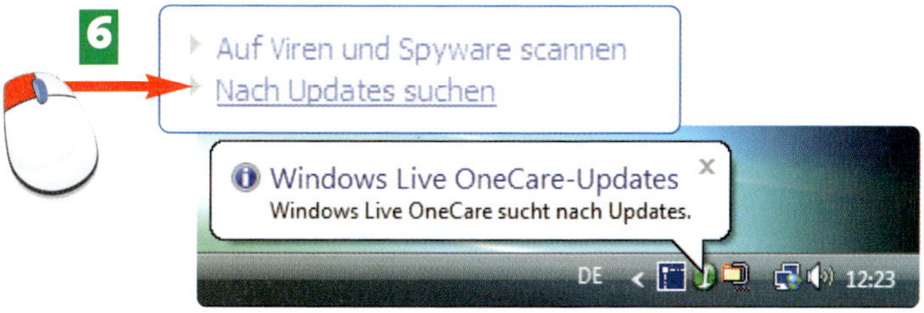

4 Haben Sie etwas Geduld. Das Antivirenprogramm durchsucht Ihren Computer. Das dauert etwas.

5 Nach Abschluss der Überprüfung wird Ihnen mitgeteilt, ob sich Viren auf Ihrem Computer befinden. Wenn ja, bietet Ihnen die Antivirensoftware die Bereinigung Ihres Computers an.

6 Regelmäßiges Updaten Ihrer Virensoftware ist sehr wichtig. Denn **alte** Virensoftware kann **neue** Viren nicht finden.

Ende

FACHWORT

Mit einem **Update** verbessert ein Hersteller immer wieder seine Software. Der Anwender hat die Möglichkeit, sich die Updates kostenlos zu holen.

HINWEIS

Holen Sie sich regelmäßig Ihre Updates und checken Sie in kurzen Abständen immer wieder Ihren Computer. Glauben Sie mir, es lohnt sich!

10

Digitale Post: E-Mail versenden & empfangen

Start

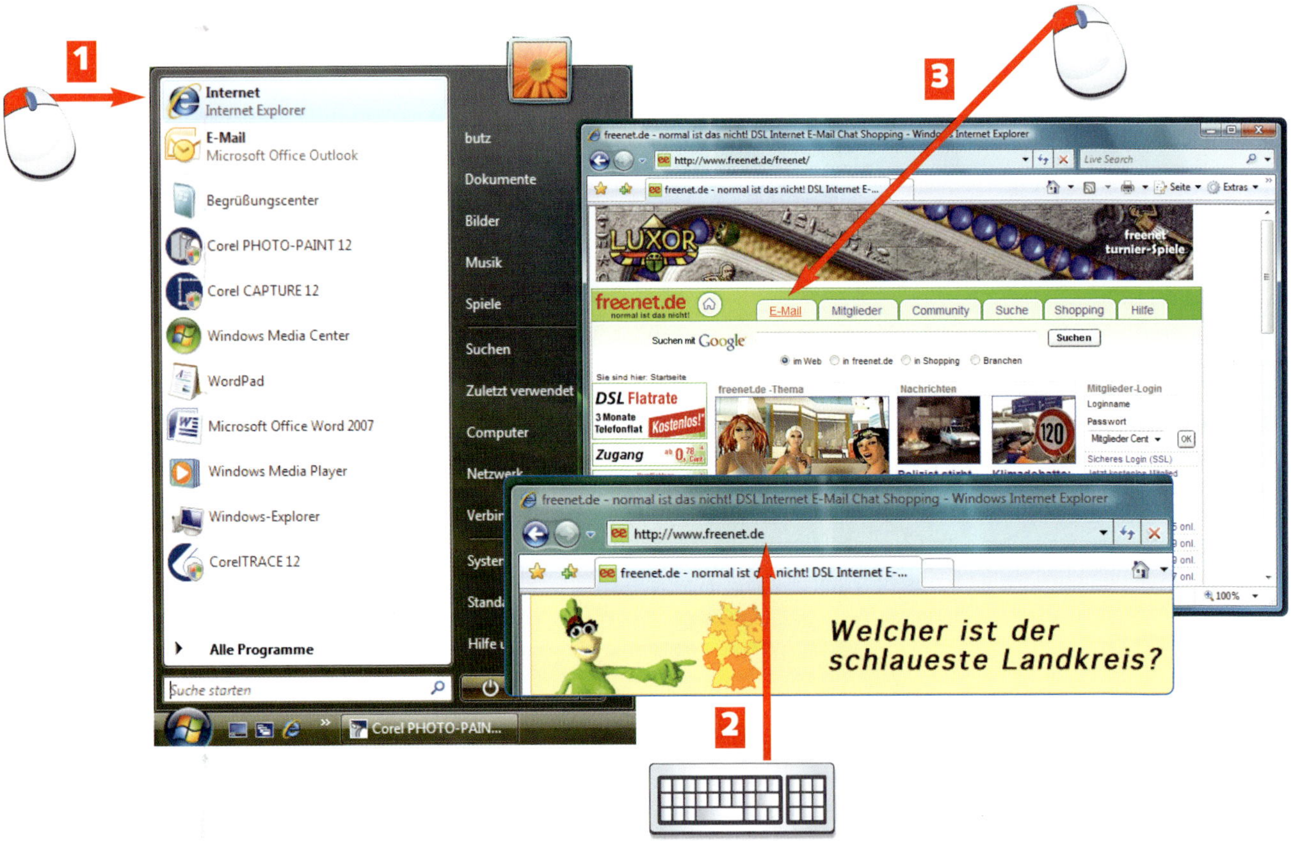

1 Bauen Sie die Verbindung zum Internet über *Start/Internet* auf.

2 Geben Sie ins Adressfeld die Adresse des Anbieters ein (hier: *www.freenet.de)* und drücken Sie die [↵]-Taste.

3 Suchen Sie jetzt nach dem Link *E-Mail* und klicken Sie darauf.

Einige Internetportale bieten dem Anwender eine kostenlose E-Mail-Adresse. Diese E-Mail-Adressen unterliegen einigen Einschränkungen. Aber die wichtigsten Dinge, wie E-Mail schreiben, versenden und verwalten, funktionieren problemlos. Wer eine monatliche Gebühr bezahlt, kann einen breiteren Service nutzen.

WISSEN

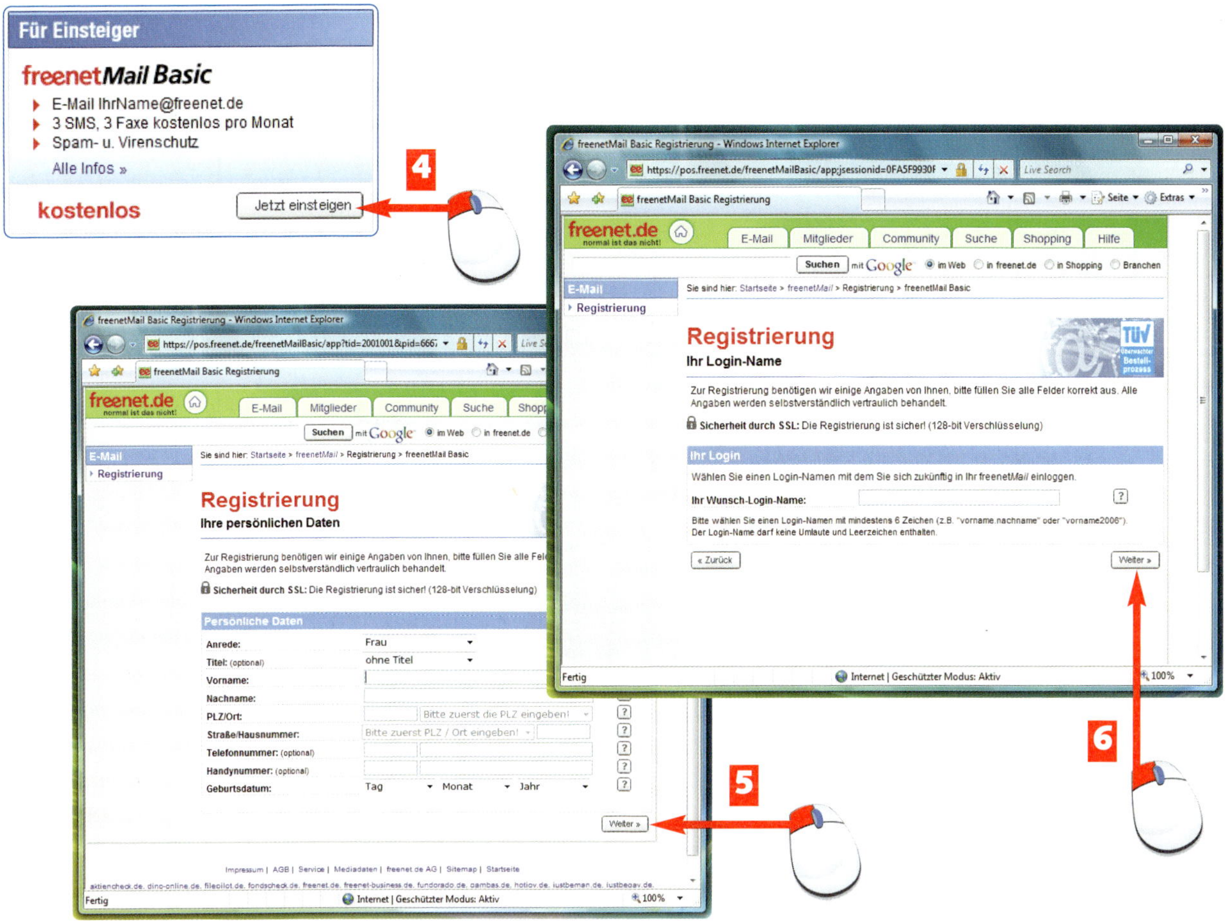

4 Blättern Sie auf der Website nach unten und suchen Sie nach der kostenlosen E-Mail. Klicken Sie auf *Jetzt einsteigen.*

5 Geben Sie Ihre Daten ein und klicken Sie auf *Weiter.*

6 Geben Sie den Namen ein, der als E-Mail-Adresse eingerichtet werden soll, und bestätigen Sie mit *Weiter*.

TIPP

Weitere Anbieter für kostenlose E-Mails sind:
Lycos.de
Yahoo.de
GMX.de
WEB.de

FACHWORT

FreeMail bedeutet nichts anderes als kostenlos E-Mails verschicken und empfangen.

HINWEIS

Aufpassen beim Einrichten der E-Mail-Adresse, dass Sie wirklich die kostenlose FreeMail erwischen!

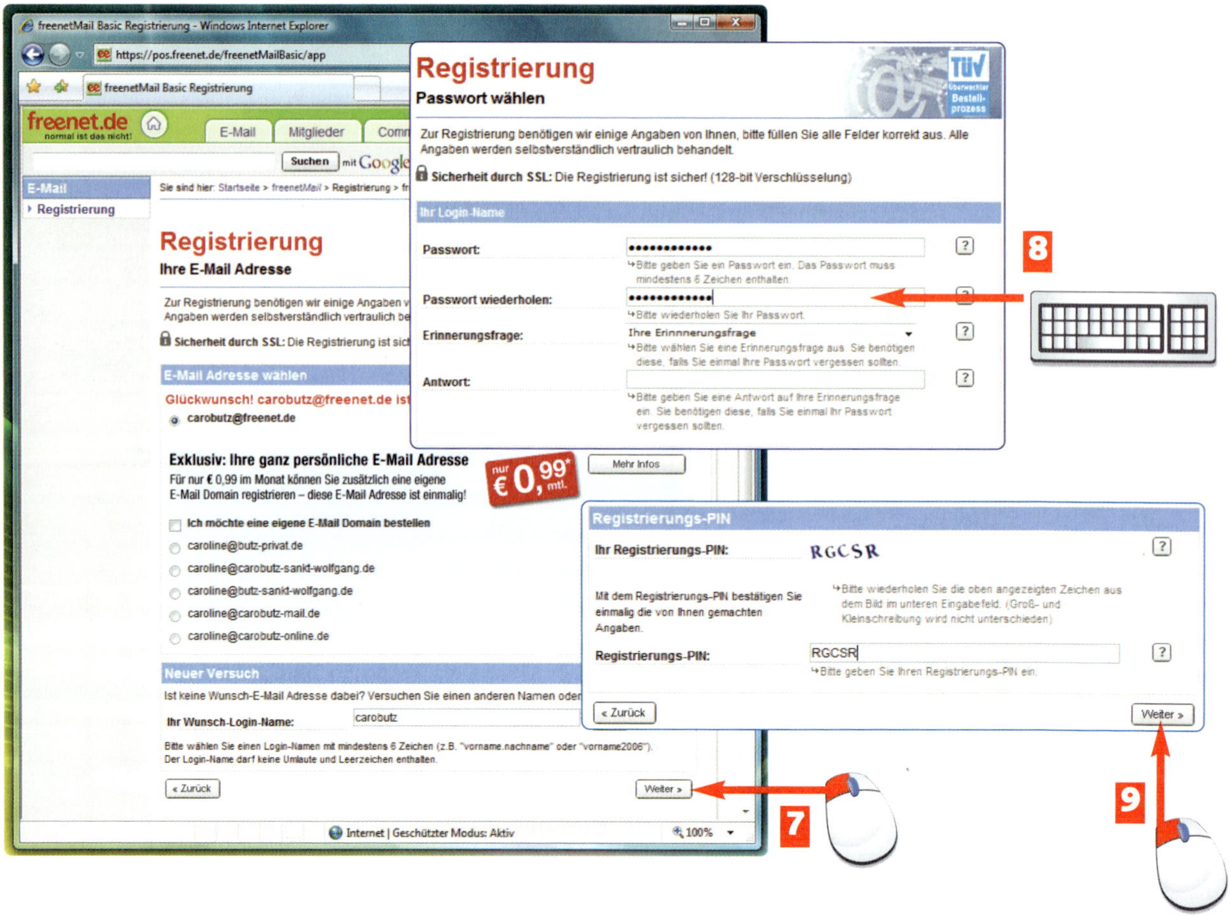

7 Hat die Registrierung geklappt, dann klicken Sie auf *Weiter*.

8 Vergeben Sie ein *Passwort* und bestätigen Sie es durch erneutes Eingeben ins Feld darunter. Merken Sie sich Ihr Passwort gut, oder schreiben Sie es sich auf!

9 Kniffelig: Zur Bestätigung Ihrer Daten müssen Sie in das letzte Feld die Buchstaben und Ziffern eingeben, die im Feld darüber angezeigt werden. Klicken Sie anschließend auf *Weiter*.

Von Anbieter zu Anbieter läuft die Registrierung anders ab. Aber das Grundprinzip bleibt immer das gleiche. Sie müssen lediglich auf der Website

1. nach einer FreeMail suchen und
2. sich beim Anbieter registrieren.

WISSEN

10 Aktivieren Sie die Geschäftsbedingungen, kontrollieren Sie die eingegebenen Daten und klicken Sie auf *Weiter*.

11 Jetzt richtet freenet Ihr Postfach ein.

12 Und schon sind Sie bei Ihren E-Mails gelandet. Möchten Sie Ihr E-Mail-Postfach verlassen, dann müssen Sie auf *Logout* klicken.

Ende

Ein **Account** ist eine durch Name und Kennwort gesicherte Zugangsberechtigung, in diesem Fall Ihr E-Mail-Konto.

FACHWORT

Nachdem Sie Ihre E-Mail-Adresse frisch eingerichtet haben, befindet sich natürlich noch keine Post im Postfach. Es sei denn, der Anbieter legt Ihnen einen Willkommensgruß hinein.

HINWEIS

Start

1 Nachdem Sie die Internetseite Ihres E-Mail-Anbieters aufgerufen haben, geben Sie den *Loginnamen* und das *Passwort* ein. Klicken Sie auf *OK*.

2 Jetzt können Sie die Dienste Ihres E-Mail-Anbieters nutzen. Klicken Sie auf *E-Mail*.

3 Anschließend öffnet sich Ihr E-Mail-Account. Klicken Sie auf *E-Mail schreiben*.

Um sicherzugehen, dass wirklich nur Sie Einblick in Ihren E-Mail-Account haben, müssen Sie zuvor den festgelegten Loginnamen (Benutzernamen) und das Passwort (Kennwort) eingeben. Erst jetzt haben Sie Zugriff auf Ihre E-Mails.

WISSEN

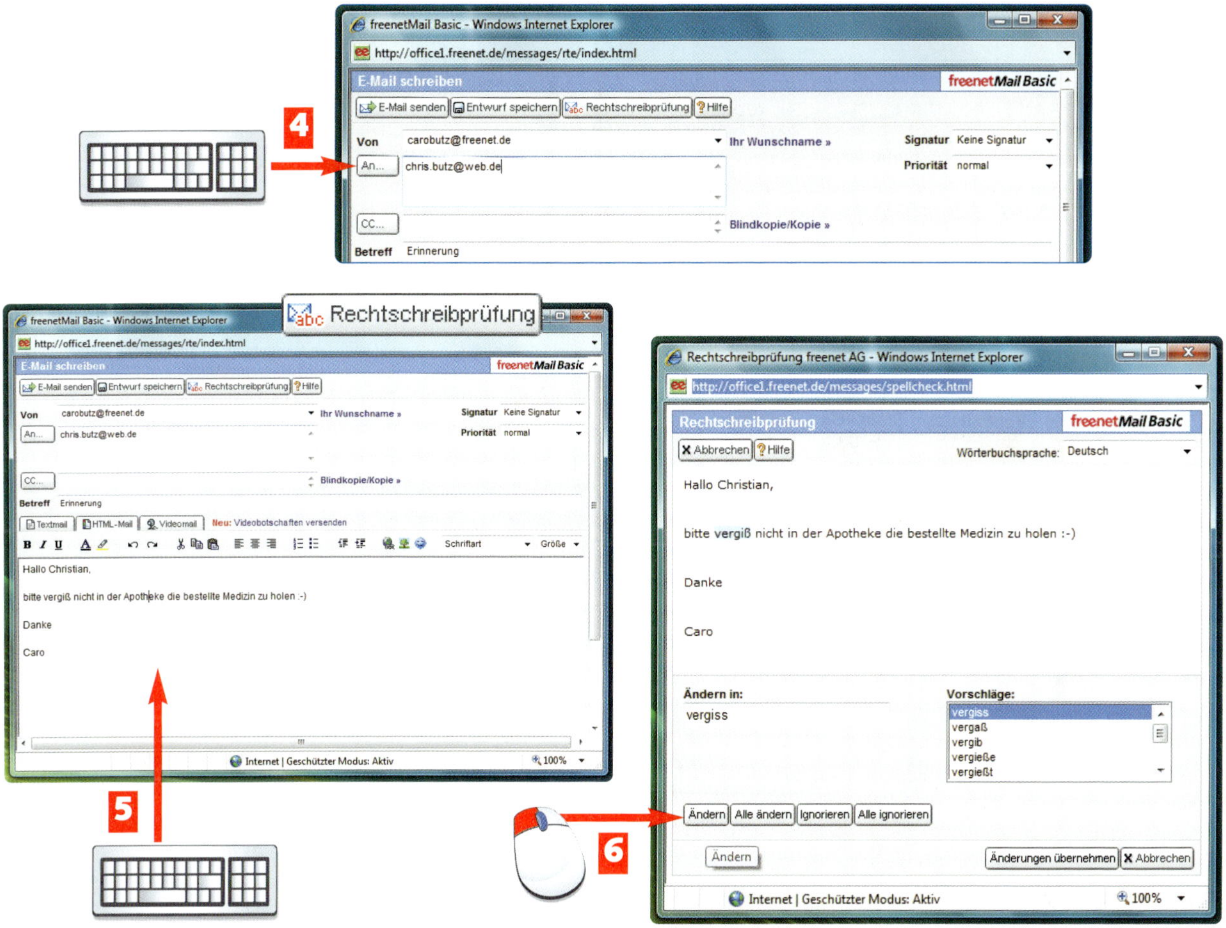

4 Geben Sie den Empfänger *(An)* der E-Mail ein. Und sagen Sie Ihrem E-Mail-Empfänger, um was es geht, indem Sie einen *Betreff* eintragen.

5 In das Feld darunter tippen Sie den Text Ihrer E-Mail. Sind Sie sich mit der Rechtschreibung unsicher, dann klicken Sie auf *Rechtschreibprüfung*.

6 Im folgenden Fenster wird nach Vertippern gesucht. Wählen Sie unter den Vorschlägen die richtige Schreibweise aus und klicken Sie auf *Ändern*.

Achten Sie bei der Eingabe des Passworts auf Groß- und Kleinschreibung. Manche Provider sind da sehr „empfindlich".

HINWEIS

Mit **Login** wird der Aufbau einer Verbindung zwischen einem Computer und einem Netzwerk bzw. Onlinedienst bezeichnet.

FACHWORT

Mit der Formatierungsleiste (siehe Bild 5) gestalten Sie Ihren Text wie unter Word (siehe Seite 107). *B* steht übrigens für bold, also fett.

HINWEIS

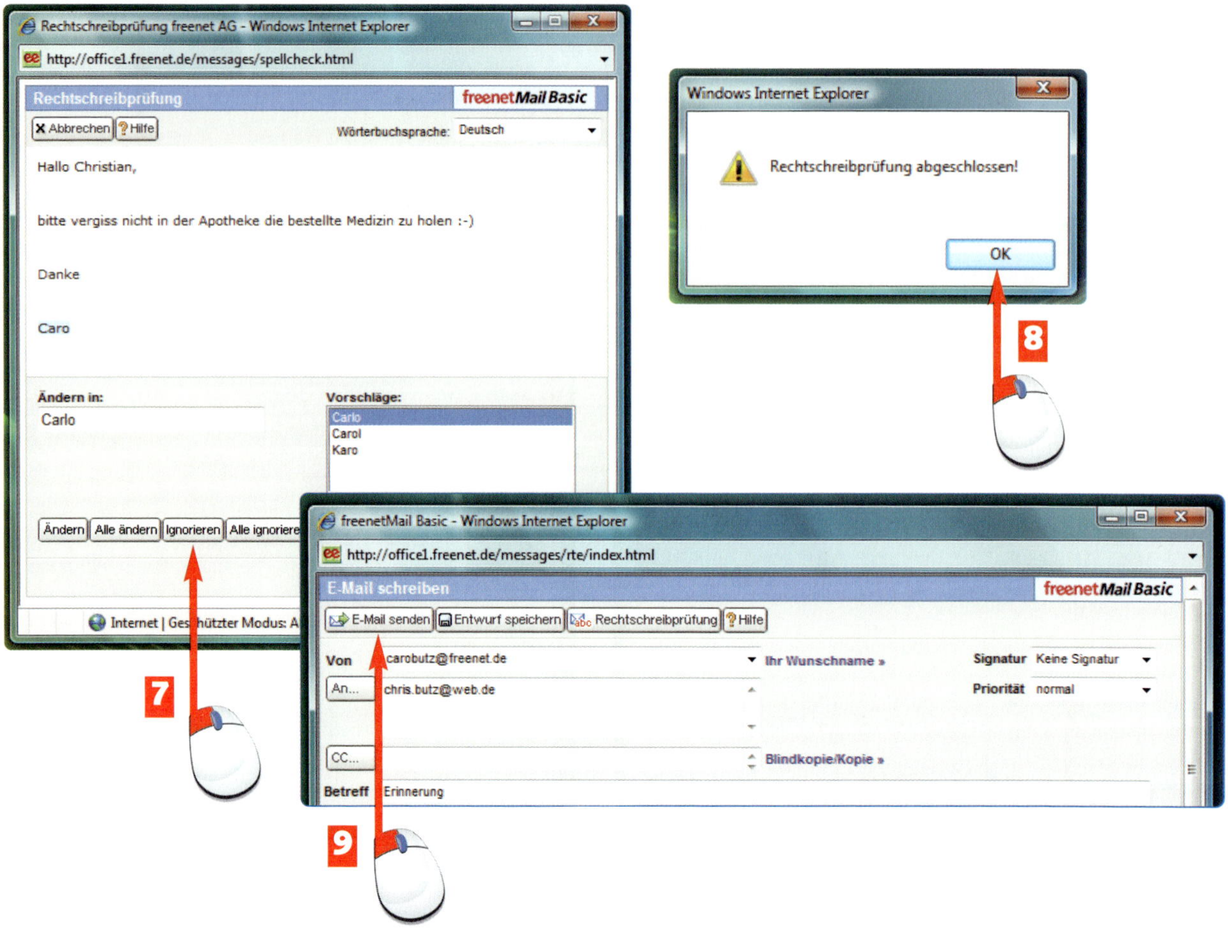

7 Stößt die Rechtschreibprüfung auf Eigennamen, dann klicken Sie auf *Ignorieren*.

8 Hat die Rechtschreibprüfung alles überprüft, teilt sie Ihnen das über den Hinweis *Rechtschreibprüfung abgeschlossen* mit. Klicken Sie auf *OK*.

9 Endlich können Sie Ihre E-Mail verschicken. Klicken Sie dazu auf *E-Mail senden*.

Nicht nur die Registrierung, sondern auch der E-Mail-Account wird von den Anbietern unterschiedlich aufgebaut. Aber auch hier gilt: Das Grundprinzip ist überall gleich. Es gibt einen Posteingang, Postausgang, Papierkorb, einen Ordner für Entwürfe usw.

WISSEN

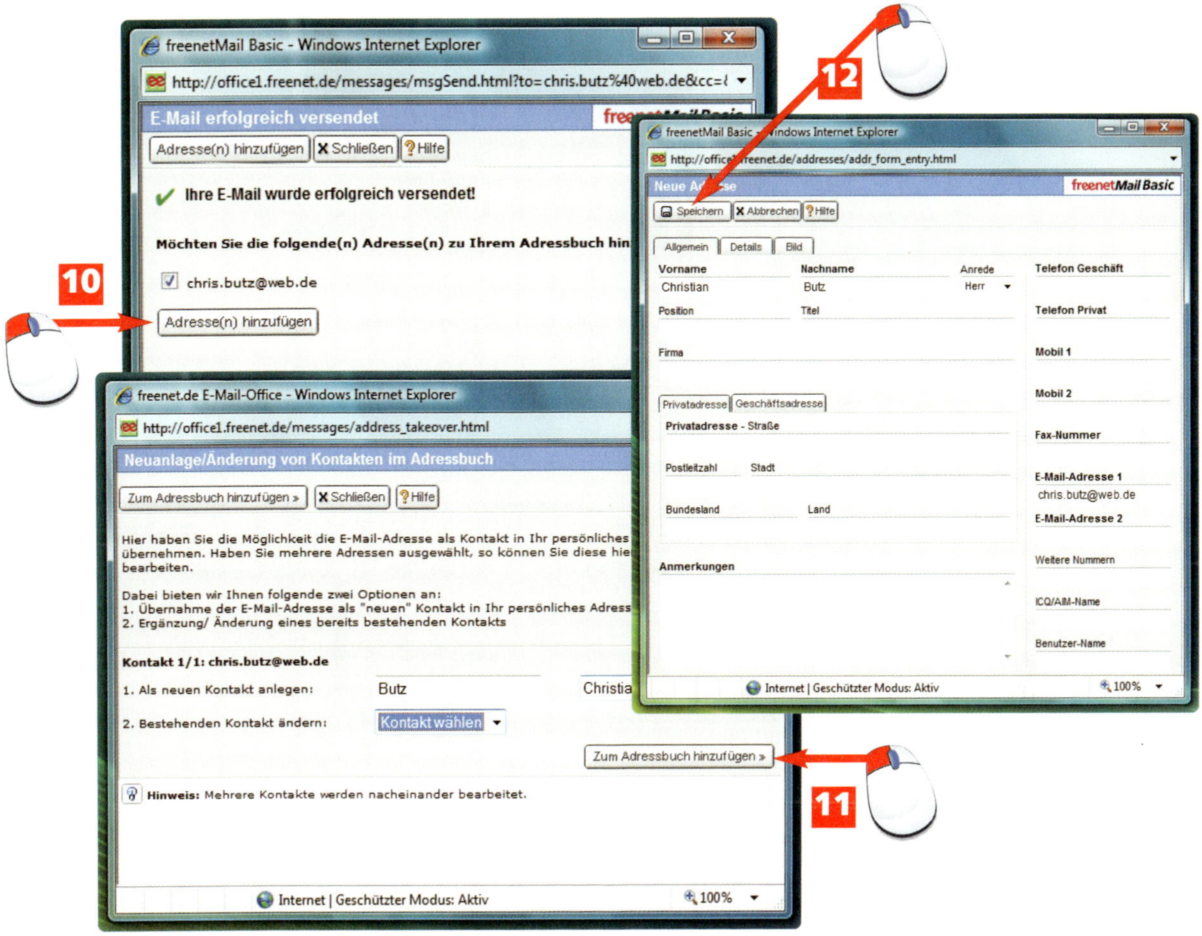

10 Hat alles geklappt, erhalten Sie die Nachricht: *E-Mail erfolgreich versendet.* Möchten Sie die eingegebene E-Mail-Adresse aufnehmen, klicken Sie auf *Adresse hinzufügen*.

11 Im folgenden Fenster geben Sie *Name* und *Vorname* der Person ein, die sich hinter der E-Mail-Adresse versteckt.

12 Vervollständigen Sie die Angaben und klicken Sie auf *Speichern.*

Ende

Statt die E-Mail-Adresse einzugeben, rufen Sie das Adressbuch über die Schaltfläche *An* auf und wählen die gewünschte Adresse.

An...

TIPP

Eine lästige Angelegenheit: **Spam-Mails**. Das sind unverlangt zugesandte Werbe-E-Mails.

FACHWORT

Gespeicherte E-Mail-Adressen ersparen Ihnen das fortwährende Eintippen. Stattdessen suchen Sie die E-Mail-Adresse aus dem Adressbuch heraus.

HINWEIS

„Anhängsel“ an die E-Mail hängen

Start

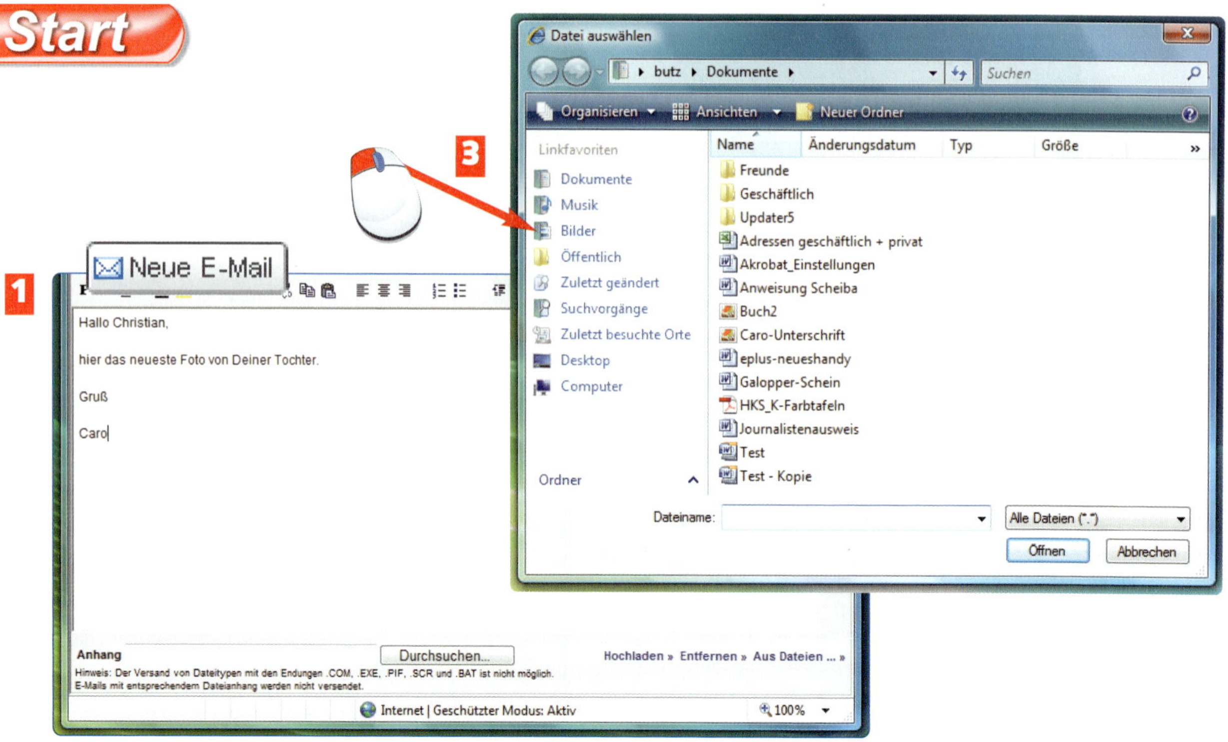

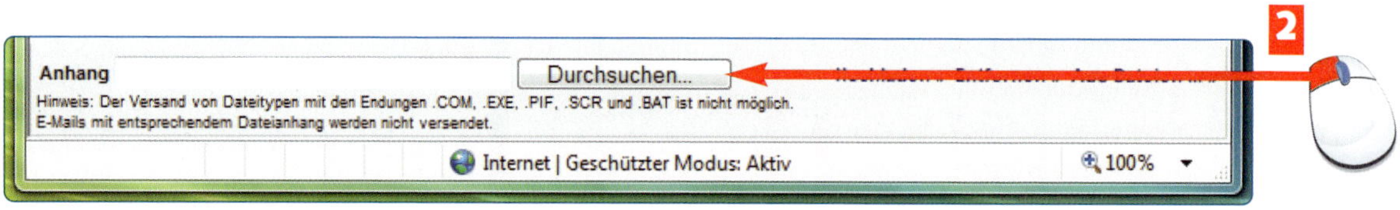

1 Schreiben Sie Ihre E-Mail. Vergessen Sie nicht, die E-Mail-Adresse des Empfängers und den Betreff einzufügen.

2 Ganz unten im Fenster klicken Sie auf *Durchsuchen*.

3 Wählen Sie im Dialog *Datei auswählen* den Ordner aus, in dem Sie Ihren Text oder Ihr Bild gespeichert haben (hier: *Bilder*).

Der E-Mail ist es völlig egal, ob Sie einen Text oder ein Bild mit verschicken. Lediglich der Anbieter Ihres E-Mail-Dienstes schränkt den Versand von bestimmten Dateitypen ein. Beispielsweise lässt Freenet keine com-, exe-, pif-, scr- und bat-Dateien zu. In diesen Dateitypen verstecken sich gerne unliebsame Gäste (Viren und Würmer).

WISSEN

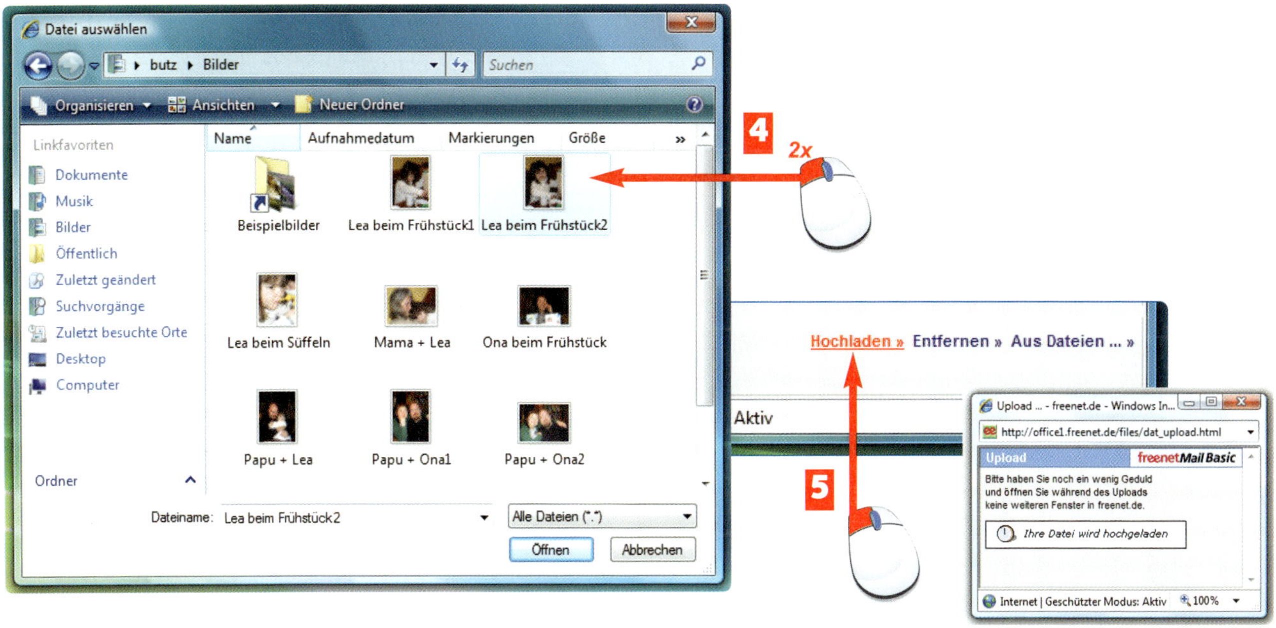

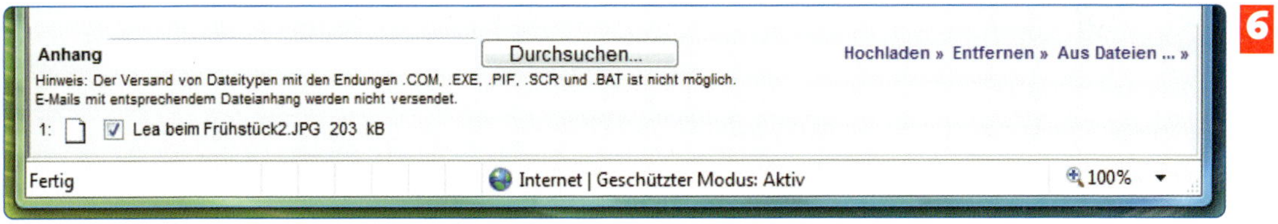

4 Doppelklicken Sie auf das Bild (oder den Text).

5 Klicken Sie jetzt auf *Hochladen*, um zu der E-Mail endgültig das Bild hinzuzufügen.

6 Die beigefügten Bilder und Texte werden anschließend aufgelistet und zusammen mit der E-Mail verschickt.

Ende

Sie können an eine E-Mail auch mehrere Bilder anhängen. Halten Sie die Strg-Taste gedrückt und klicken Sie auf alle Bilder, die Sie versenden möchten (siehe Bild 4).

TIPP

Der **Provider** ist ein Dienstleister, der den Zugang zum Internet bereitstellt.

FACHWORT

Als FreeMail-Nutzer unterliegen Sie der Einschränkung, dass nur eine bestimmte Datenmenge verschickt werden kann. Überschreiten Sie diese, wirft Ihr Anbieter den Anhang einfach raus.

HINWEIS

Start

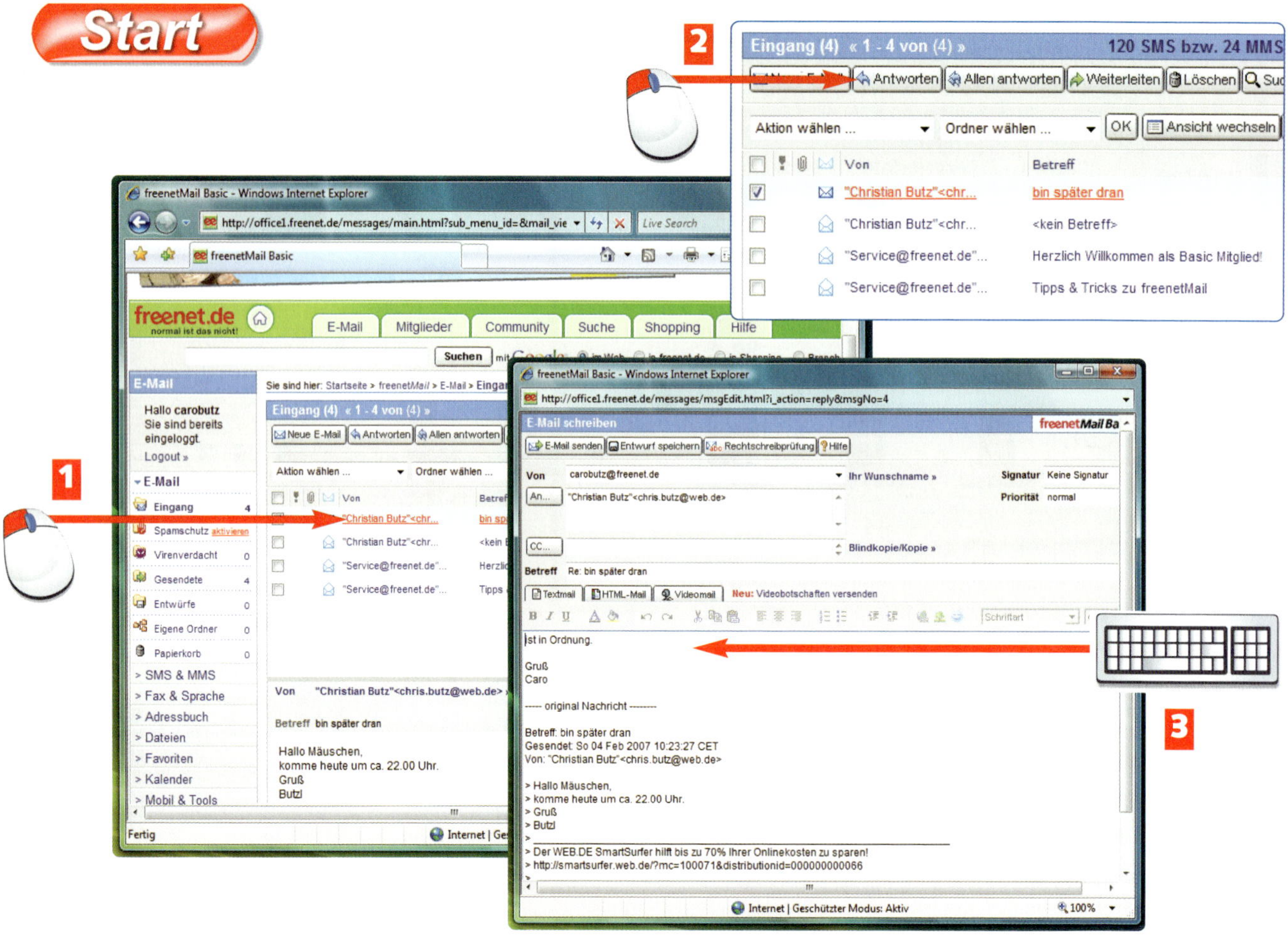

1 Markieren Sie die E-Mail, die Sie beantworten möchten.

2 Klicken Sie auf *Antworten*. Empfängeradresse und Betreff (mit dem Zusatz *Re:* für Return) werden automatisch ausgefüllt.

3 Im folgenden Dialog beantworten Sie die E-Mail. Geben Sie oberhalb von — *original Nachricht* — den Text ein.

Ob Sie über Outlook, Outlook Express, T-Online oder AOL Ihre E-Mails bearbeiten, die Symbole *Beantworten*, *Löschen* usw. bleiben dieselben. Vielleicht sehen sie in den anderen Programmen anders aus, aber die Funktionsweise ändert sich nicht.

WISSEN

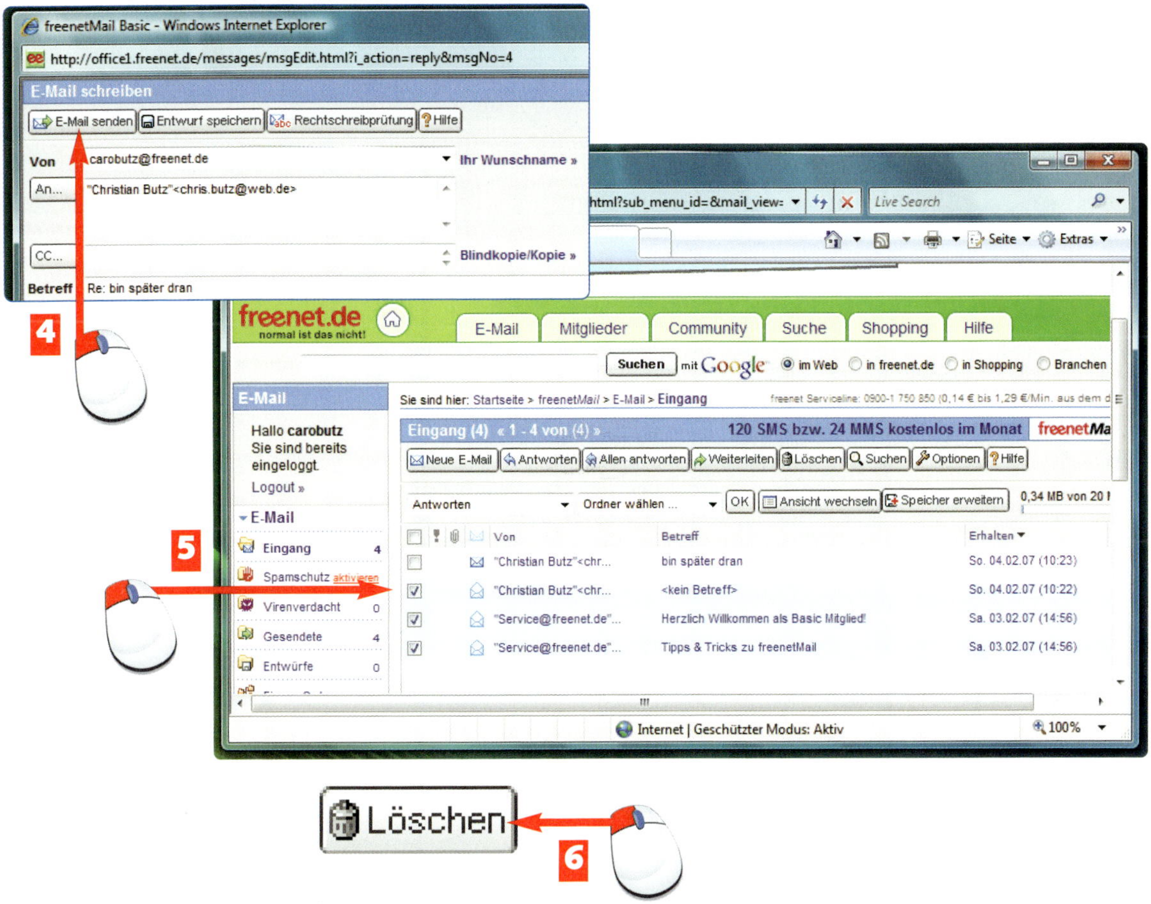

4 Verschicken Sie Ihre E-Mail mit einem Klick auf *E-Mail senden*. Fertig!

5 Überflüssige E-Mails löschen: Aktivieren Sie mit einem Klick die E-Mails, die Sie löschen möchten.

6 Und klicken Sie auf *Löschen*. Die E-Mails aus Ihrem Eingangskorb verschwinden im Papierkorb.

Ende

Möchten Sie einer weiteren Person die E-Mail zukommen lassen, dann geben Sie die Empfängeradresse in das Feld CC ein.

TIPP

CC kommt aus dem Englischen und bedeutet Carbon Copy (zu Deutsch: Kohlepapierdurchschlag). Der Empfänger erhält eine Kopie der E-Mail.

FACHWORT

Sind mehrere Personen an dem E-Mail-Verkehr beteiligt, klicken Sie auf *Allen antworten*. Jeder bekommt Ihre Antwortmail.

HINWEIS

Start

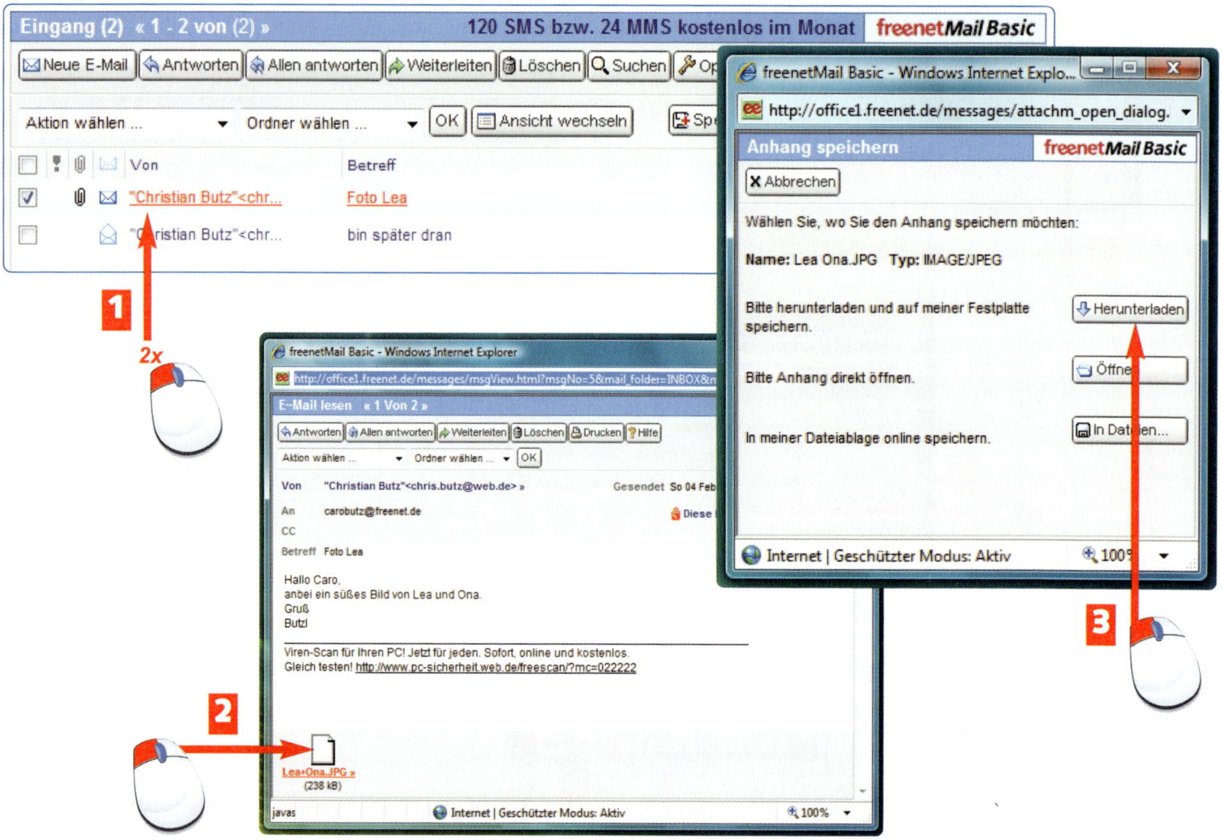

1 Doppelklicken Sie auf die E-Mail, die den Anhang enthält.

2 Im Dialogfenster *E-Mail lesen* finden Sie ganz unten das beigefügte Bild bzw. den Text. Klicken Sie auf den Anhang.

3 Möchten Sie den Anhang auf Ihrem Rechner speichern, dann klicken Sie auf *Herunterladen*.

Manche Anhänge akzeptiert Ihr E-Mail-Anbieter nicht und entfernt sie sofort, wenn Virengefahr oder Wurmbefall droht. Mit Bildern, die die Endung *jpg, tif, bmp* oder *eps* haben, dürfte es keine Probleme geben. Ebenso mit normalen Textdateien, die mit der Endung *txt* oder *doc* ausgestattet sind.

WISSEN

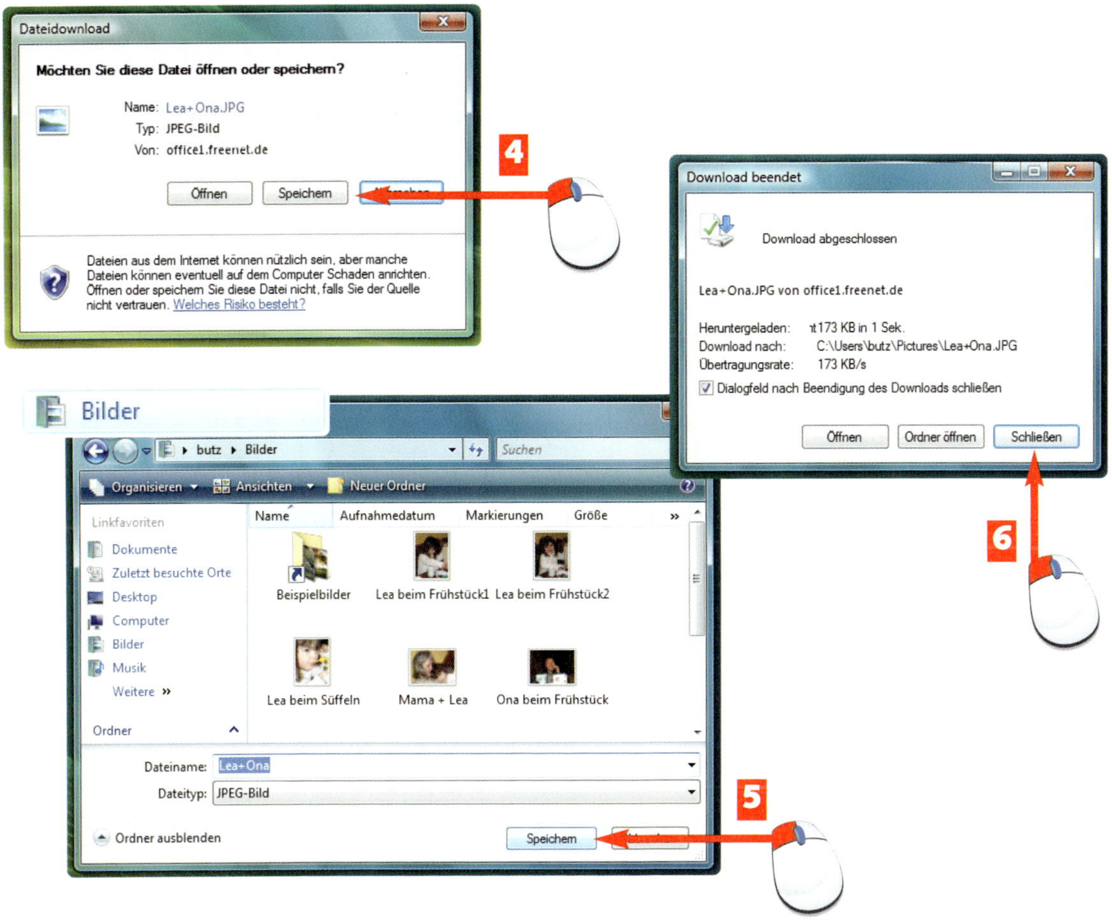

4 Bestätigen Sie Ihren Wunsch mit Klick auf *Speichern*.

5 Wählen Sie den Ordner aus, in dem Sie den Anhang speichern möchten (hier: *Bilder*), und klicken Sie anschließend auf *Speichern*.

6 Schließen Sie das Dialogfeld *Download beendet*.

Ende

TIPP

Speichern Sie Bilder im Ordner *Bilder*. Dort stehen Ihnen mehr Optionen zum „Bilder anschauen" zur Verfügung als in anderen Ordnern.

HINWEIS

Vergessen Sie's nicht: Mit dem Schließen-Symbol lassen sich alle Fenster vom Bildschirm verbannen, die Sie im Laufe der Zeit geöffnet haben.

11

Kostenlos: So erstellen Sie eine PDF

Start

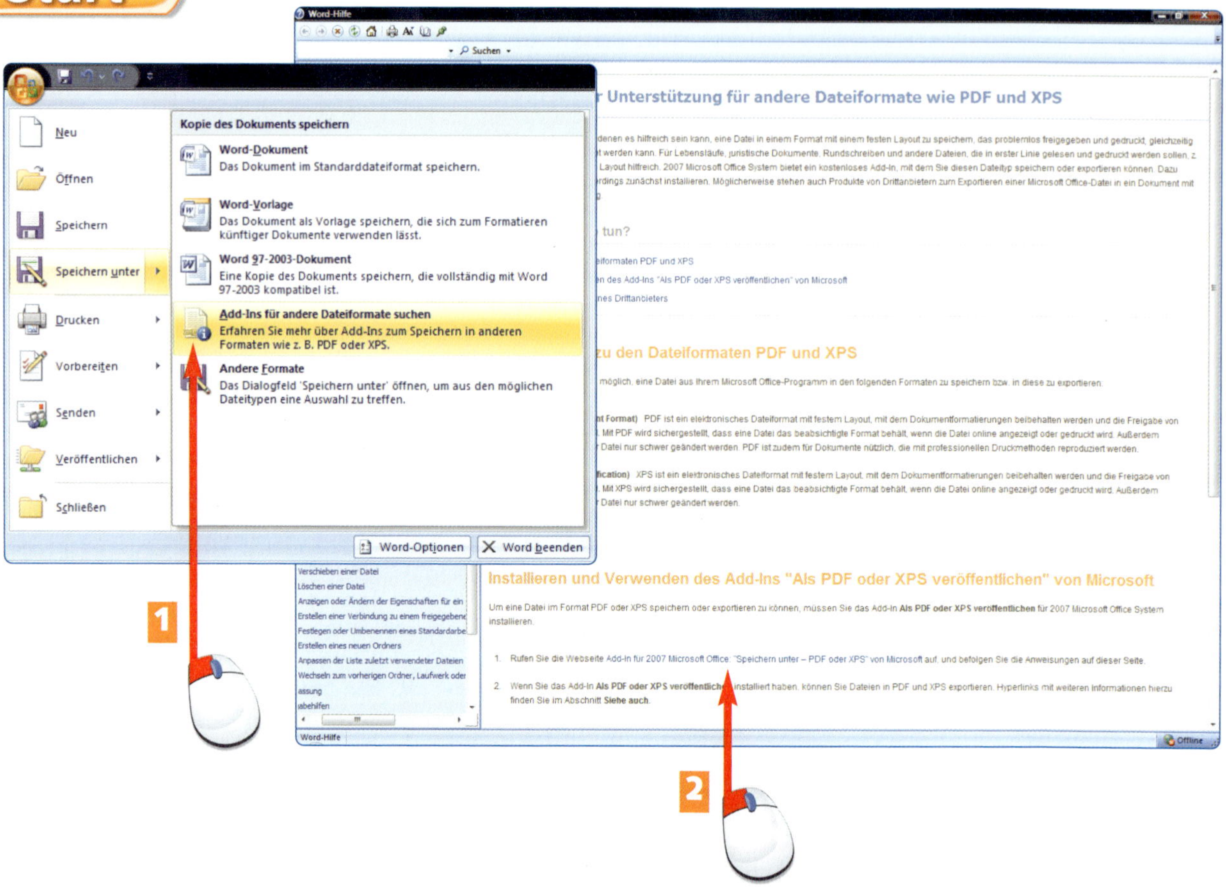

1 Beispiel Microsoft Word 2007: Wenn Sie auf die Office-Schaltfläche klicken und anschließend *Speichern unter* wählen, steht Ihnen der Punkt *Add-Ins für andere Dateiformate suchen* zur Verfügung. Mit einem Klick darauf landen Sie in der Word-Hilfe.

2 Bleiben Sie gleich auf der Seite, die Word Ihnen vorschlägt, und blättern Sie ein bisschen nach unten. Dort klicken Sie auf *Add-In für 2007 Microsoft Office: „Speichern unter PDF oder XPS" von Microsoft.*

Egal, ob Sie eine Word-, Excel- oder PowerPoint-Datei als PDF speichern möchten, der Weg ist immer derselbe. In meinem Beispiel wandle ich eine Word-Datei in eine PDF um. Dazu müssen Sie aber zuerst das betreffende Programm von Microsoft aus dem Internet holen.

WISSEN

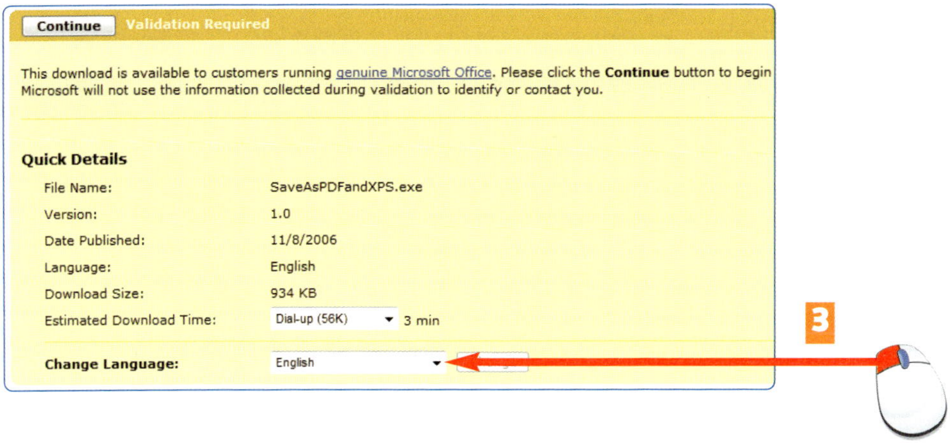

3 Jetzt wird die Verbindung zum Internet hergestellt. Klicken Sie auf der folgenden Website auf *Change Language* und wählen Sie *German*.

4 Nach der Sprachwahl müsste die Website komplett auf Deutsch erscheinen. Klicken Sie dort auf *Weiter*.

PDF bedeutet Portable Document Format, zu Deutsch: portables Dokumentformat.

FACHWORT

Die Darstellung eines PDF-Dokuments bleibt immer die gleiche. So wie Sie Ihr Dokument gestaltet haben, so sieht's auch beim Empfänger am Bildschirm aus.

HINWEIS

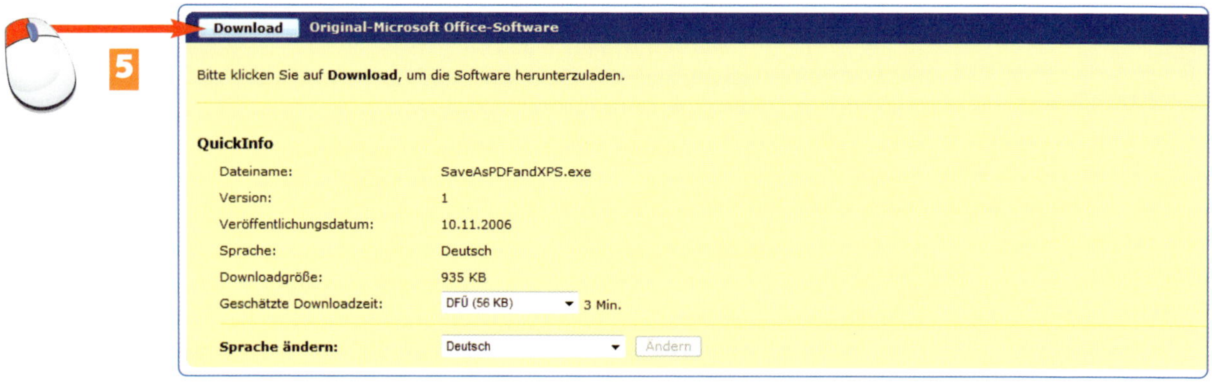

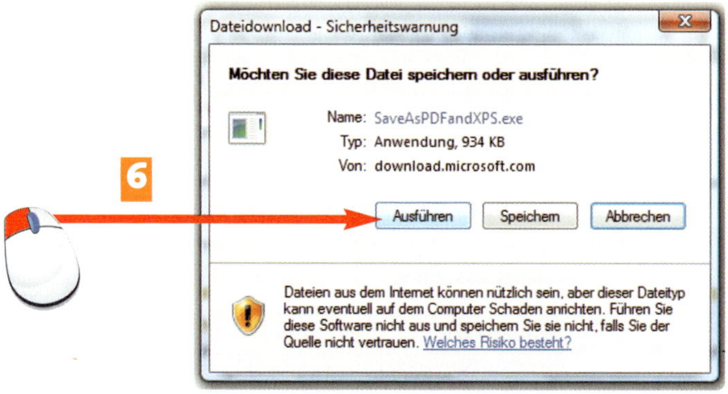

5 Eine Datei namens *SaveAsPDFandXPS.exe* wird auf Ihren Rechner geholt, wenn Sie auf *Download* klicken.

6 Um die Datei auf Ihren Computer zu speichern und sofort zu installieren, klicken Sie auf *Ausführen*.

Wozu braucht man eine PDF? Ganz einfach: So, wie Sie Ihr Dokument gestaltet haben, sieht es beim Empfänger oft nicht mehr aus. Grund dafür: Der Empfänger verwendet nicht die gleichen Schriften, die Sie verwenden. Schon ist die gesamte Gestaltung beim Teufel. Mit einer PDF passiert Ihnen das nicht.

WISSEN

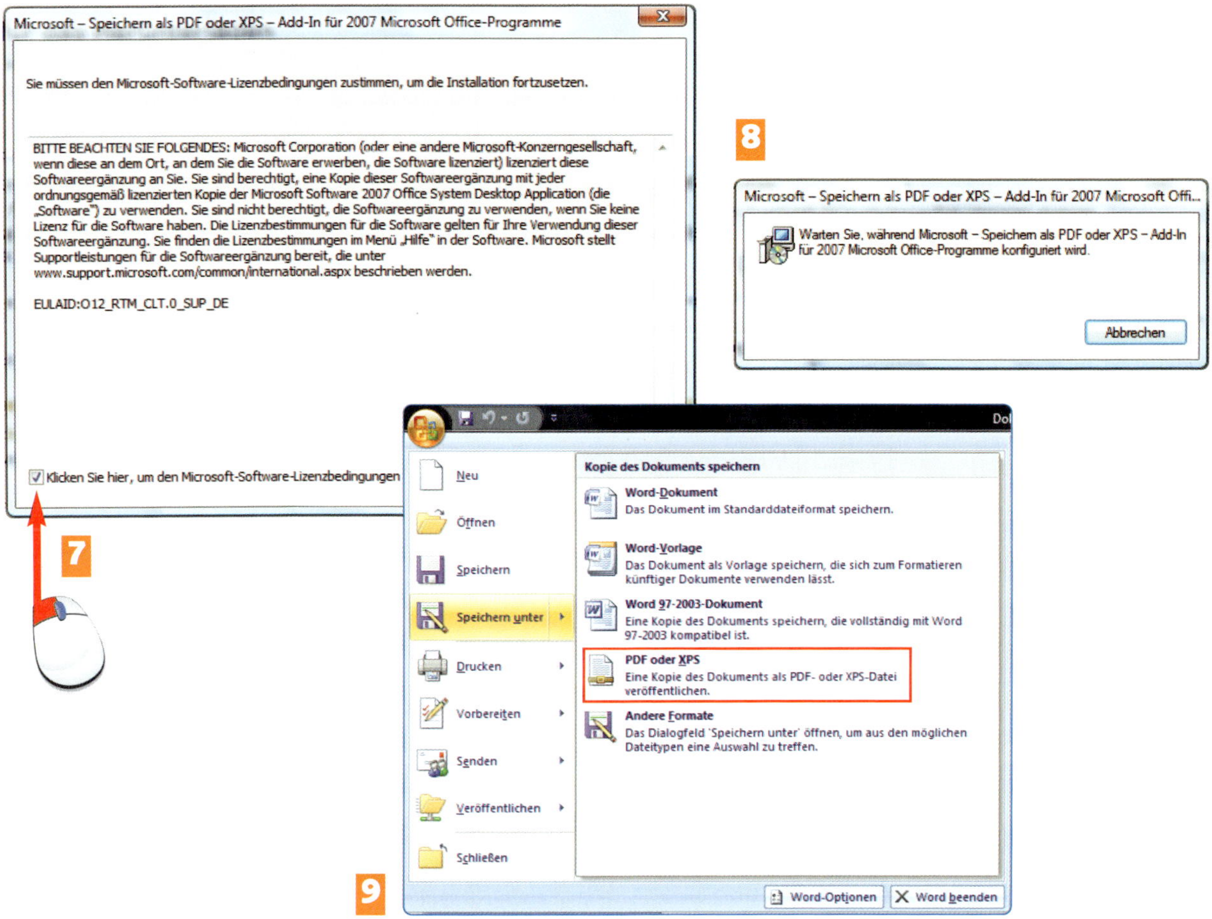

7 Aktivieren Sie das Kontrollkästchen, um der Software-Lizenzbedingung zuzustimmen, und klicken Sie auf *Weiter*.

8 Das kleine Hilfsprogramm wird installiert.

9 Ein Blick unter die Office-Schaltfläche *Speichern unter* verrät Ihnen, dass Sie das Programm erfolgreich installiert haben (vergleichen Sie dazu Bild 1 auf Seite 160).

Ende

Die Erstellung von PDFs unter den Office-Produkten lässt keine besonderen Einstellungen zu.

HINWEIS

Wer bestimmte Einstellungen für seine PDF-Dateien will (beispielsweise an der Auflösung drehen), der muss sich den Acrobat Standard von Adobe kaufen: www.adobe.de.

HINWEIS

Start

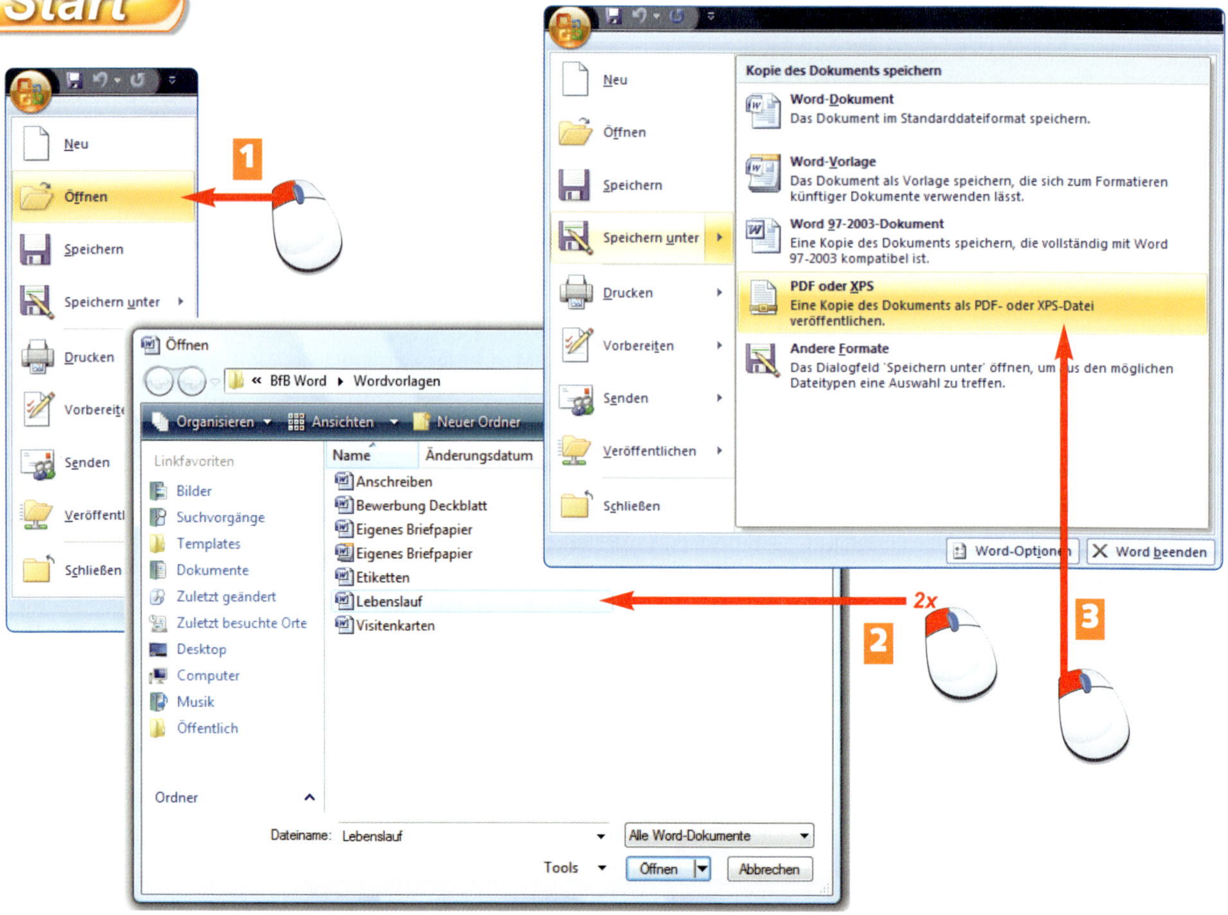

1 Beispiel Microsoft Word 2007: Öffnen Sie das Dokument, das Sie in eine PDF umwandeln möchten. Klicken Sie auf die Office-Schaltfläche, dann auf *Öffnen*.

2 Wählen Sie in der linken Fensterhälfte mit einem Klick den Ordner, in dem Ihr Dokument gespeichert ist. Doppelklicken Sie auf das gewünschte Dokument, hier: *Lebenslauf*.

3 Klicken Sie erneut auf die Office-Schaltfläche und wählen Sie *Speichern unter/PDF oder XPS*.

Gute Gründe, um eine PDF zu erstellen:

1. Der Empfänger kann die PDF immer anschauen.
2. Die Gestaltung des Dokuments bleibt erhalten.
3. Es gibt keine Probleme mit nicht installierten Schriften auf anderen Computern.

WISSEN

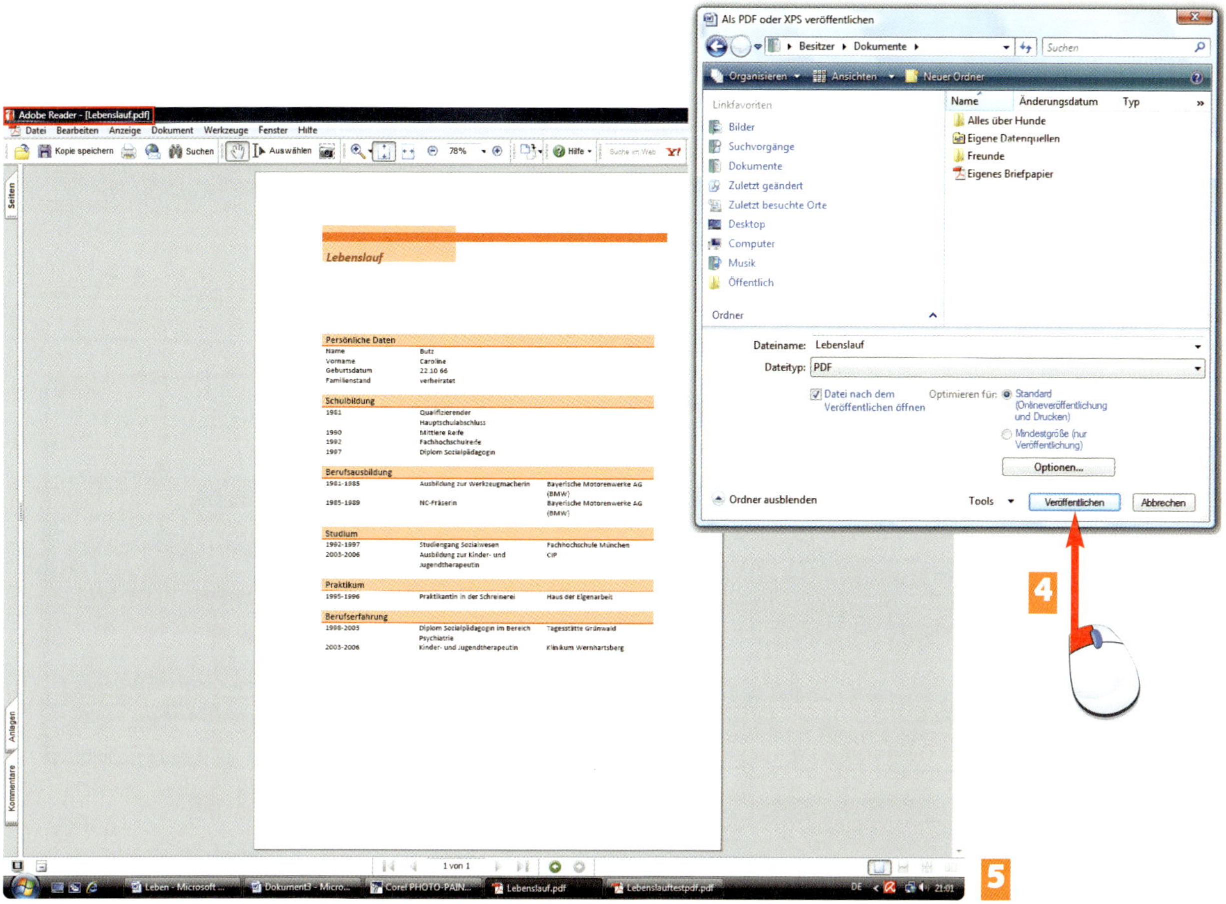

4 Im folgenden Dialog schlägt Ihnen Word den bereits vergebenen Dateinamen vor. Oder Sie geben unter *Dateinamen* einen anderen Namen ein. Klicken Sie auf *Veröffentlichen*.

5 Sofern Sie keine anderen Einstellungen gewählt haben, startet der Adobe Reader automatisch und öffnet das soeben erstellte Dokument, also die PDF-Datei.

Ende

Im Dialogfeld *Als PDF oder XPS veröffentlichen* können Sie unter *Dateityp* auch *XPS* wählen.

HINWEIS

XPS ist ein ähnliches Dateiformat wie PDF. Das Format behält XPS bei und die Datei lässt sich nicht so leicht ändern. Zum Anschauen ist ein eigenes Programm (Viewer) nötig.

FACHWORT

Start

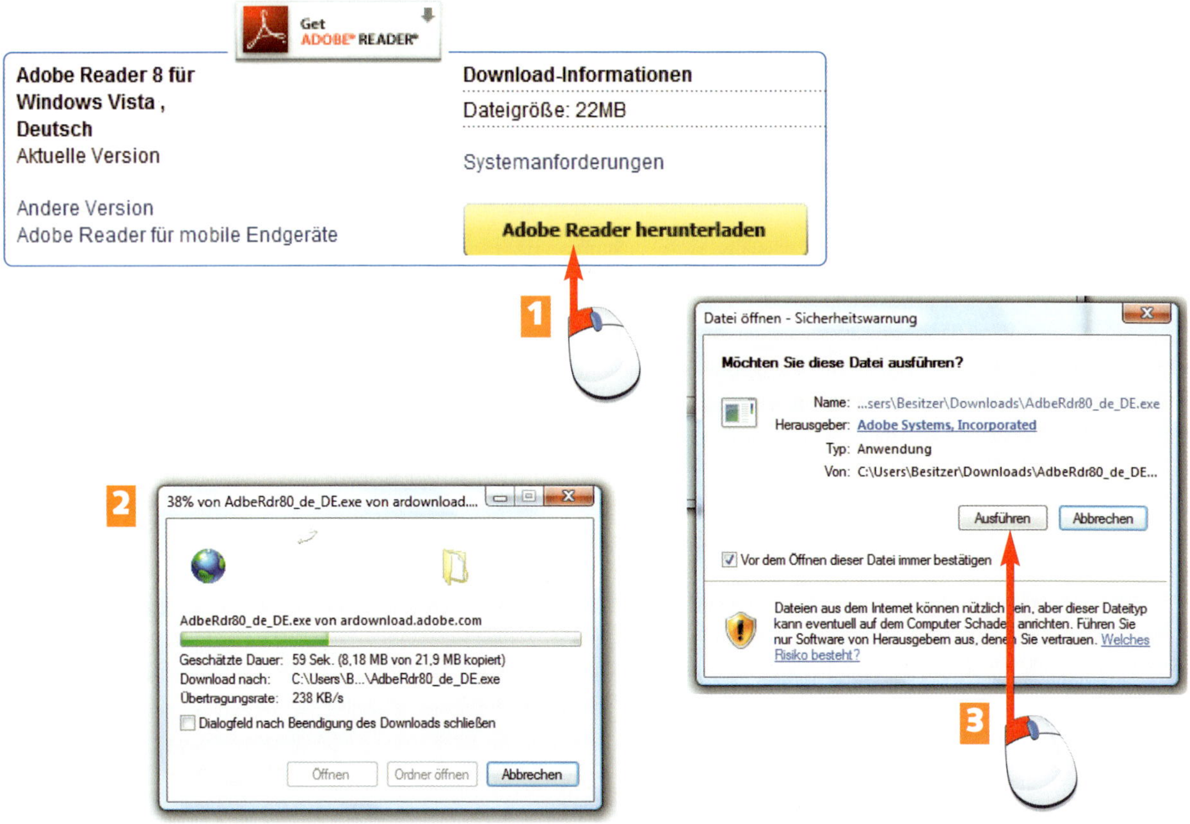

1 Nehmen Sie zum Beispiel über den Internet Explorer Verbindung zur Adobe-Website auf: www.adobe.de. Klicken Sie auf *Get Adobe Reader* und laden Sie ihn herunter.

2 Dieses Dialogfeld erscheint während des Kopiervorgangs auf Ihrem Rechner.

3 Nach dem Download klicken Sie auf *Ausführen*. Eine Sicherheitswarnung schiebt sich dazwischen, die Sie mit *Fortsetzen* bestätigen.

An dem Tag, an dem Sie dieses Buch lesen, ist die Adobe-Reader-Version vielleicht schon bei Version 9 oder höher angelangt. Die Softwarefirmen entwickeln ihre Programme ständig weiter und erhöhen deshalb die Versionsnummern im Namen. Das spielt für Sie aber keine Rolle. Laden Sie sich die aktuelle Version herunter.

WISSEN

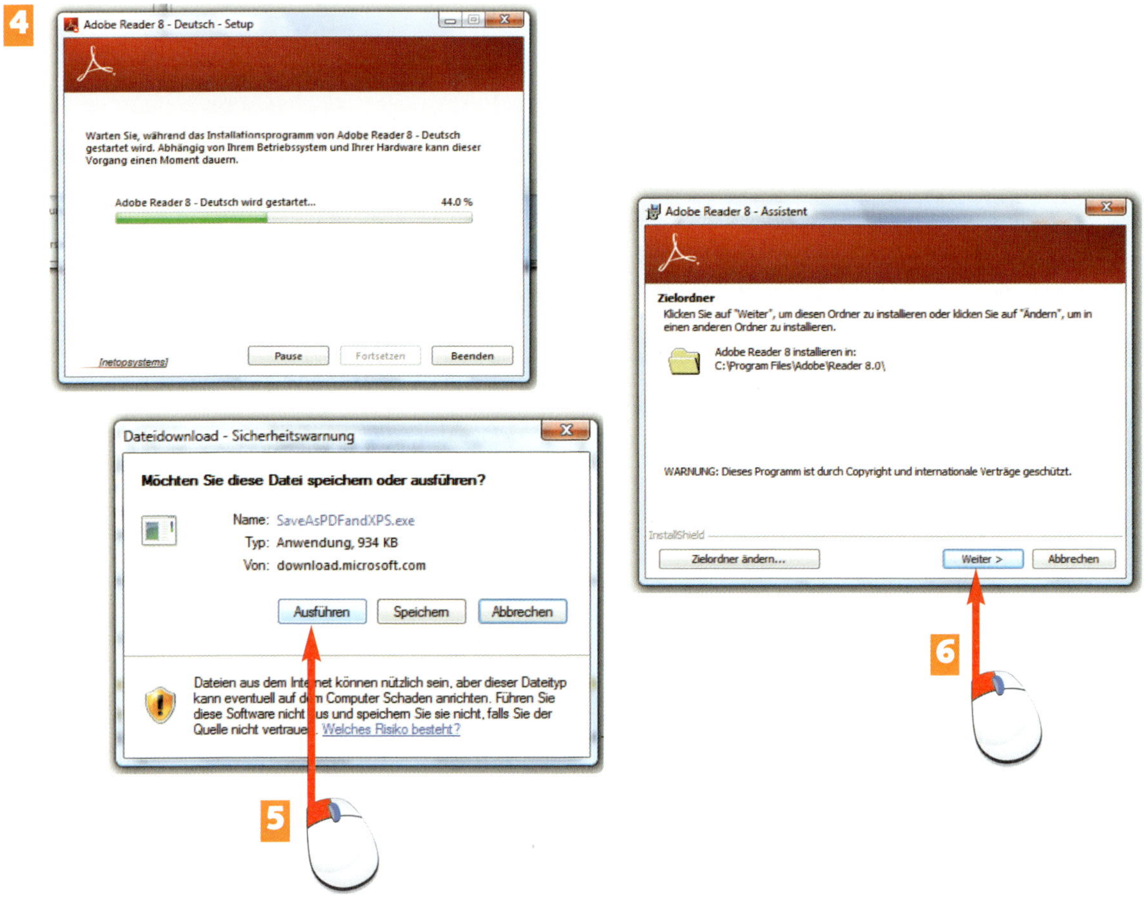

4 Das Setup-Programm von Adobe wird gestartet.

5 Wieder eine Sicherheitswarnung. Klicken Sie auf *Ausführen*, um die Installation fortzusetzen.

6 Der Assistent schlägt Ihnen einen Ordner auf Ihrem Rechner vor, in den Sie das Programm kopieren. Bestätigen Sie mit *Weiter*.

HINWEIS

Wahrscheinlich ist der Adobe Reader auf Ihrem Rechner schon vorinstalliert. Dann können Sie sich den Download und die Installation sparen.

FACHWORT

Das Installationsprogramm für eine Software wird als **Setup** bezeichnet und liegt als Datei häufig in folgender Form vor: *Setup.exe*.

HINWEIS

Falls Sie das Programm woanders speichern möchten, bestimmen Sie über *Zielordner ändern* den Ort, wo die Dateien des Adobe Readers abgelegt werden.

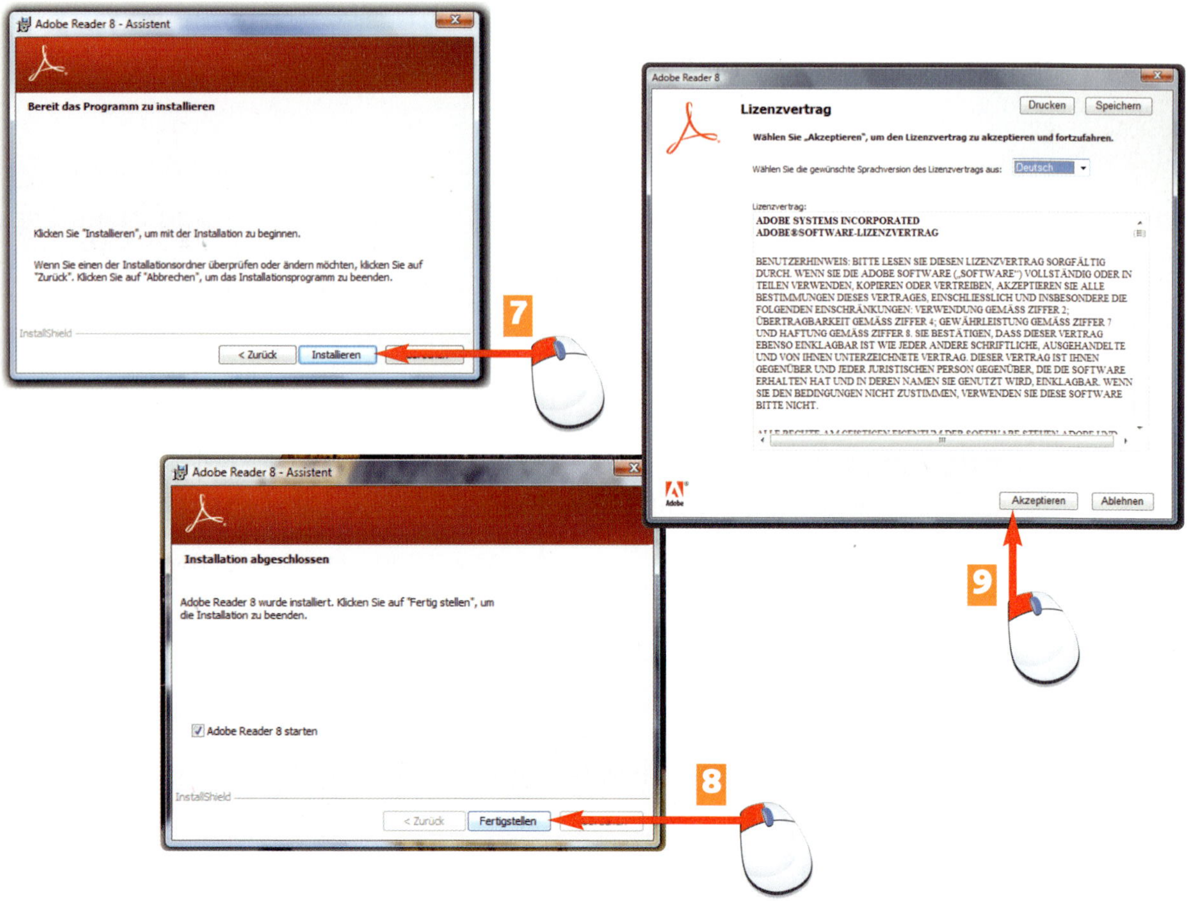

7 Beginnen Sie die Installation endgültig mit Klick auf *Installieren*.

8 Adobe informiert Sie, wenn die Installation beendet ist. Klicken Sie auf *Fertigstellen*.

9 Bevor es losgeht, müssen Sie den Lizenzvertrag akzeptieren und auf die gleichnamige Schaltfläche klicken.

Wer über einen DSL-Anschluss verfügt, der benötigt für den Download ein paar Minuten.
Wer allerdings noch über einen „alten" analogen Telefonanschluss verfügt, der muss schon etwas mehr Zeit einplanen. Das kann unter Umständen sehr viel länger dauern.

WISSEN

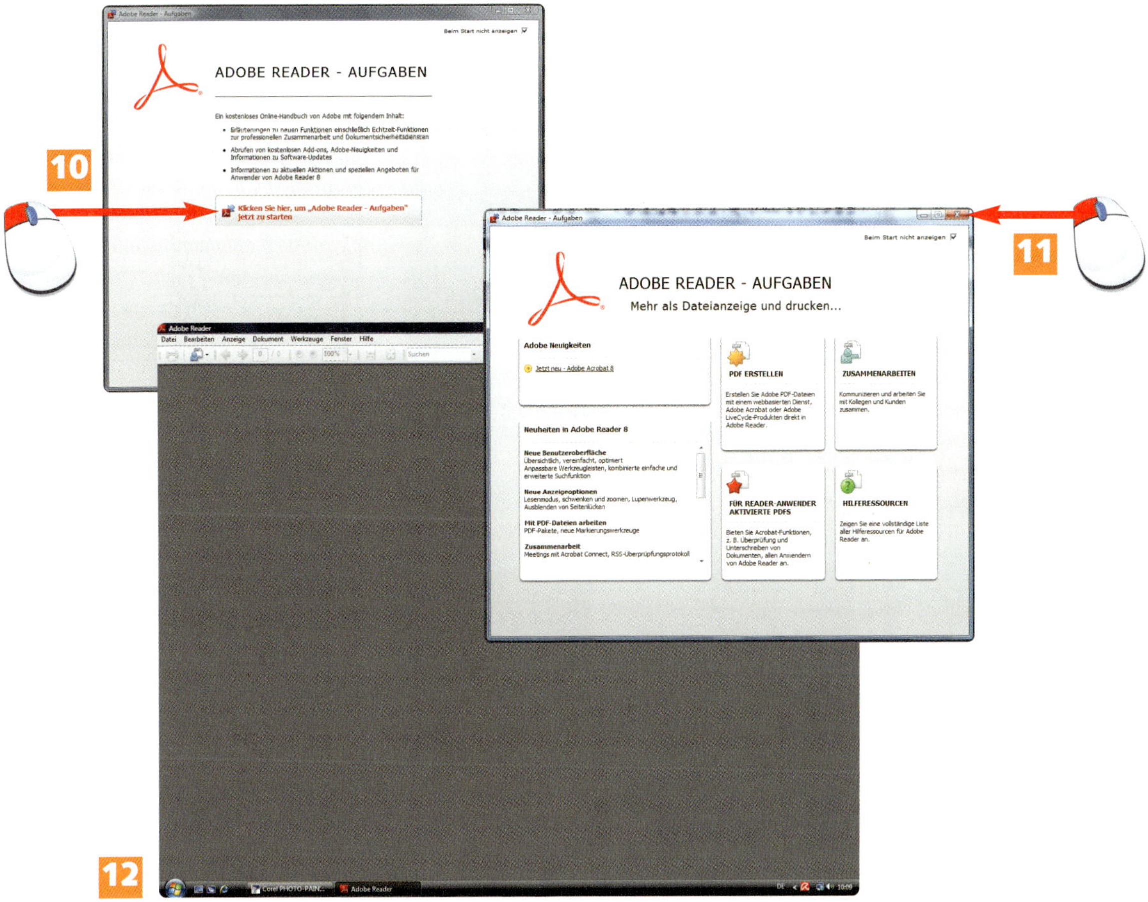

10 Wieder schiebt sich ein Fenster dazwischen. Wählen Sie *Klicken Sie hier, um Adobe Reader Aufgaben jetzt zu starten ...*

11 ... und erforschen Sie, was Sie mit dem Adobe Reader sonst noch anstellen können. Wenn Sie loslegen möchten, schließen Sie den Dialog mit Klick auf das *X*.

12 Der Adobe Reader wird gestartet und präsentiert sich.

Ende

DSL ist die Abkürzung für Digital Subscriber Line und bedeutet zu deutsch: digitale Teilnehmeranschlussleitung. Die Übertragungsraten werden durch eine bestimmte Technik enorm gesteigert.

FACHWORT

Start

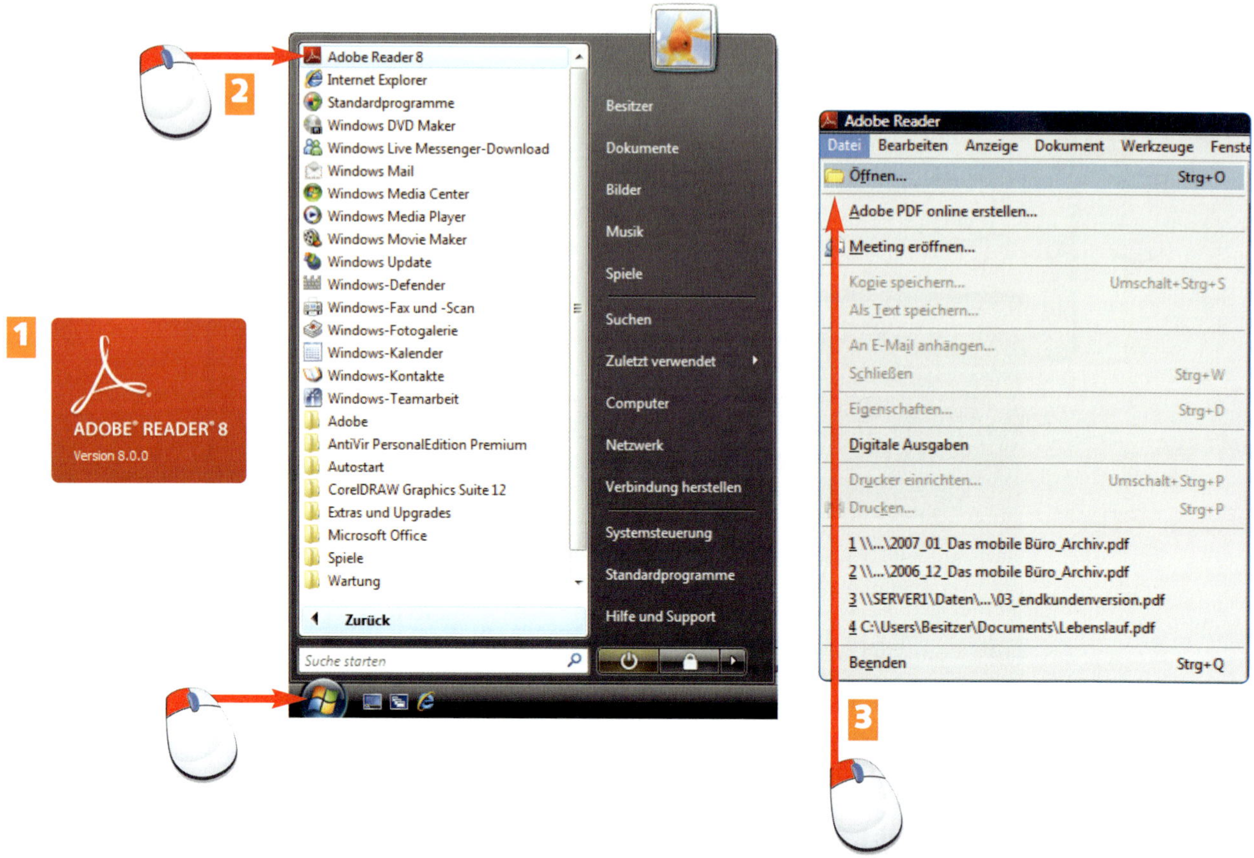

1 Falls Sie den Adobe Reader nicht auf Ihrem Computer installiert haben, laden Sie ihn von der Website herunter und installieren ihn (siehe Seite 166).

2 Nach der Installation finden Sie das Programm unter *Alle Programme*. Klicken Sie auf die Start-Schaltfläche und anschließend auf *Alle Programme*. Dort finden Sie den Adobe Reader. Starten Sie ihn mit einem Klick.

3 Über *Datei/Öffnen* holen Sie eine PDF-Datei auf den Bildschirm.

Die sogenannten PDF-Dateien ermöglichen einen unkomplizierten Austausch von Daten zwischen den Anwendern. Beispielsweise verfügt der Empfänger nicht über die gleiche Software wie der Versender. Der Versender erstellt daraufhin eine PDF-Datei, die der Empfänger mithilfe des Adobe Readers öffnen und anschauen kann.

WISSEN

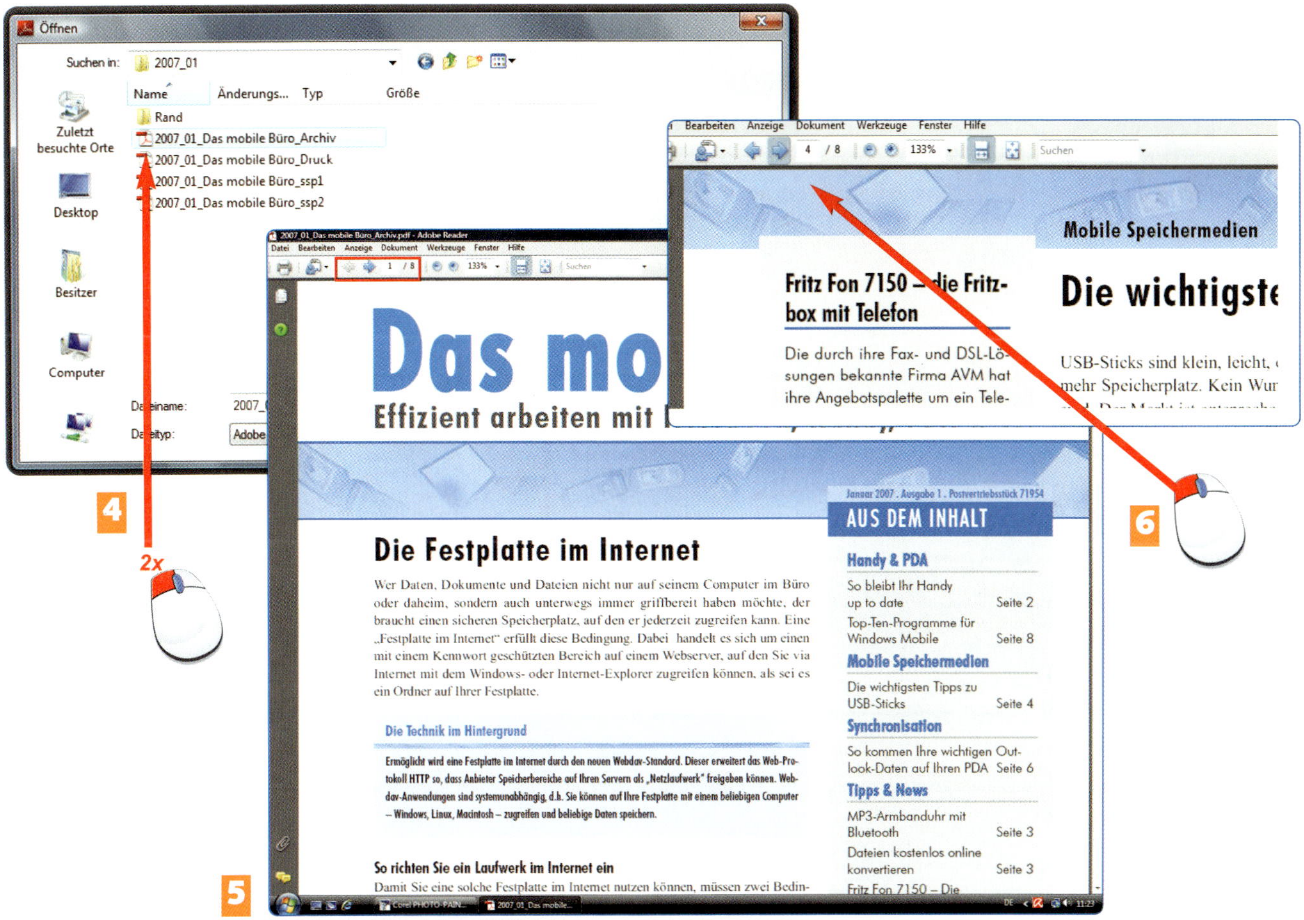

4 Wählen Sie den Ordner, in dem Ihre PDF untergebracht ist, und doppelklicken Sie auf dic PDF-Datei.

5 In der Symbolleiste am oberen Bildschirmrand sehen Sie, auf welcher Seite Sie sich befinden und wie viele Seiten das Dokument insgesamt hat.

6 Blättern Sie mit den Pfeilen links und rechts neben den Seitenangaben jeweils eine Seite vor oder zurück.

Nach der Installation von Adobe Reader öffnet sich dieser automatisch, wenn Sie auf einer Website auf eine PDF-Datei stoßen.

HINWEIS

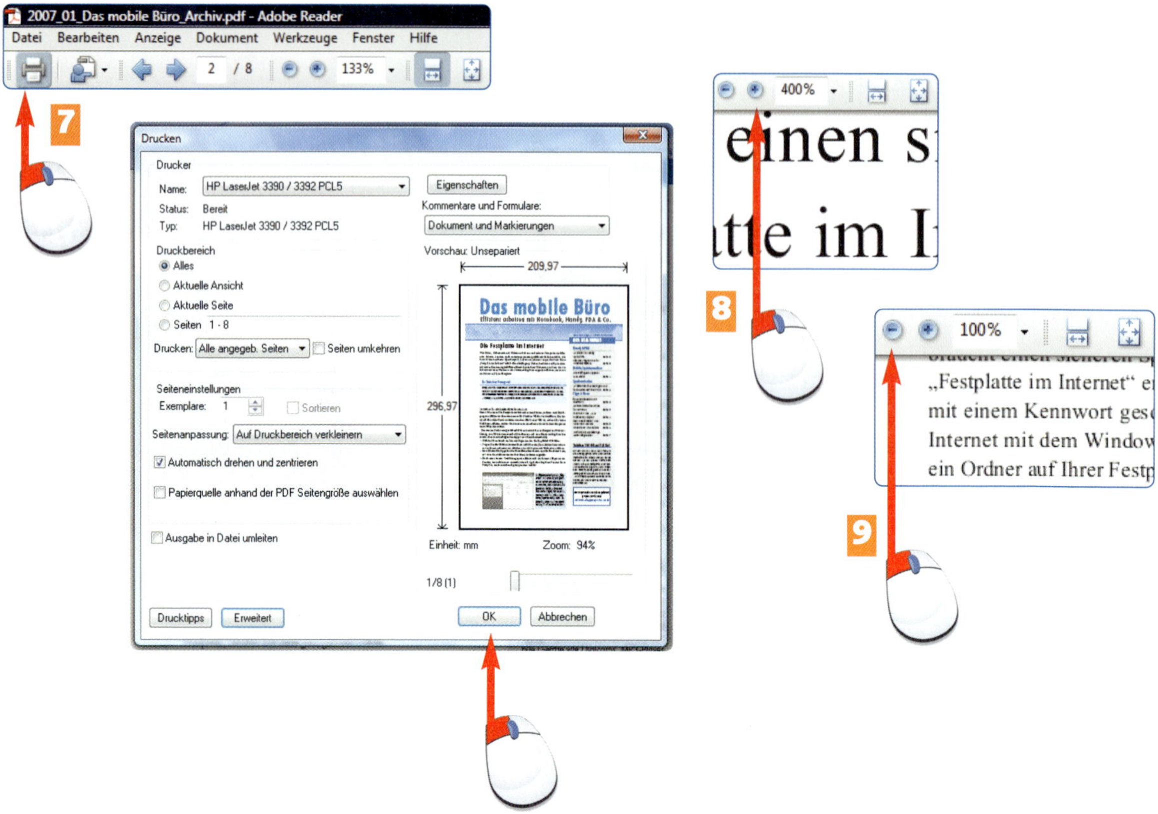

7 Mit einem Klick auf das Druckersymbol öffnen Sie das Dialogfeld *Drucken*. Bestätigen Sie Ihren Druck mit *OK*.

8 Mit einem oder mehreren Klicks auf die Lupe (Pluszeichen) vergrößern Sie schrittweise die Ansicht.

9 Im Gegensatz dazu verkleinern Sie die Ansicht per Klick auf *Verkleinern*.

Das gesamte Programmpaket Acrobat Standard von der Firma Adobe kostet Geld. Dafür ist es z.B. in der Lage, bei der PDF-Erstellung ausfüllbare Formulare zu kreieren. Mit dem Acrobat Reader hingegen (steht kostenlos zur Verfügung) können Sie die PDF-Dateien lediglich öffnen, lesen und drucken.

WISSEN

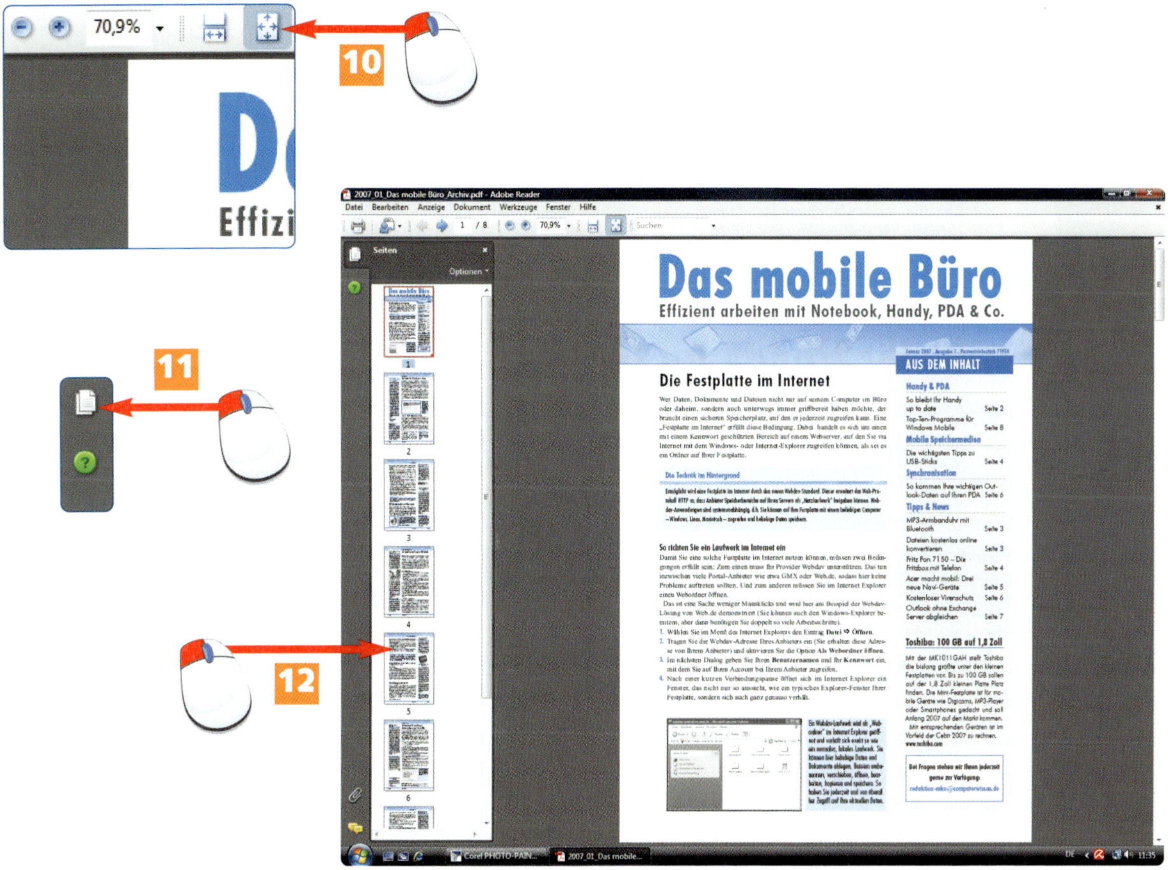

10 Klicken Sie auf dieses Symbol, um die gesamte Seite zu sehen.

11 Nach einem Klick auf *Miniaturbilder* zeigt Ihnen der Acrobat Reader die vorhandenen Seiten zusätzlich in Miniatursicht an. Dies erleichtert das Blättern im Dokument.

12 Klicken Sie auf eine der Seiten, um zu dieser Seite zu blättern.

Ende

Über das grüne Symbol unter der Miniaturansicht gelangen Sie zur Hilfe des Adobe Readers (siehe Bild 11).

TIPP

Sollten Kommentare im PDF-Dokument integriert sein, dann machen Sie sie über das kleine gelbe Symbol am linken unteren Rand sichtbar.

HINWEIS

Start

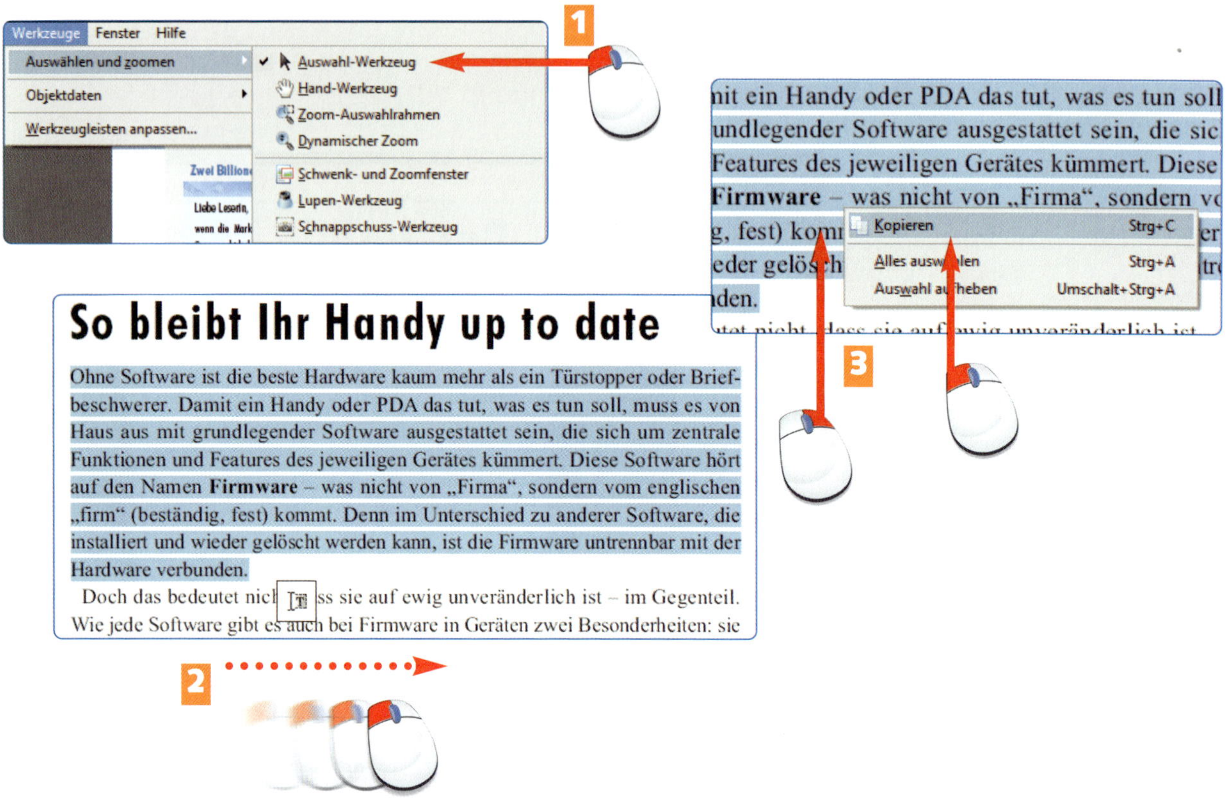

1 Achten Sie darauf, welches Werkzeug ausgewählt ist. Sollte ein anderes Werkzeug ausgewählt sein, dann aktivieren Sie *Auswahl-Werkzeug*.

2 Ziehen Sie mit gedrückter linker Maustaste über den zu markierenden Text.

3 Klicken Sie mit der rechten Maustaste in den markierten Text und wählen Sie mit der linken Maustaste *Kopieren*.

Manche Ersteller von PDFs möchten nicht, dass Text oder Bilder herausgenommen werden. Deshalb schützen sie ihre PDFs dagegen. Das bedeutet für Sie als Empfänger, dass beim Versuch, Textpassagen zu kopieren, nicht einmal mehr das Markieren funktioniert, erst recht nicht der Befehl *Bearbeiten/Kopieren*.

WISSEN

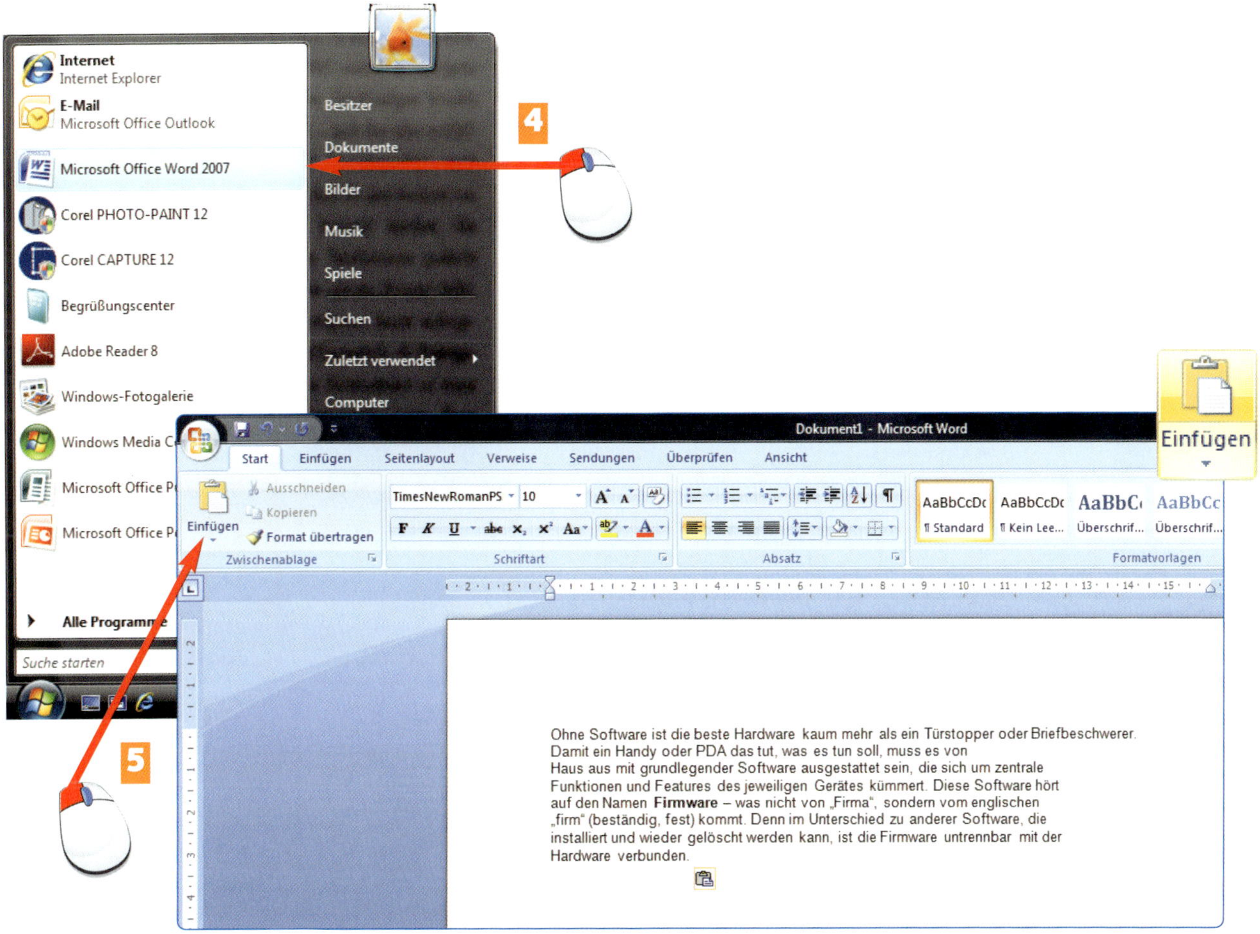

4 Rufen Sie beispielsweise Microsoft Word auf: Zuerst auf die Start-Schaltfläche klicken und anschließend *Microsoft Office Word 2007* wählen.

5 Unter dem Register *Start* finden Sie gleich die Schaltfläche, die Sie brauchen, nämlich *Einfügen*. Mit einem Klick fügen Sie den zuvor markierten Text in Ihr leeres Word-Dokument ein.

Ende

Beweisen Sie etwas Geduld: Warten Sie nach dem Markieren, erscheint automatisch ein Symbol. Bewegen Sie die Maus auf das Symbol, wandelt es sich in *Kopieren* um.

TIPP

Bilder lassen sich auf die gleiche Weise kopieren: Bild mit Klick markieren, etwas warten, Maus auf das erscheinende Symbol bewegen, auf *Bild kopieren* klicken.

HINWEIS

Start

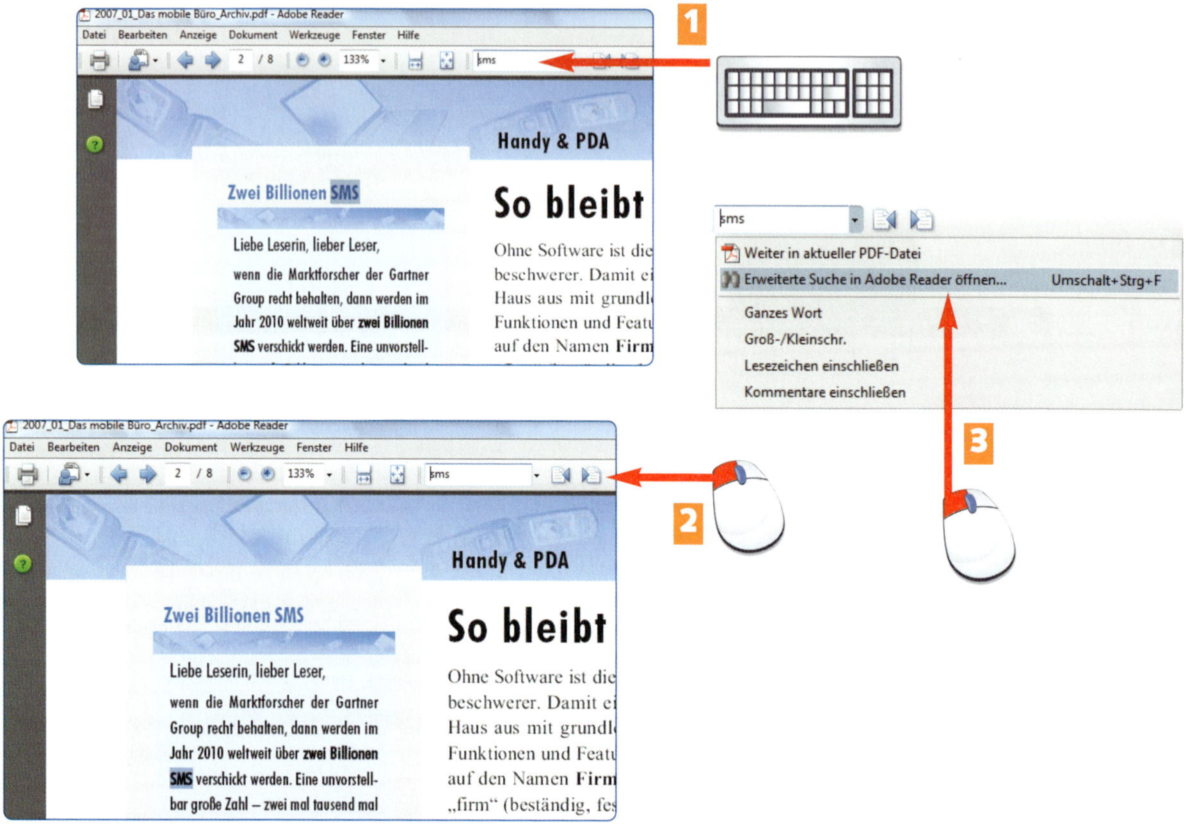

1 Tippen Sie in das Suchfeld Text ein, um bestimmte Textstellen zu finden.

2 Starten Sie die Suche mit einem Klick auf *Weitersuchen*. Klicken Sie erneut, um zur nächsten gefundenen Textstelle zu springen.

3 Differenzierte Suchmöglichkeiten erhalten Sie, wenn Sie auf *Erweiterte Suche in Adobe Reader öffnen* klicken.

Natürlich gibt es auch noch andere Programme, mit denen Sie PDF-Dateien anschauen und teilweise bearbeiten können. Allerdings ist der Adobe Reader das bekannteste und am weitesten verbreitete PDF-Programm.

WISSEN

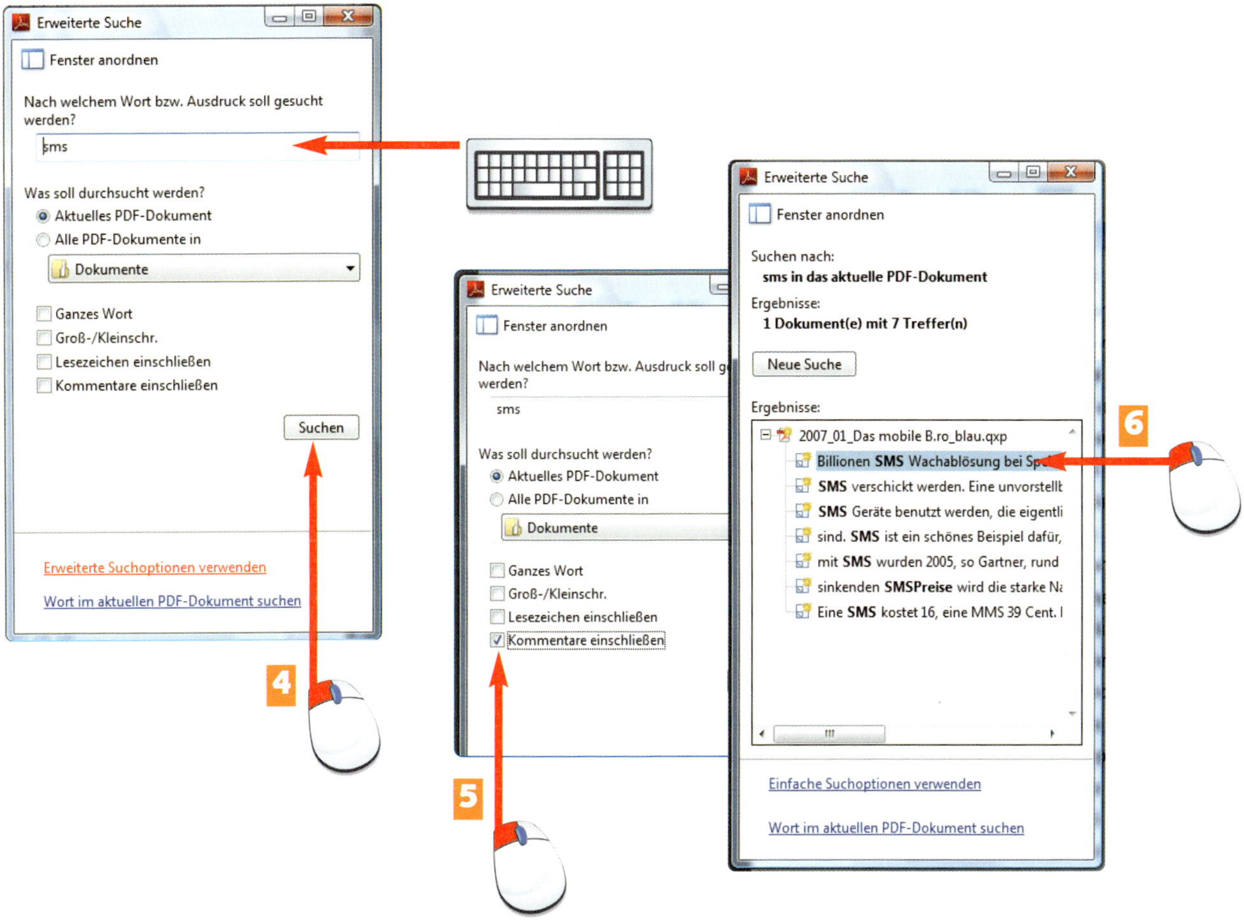

4 Geben Sie in das Suchfeld Text ein und starten Sie die Suche mit *Suchen*.

5 Schließen Sie in Ihre Suche beispielsweise Kommentare mit ein.

6 Der Adobe Reader listet die gefundenen Textstellen auf. Mit einem Klick auf eines der Ergebnisse landen Sie auf dieser Seite.

Ende

Kommentare sind hinzugefügte Texte (vielleicht eine Erläuterung), die durch einen gelben „Notizzettel" symbolisiert werden.

FACHWORT

Das Suchenfenster ist ein eigenes Fenster, das sich mit den gleichnamigen Schaltflächen minimieren, maximieren und schließen lässt.

HINWEIS

12

Musik auf MP3-Playern hören

Start

1

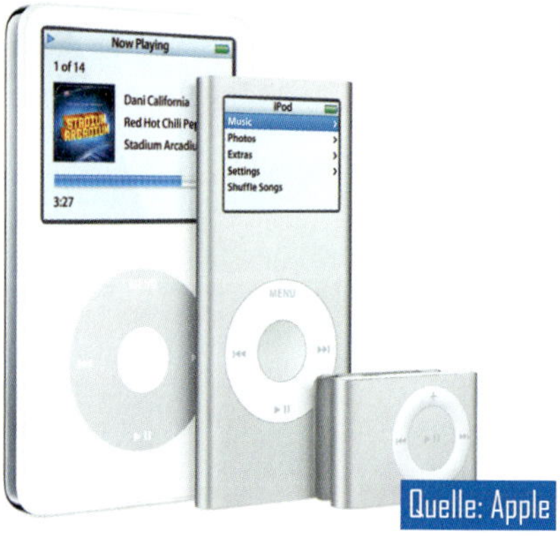

2

3

1 Gemütlich: Auf der Couch zu Hause oder unterwegs, lassen sich die „kleinen Teile" wunderbar einsetzen.

2 Der bekannteste und der teuerste unter den MP3-Playern ist der iPod von Apple (hier: die ganze Family).

3 Beim Joggen sind MP3-Player wirklich spitze: klein, leicht und handlich.

MP3-Player unterscheiden sich im Design und in der Größe. Da entscheidet letztendlich der Geschmack und der Zweck, für welchen Sie sich entscheiden. Wirklich wichtig bei den Teilen ist die Speicherkapazität, das heißt, wie viel MByte bzw. GByte (Musikdateien) auf den Kleinen draufpassen. Und manche MP3-Player verfügen auch noch über ein Display.

WISSEN

4

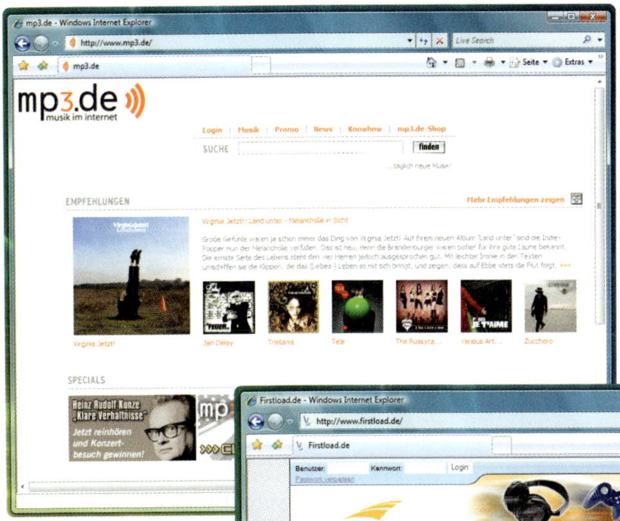

5

6

Musikdienst	Internetadresse
Firstload	www.firstload.de
UseNeXT	www.usenext.de
mp3.de	www.mp3.de
Musicload	www.musicload.de

4 mp3.de gehört zu den Musikdiensten, die sowohl kostenfreie als auch kostenpflichtige Musik anbieten.

5 Firstload ist ein Musikanbieter, den Sie eine Zeit lang kostenlos testen können.

6 Im Überblick: Einige Musikdienste und ihre Internetadressen.

Ende

TIPP

Falls ein Musikanbieter mit Spyware arbeitet, lässt sich diese wieder entfernen. Beispielsweise mit Spybot: *www.safer-networking.org/de*

FACHWORT

Spyware ist Software, die sich ohne Zustimmung des Anwenders auf dem Rechner installiert und den Hersteller mit Informationen versorgt.

HINWEIS

Wer mit einem analogen Modem arbeitet, muss sehr lange Downloadzeiten in Kauf nehmen. Besser Sie nutzen einen ISDN- und noch besser einen DSL-Anschluss. Damit geht's entschieden schneller.

Start

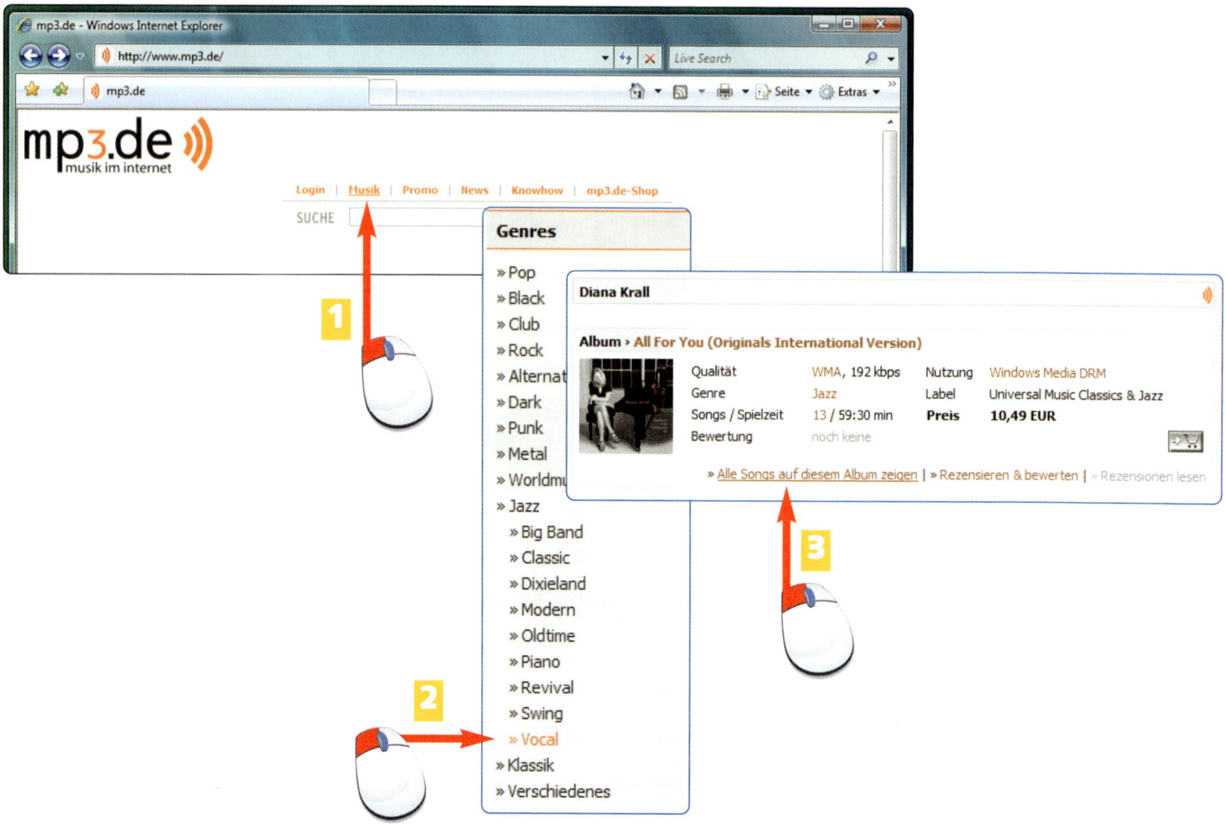

1 Rufen Sie beispielsweise den Musikanbieter *www.mp3.de* auf und klicken Sie auf Musik.

2 Suchen Sie sich die Stilrichtung aus. Klicken Sie dazu beispielsweise auf *Jazz* und anschließend auf *Vocal*.

3 Lassen Sie sich die Songs des gewählten Albums anzeigen (hier: *Alle Songs auf dem Album zeigen*).

Wenn Sie Musik oder Videos herunterladen möchten, verlangt der Musikanbieter, dass Sie sich spätestens beim Download bzw. Kauf registrieren lassen. Anschließend melden Sie sich als Kunde über das Login-Eingabefeld ein. Jetzt können Sie einkaufen und downloaden, solange das Geld reicht.

WISSEN

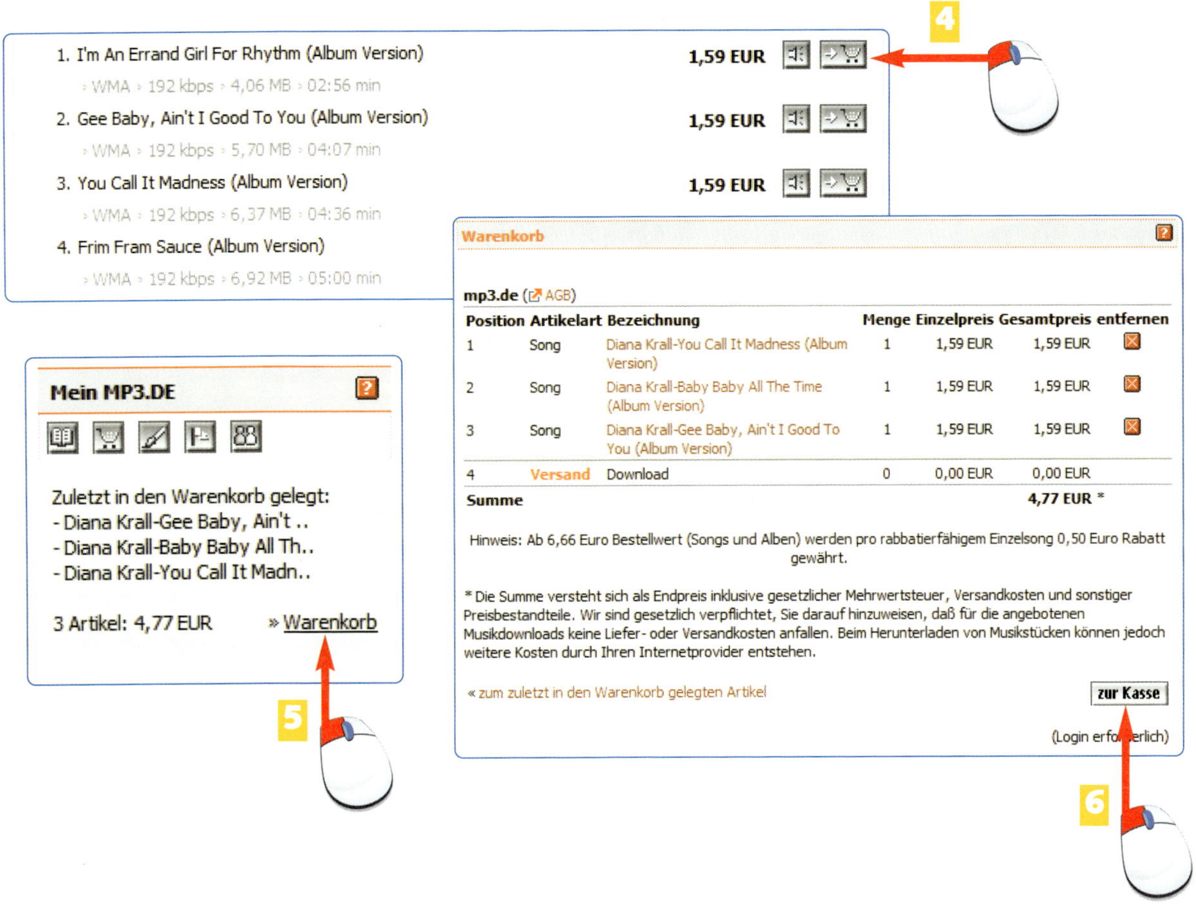

4 Sammeln Sie Ihre Songs im *Warenkorb*. Ein Klick auf das Einkaufswagen-Symbol genügt.

5 Rechts oben auf dieser Website können Sie den Warenkorb einsehen.

6 Jetzt werden Sie *Zur Kasse* gebeten. Allerdings funktioniert das nur mit Ihrem Login.

Ende

FACHWORT

Mit **Login** ist der Verbindungsaufbau zu einem Netzwerk gemeint. Benutzerkennung und Passwort ermöglichen Ihnen den Zutritt, z.B. zu einem Onlinedienst.

TIPP

Über ein Eingabefeld namens *Suchen* können Sie nach Ihrem Wunschinterpreten forschen.

HINWEIS

Speichern Sie Ihre Musik im vom Windows vorgesehenen Ordner *Musik*.

Musik von CD auf den Computer kopieren

Start

1

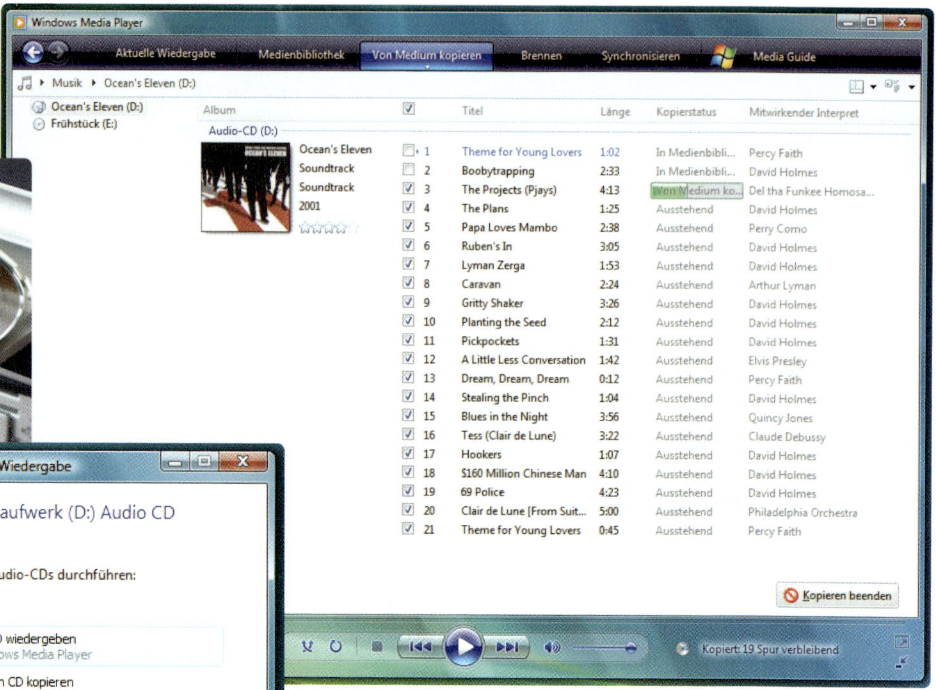

3

2

1 Legen Sie eine CD oder DVD in Ihr CD- oder DVD-Laufwerk.

2 Im folgenden Fenster, das automatisch aufgeht, klicken Sie auf *Musik von CD kopieren*.

3 Der Media Player startet und beginnt die eingelegte CD auf Ihren Computer in den Ordner *Musik* zu kopieren.

Wenn Sie die CD oder DVD über den Media Player kopieren, legt er die Dateien automatisch im Dateiformat WMA (Windows Media Audio) ab. Möchten Sie MP3-Dateien erzeugen, müssen Sie diese Information dem Windows Media Player vor der Kopieraktion mitteilen (siehe Seite 186).

WISSEN

4 Sollte der automatische Start des Media Players nach dem Einlegen der CD nicht geklappt haben, dann klicken Sie auf *Start/Alle Programme/Windows Media Player*.

5 Der Windows Media Player wird gestartet.

6 Falls sich die CD noch im Laufwerk befindet, klicken Sie auf die Schaltfläche *Von Medium kopieren*.

Ende

Eine Datei speichert der Computer in einem bestimmten **Format** ab. Dahinter versteckt sich eine Verschlüsselung. MP3 ist z.B. ein Dateiformat für Musik bzw. Sound.

FACHWORT

Start

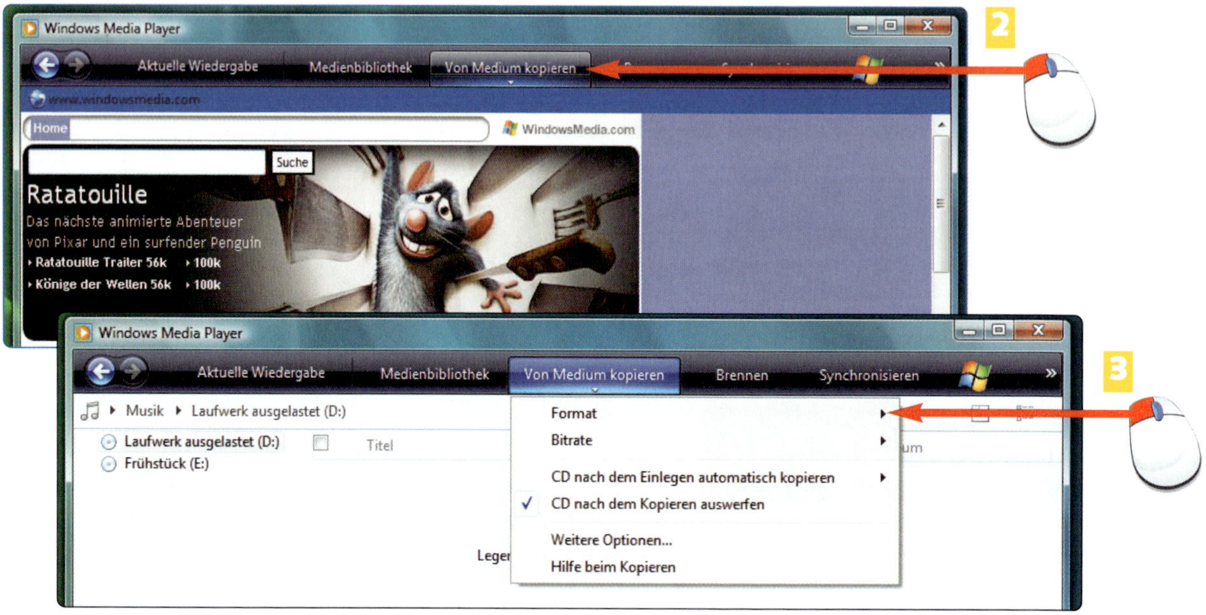

1 Übrigens können Sie den Media Player auch über die Schnellstartleiste mit einem einfachen Mausklick starten.

2 Legen Sie die CD noch nicht ins Laufwerk, sondern stellen Sie zuerst das gültige Format ein: Klicken Sie auf *Von Medium kopieren.*

3 Bewegen Sie die Maus auf *Format,* so klappt ein weiteres Menü auf.

Eine komplette CD erfordert Speicherplatz von ca. 56 MByte. Das bedeutet, dass auf einen kleinen MP3-Player von ca. 250 MByte ungefähr vier ganze CDs passen. Klar, je größer die Speicherkapazität des MP3-Players, um so mehr passt drauf. Inzwischen haben die MP3-Player Kapazitäten im GByte-Bereich.

WISSEN

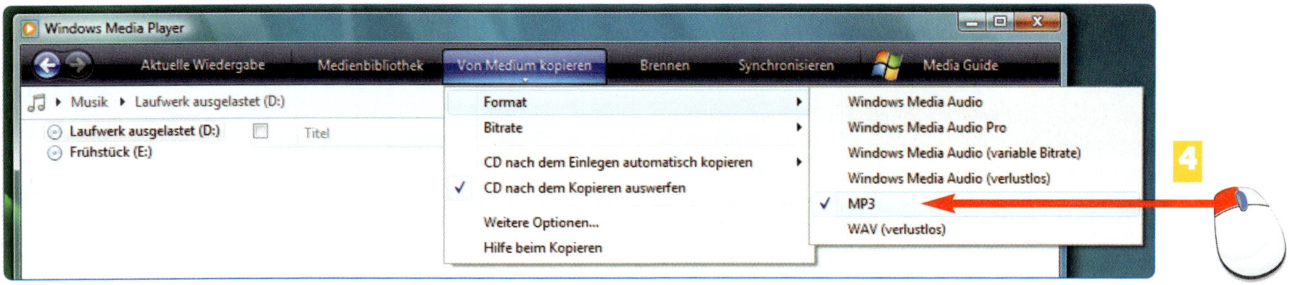

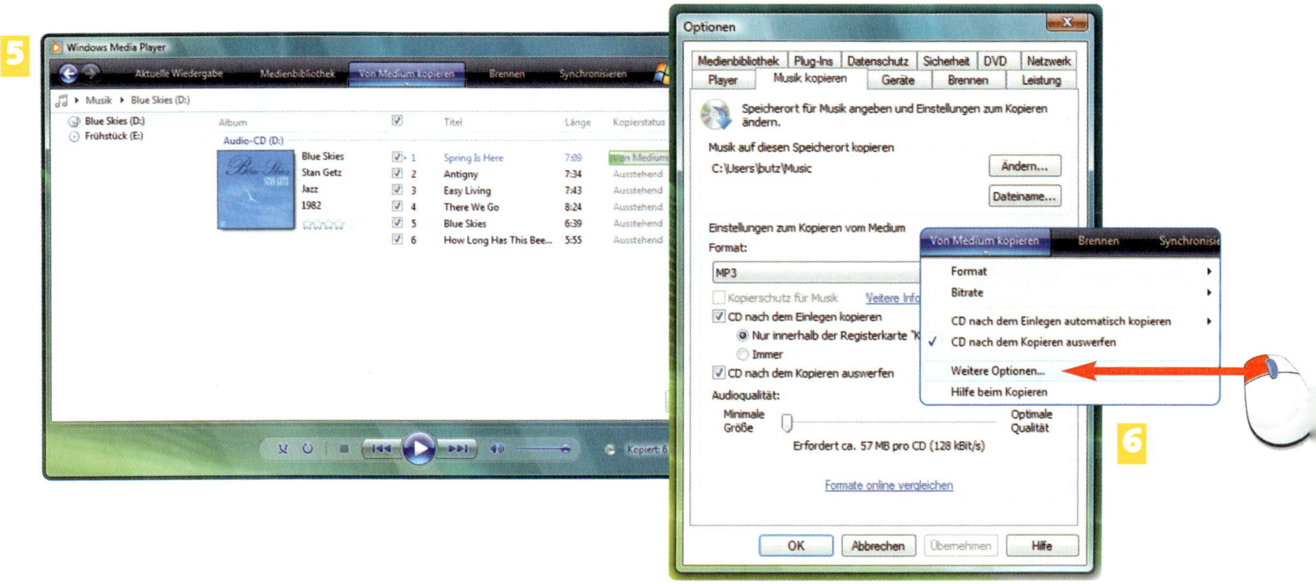

4 Wählen Sie mit einem Klick *MP3* aus.

5 Die Kopieraktion beginnt: Ein Lied nach dem anderen wird auf den Rechner kopiert und gleichzeitig in MP3 umgewandelt.

6 Viele weitere Einstellungsmöglichkeiten fürs Kopieren finden Sie unter *Von Medium kopieren/Weitere Optionen.*

Ende

Möchten Sie die CDs in einen anderen Ordner kopieren, müssen Sie vor der Kopieraktion im Dialog *Optionen* auf *Ändern* klicken, um dort den richtigen Ordner einzustellen (Bild 6).

HINWEIS

Der Media Player erstellt automatisch einen Unterordner, in den er die Musiktitel der CD ablegt.

HINWEIS

Wo verstecken sich die Musikdateien?

Start

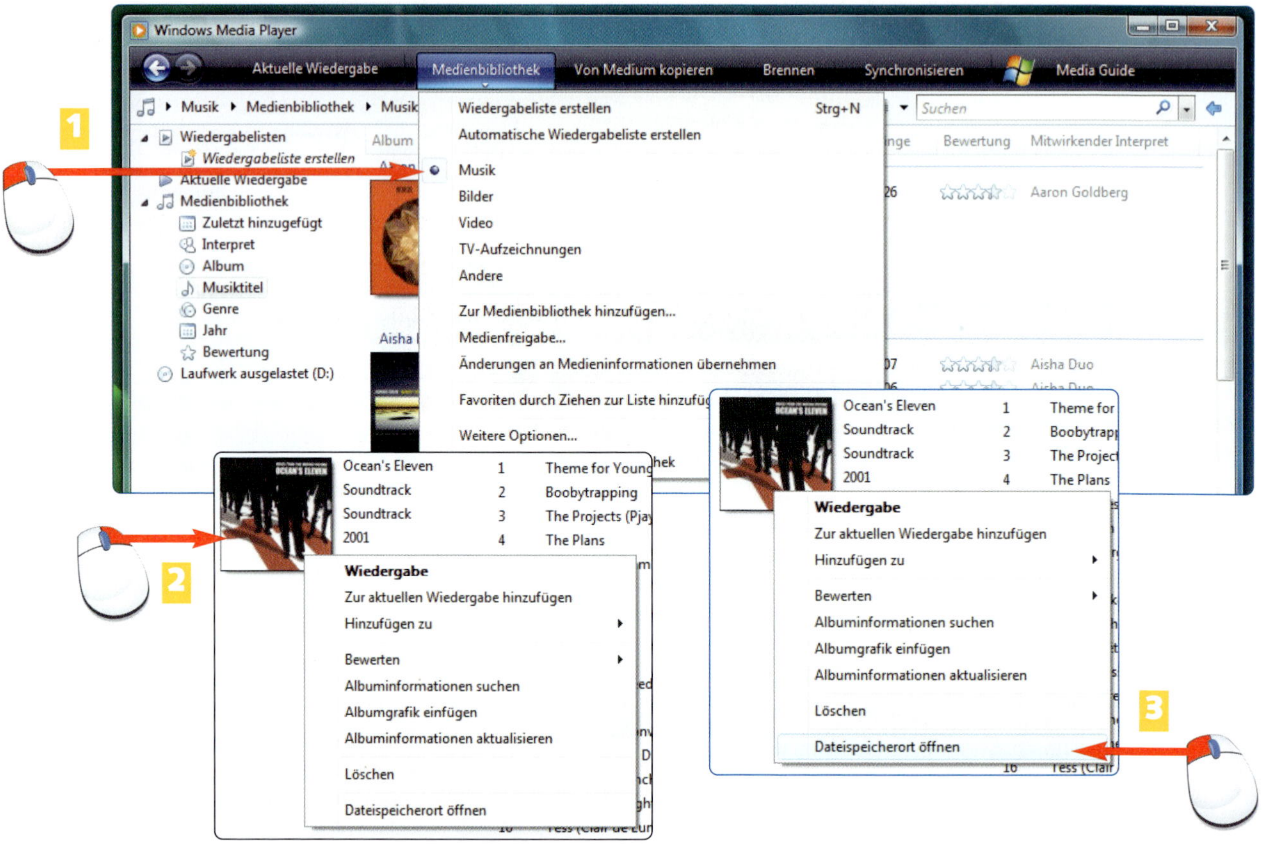

1 Klicken Sie im Windows Media Player auf *Medienbibliothek/Musik.* Ihre gespeicherten Titel werden angezeigt.

2 Klicken Sie mit der rechten Maustaste auf einen Titel.

3 Und jetzt klicken Sie mit der linken Maustaste auf *Dateispeicherort öffnen*.

Wer weiß, wo die Musikdateien abgelegt sind, zieht diese ganz einfach auf seinen MP3-Player oder USB-Stick. Und wer über ein Autoradio mit USB-Stecker verfügt, kann anschließend seine Musik sofort anhören: USB-Stick in den Radio stecken und los geht's!

WISSEN

4

5

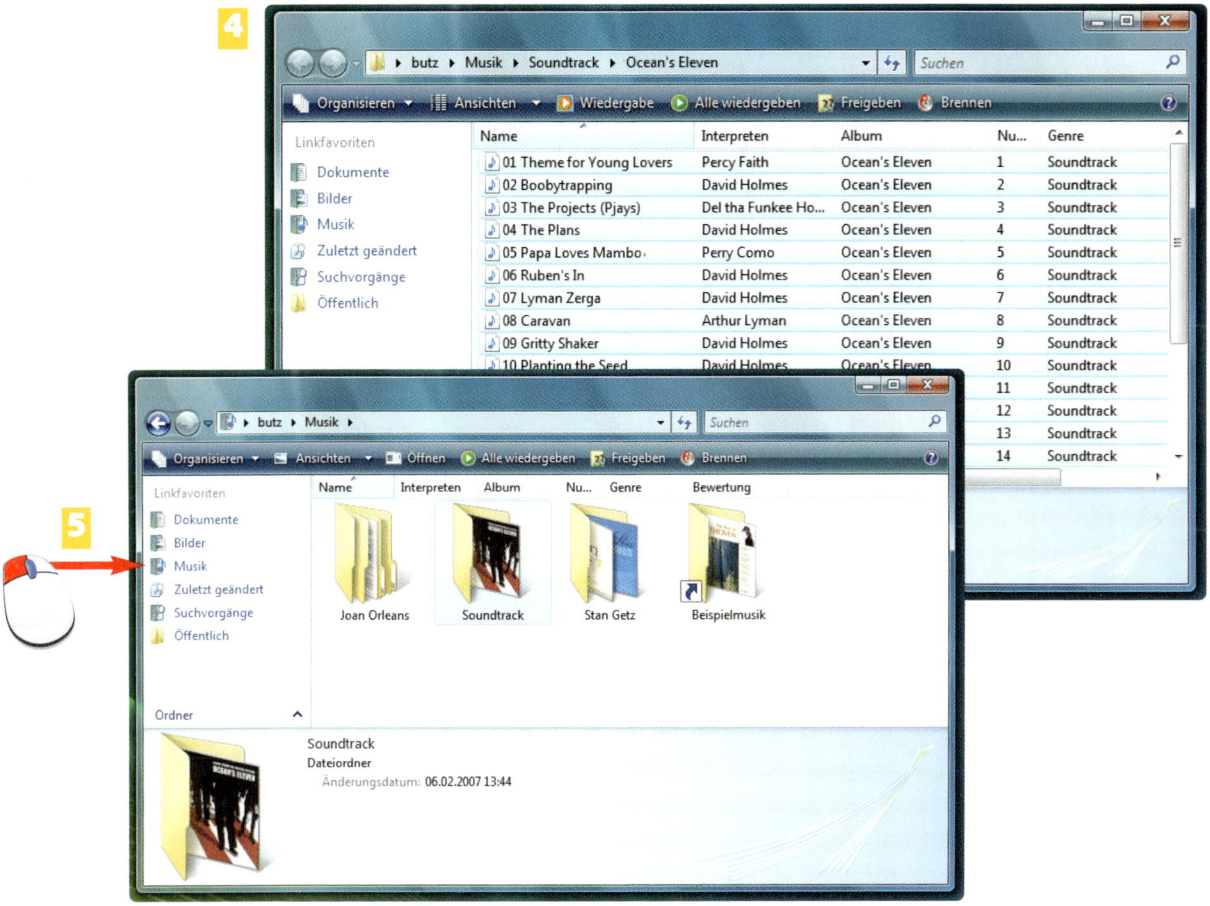

4 Der Media Player öffnet den Ordner, in dem alle Titel des angeklickten Albums liegen.

5 Mit einem Klick auf *Musik* öffnen Sie den Ordner, in dem alle Alben gespeichert sind.

Ende

USB-Schnittstellen (Universal Serial Bus) ermöglichen es, Geräte bei laufendem Betrieb miteinander zu verbinden. Die angeschlossenen Geräte werden automatisch erkannt.

FACHWORT

Ein Doppelklick auf ein Album oder einen Titel im Media Player startet die Musik.

TIPP

Start

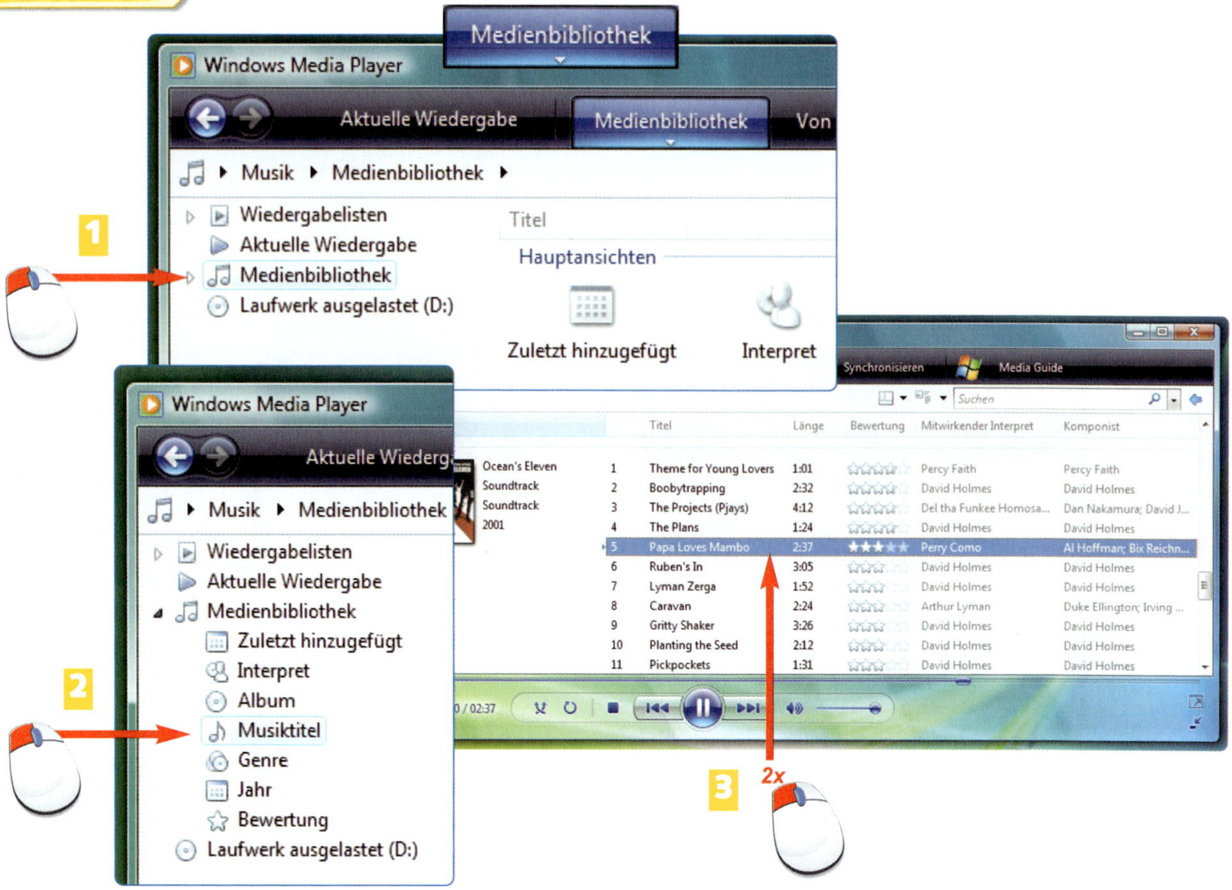

1 Klicken Sie im Media Player in der linken Fensterhälfte auf ein vorangestelltes Dreieck, um die Struktur sichtbar zu machen.

2 Markieren Sie beispielsweise den gewünschten Musiktitel mit einem einfachen Klick.

3 Doppelklicken Sie auf einen Musiktitel in der rechten Fensterhälfte, so beginnt die Wiedergabe des Songs. Ein Song nach dem anderen wird abgespielt.

Mit dem Media Player spielen Sie nicht nur Musik ab, Sie können auch Filme ansehen, Internet Radio hören, Lernvideos anschauen, CDs oder DVDs kopieren und brennen und Dateien synchronisieren, also aktualisieren (z.B. einen MP3-Player).

WISSEN

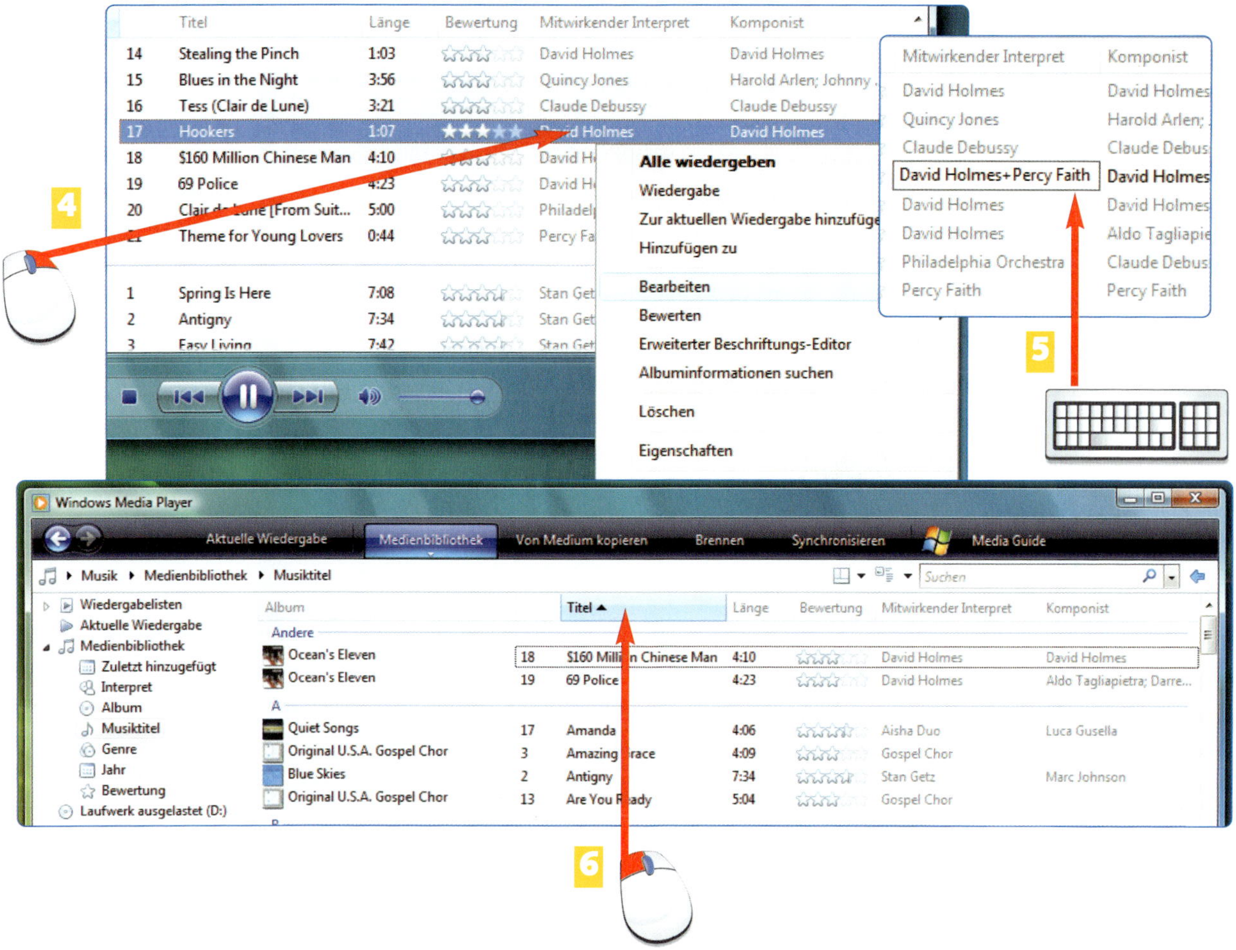

4 Möchten Sie beispielsweise den Interpreten ändern, dann klicken Sie mit der rechten Maustaste unter der Spalte *Mitwirkender Interpret* auf den Namen. Jetzt mit der linken Maustaste auf *Bearbeiten* klicken.

5 Ergänzen Sie beispielsweise den Interpreten (hier: +*Percy Faith)*.

6 Mit einem Klick auf *Titel* ordnen Sie die gespeicherten Songs alphabetisch (mit einem weiteren Klick aufsteigend oder absteigend).

Ende

Mit einem Klick auf das erste, zweite, ditte, vierte oder fünfte Sternchen bewerten Sie Ihren Musiktitel ganz schnell (Spalte: *Bewertung*).

TIPP

Drücken Sie *Stopp*, um das Abspielen der Songs zu beenden. Mit *Weiter* und *Zurück* „hüpfen" Sie zum nächsten Titel. Und mit *Anhalten* legen Sie eine Pause ein.

HINWEIS

Natürlich lässt sich nicht nur nach dem *Titel*, sondern auch nach *Album*, *Bewertung* usw. sortieren (siehe Bild 6).

HINWEIS

Start

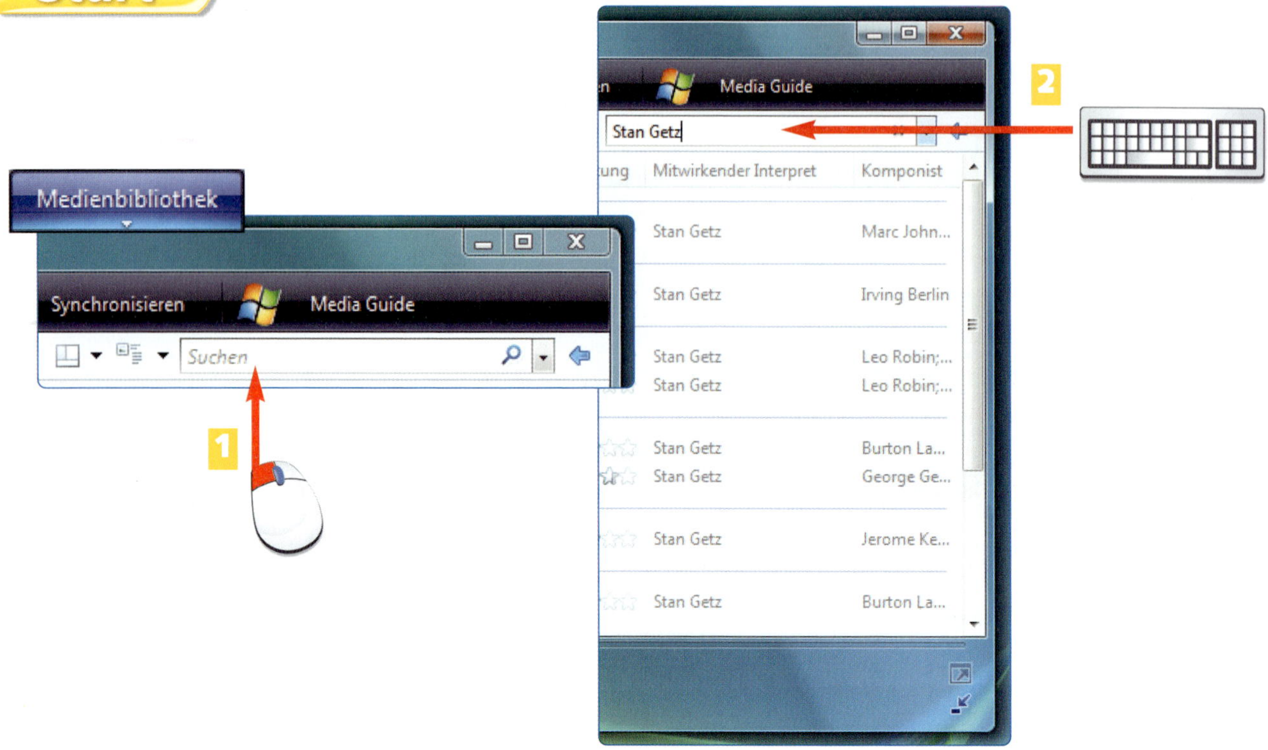

1 Sie befinden sich in der Medienbibliothek: Klicken Sie im Media Player rechts oben auf *Suchen*.

2 Geben Sie in das Suchfeld zum Beispiel den Namen des Interpreten ein (hier: *Stan Getz)*. Sofort listet der Media Player den gefundenen Interpreten auf.

Übrigens: Auf der Website von Microsoft finden Sie immer die neuesten Informationen rund um die Microsoft Produkte: aktuelle Downloads, Produktinformationen, Schulungen, Bücher usw. Die Website von Microsoft-lautet: *www.microsoft.de.*

WISSEN

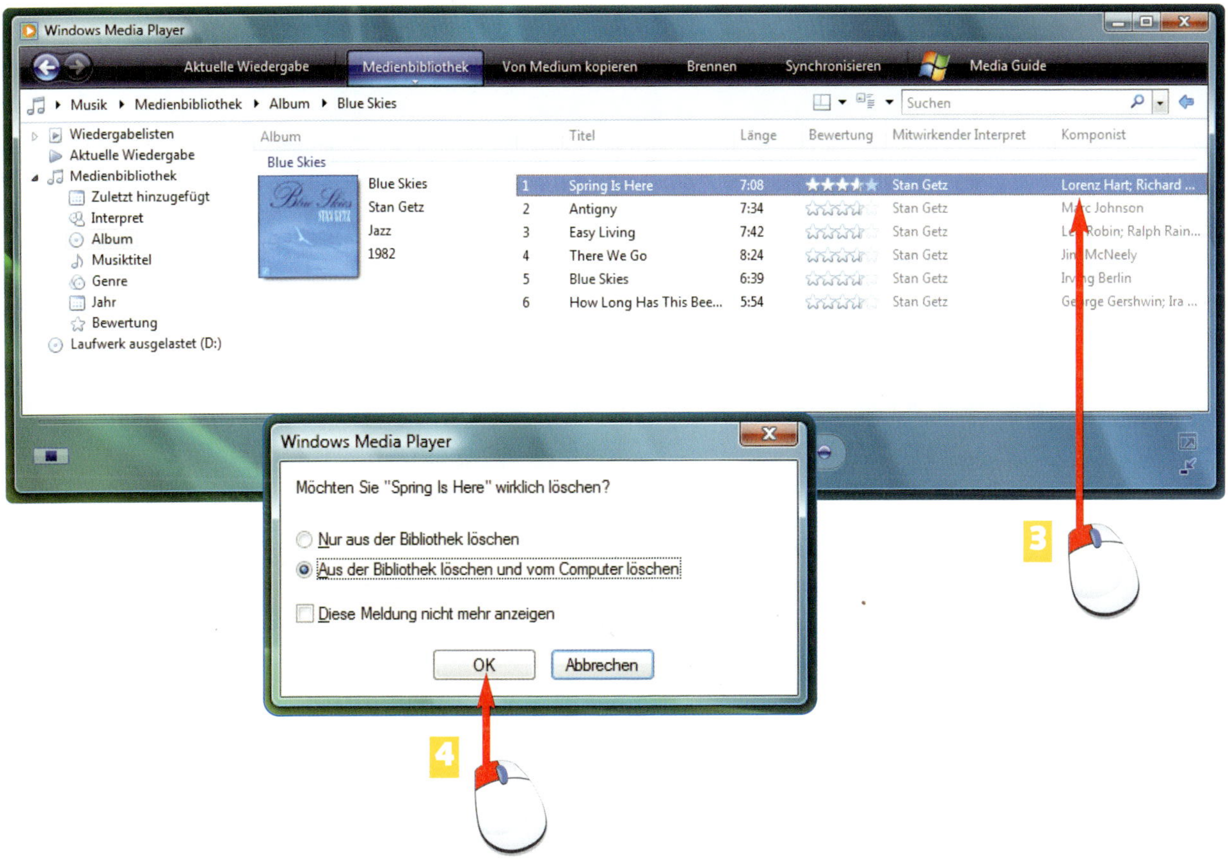

3 Möchten Sie einen Musiktitel aus der Medienbibliothek löschen, dann markieren Sie ihn mit einem Klick. Drücken Sie auf der Tastatur die [Entf]-Taste.

4 Bestätigen Sie den Löschvorgang mit *OK*.

Ende

Soll ein Musiktitel ganz vom Computer verschwinden, aktivieren Sie *Aus der Medienbibliothek löschen und vom Computer löschen* (siehe Bild 5).

HINWEIS

Sie wissen genau, wie Sie Ihre Dateien in Zukunft löschen möchten? Dann aktivieren Sie *Diese Meldung nicht mehr anzeigen.* Ohne Rückfrage löscht der Media Player sofort Ihre Dateien.

HINWEIS

Start

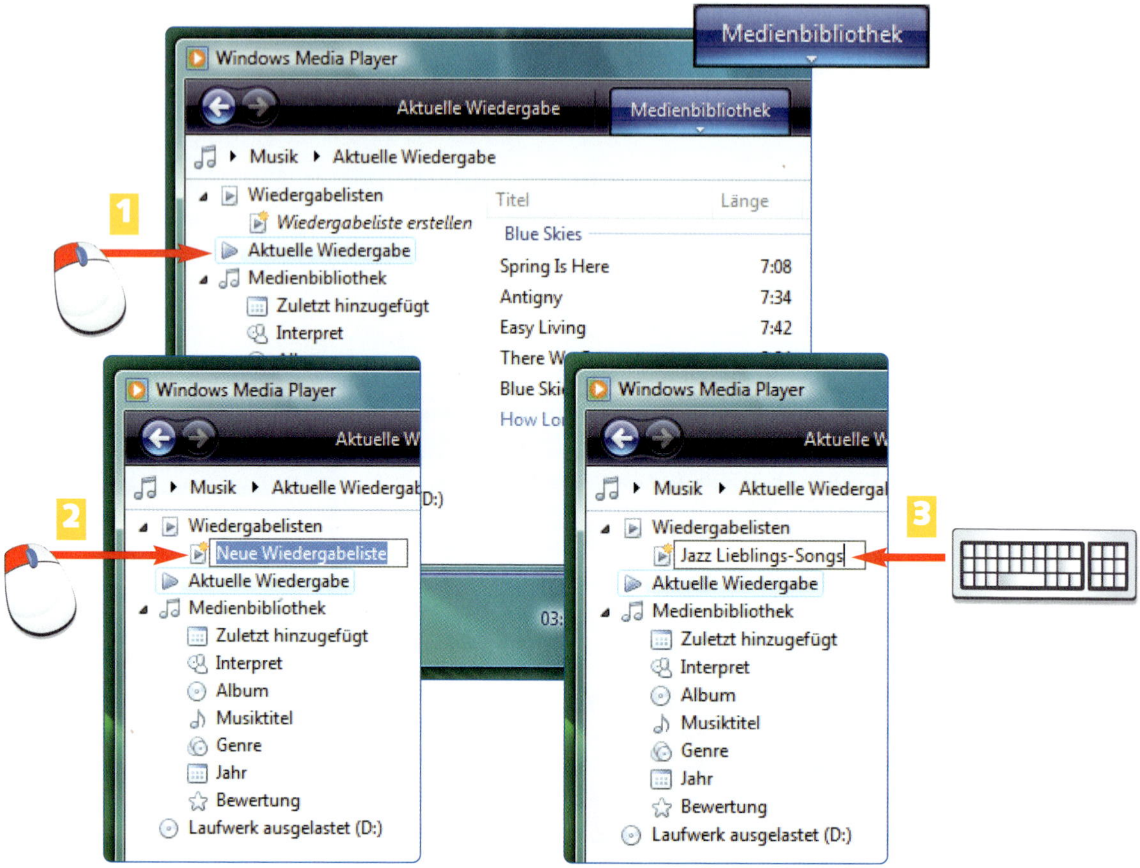

1 Klicken Sie auf *Aktuelle Wiedergabe*, sehen Sie beispielsweise die zuvor gesuchten Interpreten bzw. Titel (siehe Seite 192).

2 Klicken Sie auf *Neue Wiedergabeliste* ...

3 ... und geben Sie hier einen eingängigen Namen (z.B.: *Jazz Lieblings-Songs)* für Ihre Wiedergabeliste ein.

Um beim Überspielen bzw. Synchronisieren der Musiktitel vernünftig vorgehen zu können, sollten Sie sogenannte Wiedergabelisten erstellen und speichern. Anschließend lassen sich die Wiedergabelisten auswählen und die Musiktitel gezielt auf den MP3-Player übertragen.

WISSEN

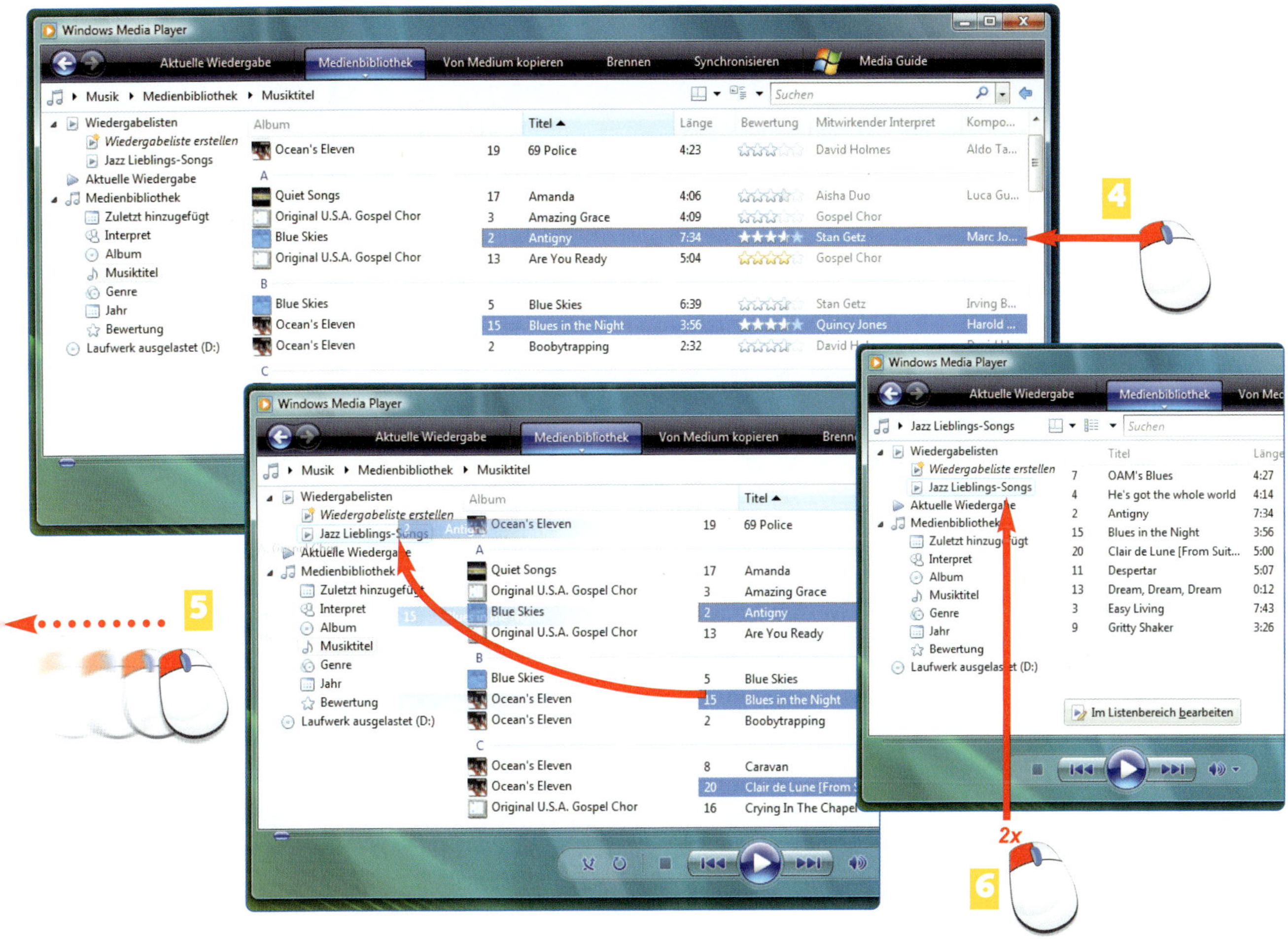

4 Markieren Sie die Titel, die Sie der Wiedergabeliste hinzufügen wollen: Strg+linker Mausklick.

5 Packen Sie einen der markierten Titel an und ziehen Sie ihn mit gedrückter linker Maustaste auf die Wiedergabeliste.

6 Starten Sie die selbst erstellte Wiedergabelisten mit Doppelklick.

Ende

Eine neue Wiedergabeliste erstellen Sie mit einem erneuten Klick auf *Wiedergabeliste erstellen.*

TIPP

Mit einem rechten Mausklick auf eine unerwünschte Wiedergabeliste und anschließendem Wählen von *Löschen* im Kontextmenü entfernen Sie sie.

HINWEIS

Start

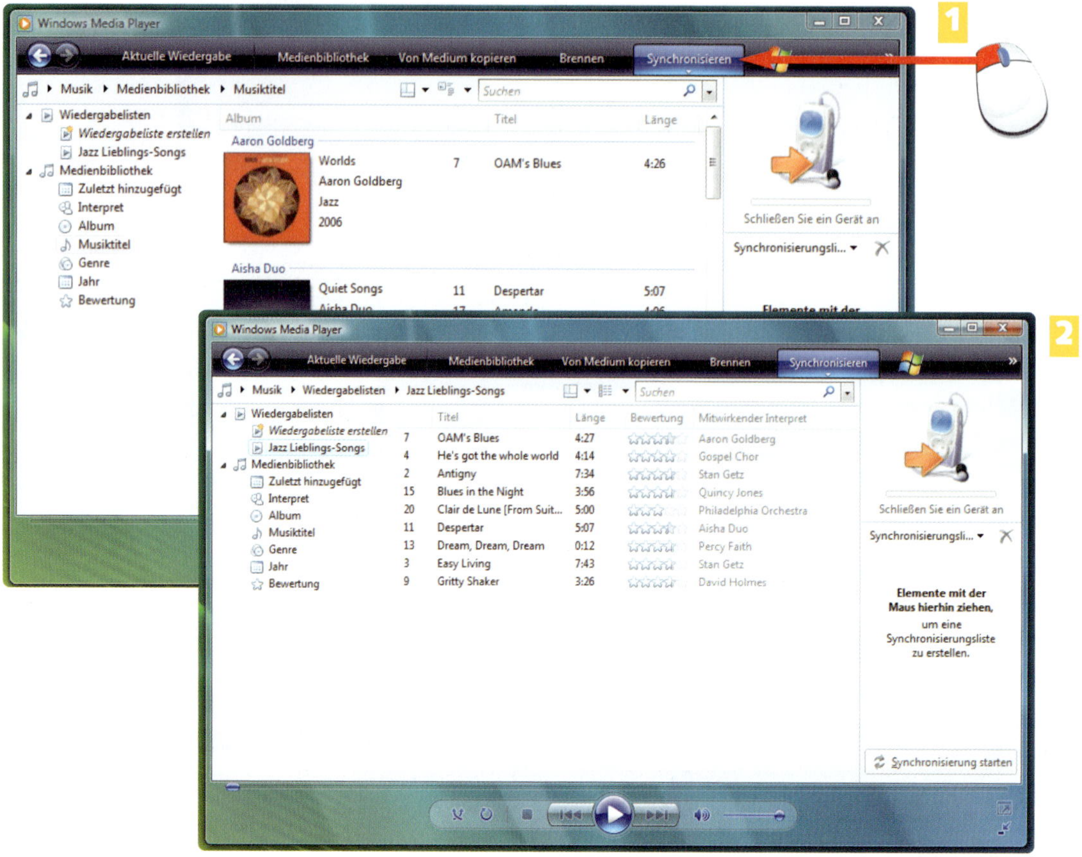

1 Klicken Sie im Media Player auf *Synchronisieren.*

2 Stecken Sie den MP3-Player in die USB-Schnittstelle. Windows erkennt den MP3-Player automatisch und nimmt selbstständig die Geräteinstallation vor.

Manchmal erkennt der Computer die MP3-Player nicht. Probieren Sie einfach einen anderen USB-Stecker an Ihrem Computer aus. Oder Sie kontrollieren, ob der MP3-Player eine neue Batterie benötigt. Auch das kann manchmal die Ursache für Nichterkennen sein.

WISSEN

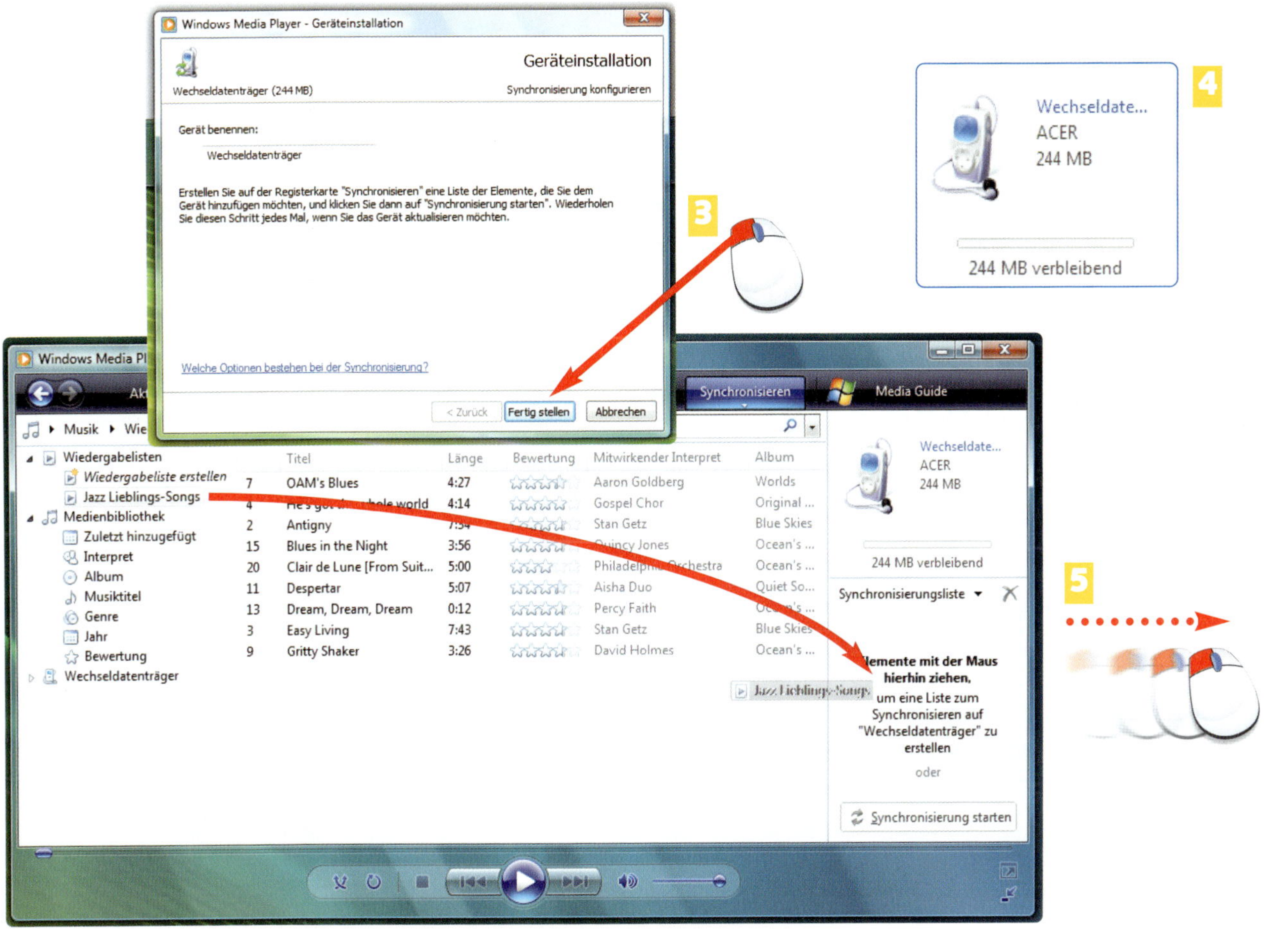

3 Bestätigen Sie die Geräteinstallation mit *Fertig stellen.*

4 Der Media Player zeigt den MP3-Player an. Sollte das nicht geklappt haben, dann wählen Sie *Synchronisieren/Geräte aktualisieren.*

5 Ziehen Sie entweder die zuvor markierten Titel oder eine Wiedergabeliste in die Synchronisierungsliste.

Beim **Synchronisieren** werden die Dateien des Computers und des MP3-Players verglichen und angeglichen, bei Bedarf also neue Dateien kopiert.

FACHWORT

Ziehen Sie weitere Titel in die Synchronisierungsliste und wählen Sie *Synchronisierung starten*. Die neuen Titel fügt der Media Player dem MP3-Player hinzu.

HINWEIS

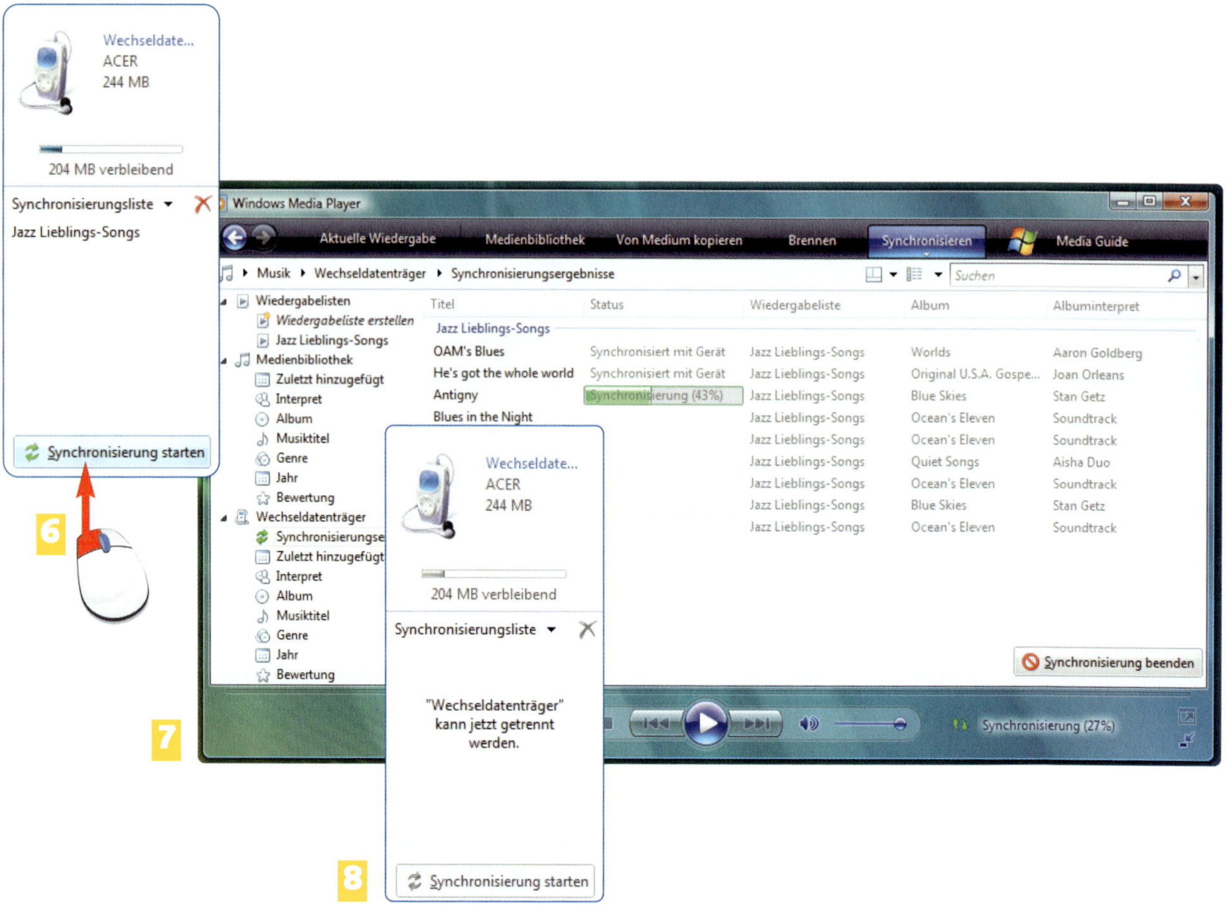

6 Die Wiedergabeliste bzw. die Titel werden angezeigt. Klicken Sie auf *Synchronisierung starten.*

7 Unter *Status* sehen Sie im Media Player, welche Titel gerade auf den MP3-Player übertragen werden.

8 Ist die Synchronisierung beendet, können Sie den MP3-Player wieder herausnehmen.

Automatische Wiedergabelisten sind praktisch, wenn Sie sie konsequent pflegen. Schließen Sie Ihren MP3-Player an den Computer an, ziehen Sie die Wiedergabeliste in die Synchronisierungsliste, und schon aktualisieren Sie die hinzugekommenen Musiktitel sowohl auf Ihrem MP3-Player als auch im Media Player.

WISSEN

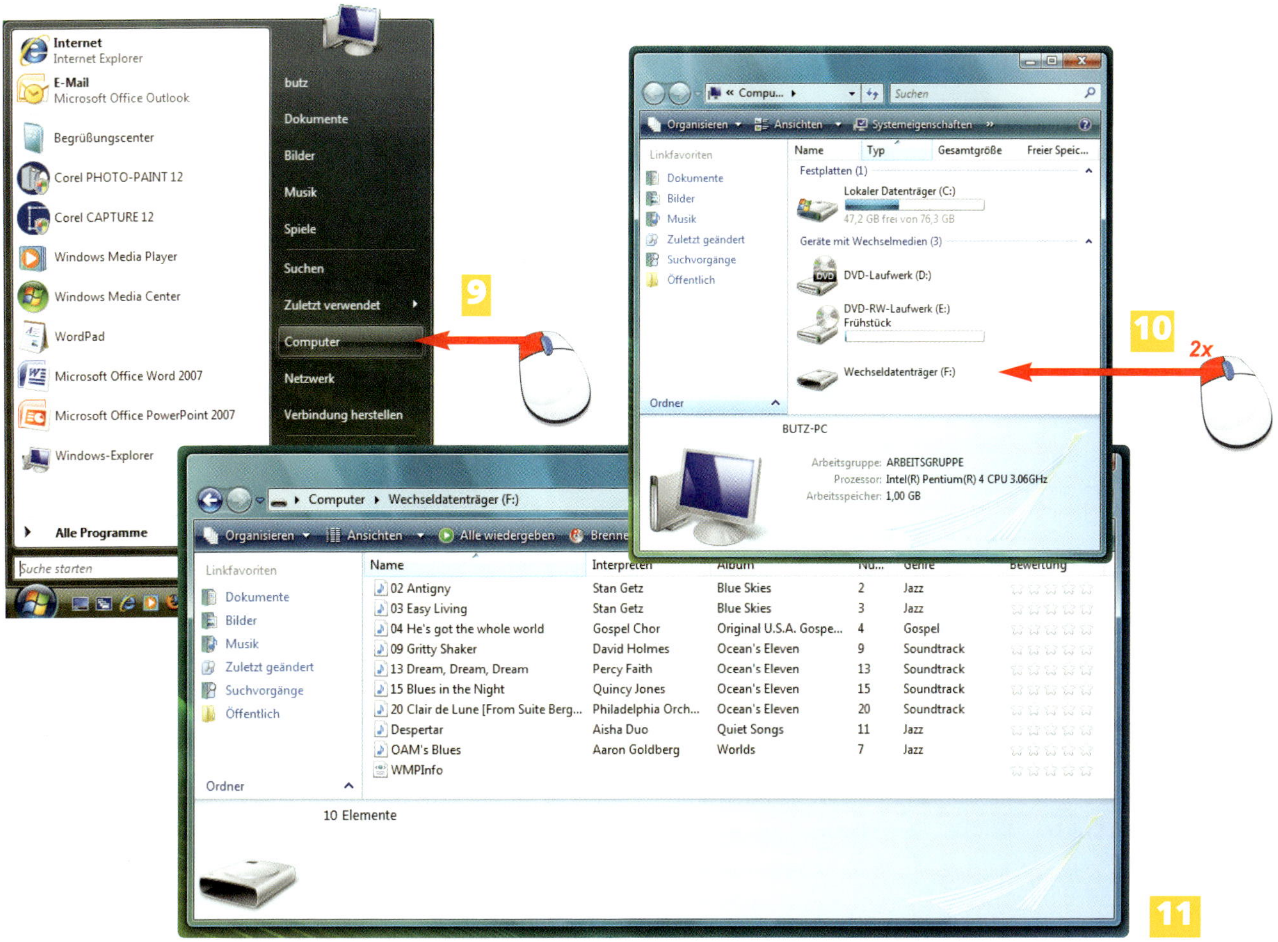

9 Möchten Sie nachschauen, was auf Ihrem MP3-Player alles gespeichert ist, dann klicken Sie auf *Start/Computer*.

10 Doppelklicken Sie auf den *Wechseldatenträger* (MP3-Player).

11 Anschließend sehen Sie die Musiktitel, die Sie auf Ihren MP3-Player mit Synchronisierung übertragen haben.

Ende

Als **Wechseldatenträger** bezeichnet Windows jedes Gerät, das an eine USB-Schnittstelle angeschlossen ist. Es könnte auch eine Kamera sein.

FACHWORT

Es gibt noch andere schlaue Tools, um Ihre Musiktitel zu verwalten. Sie finden solche z.B. unter der Internetadresse *www.vnu.de* im Bereich *Downloads/Multimedia/Medienplayer*.

TIPP

Ohne Media Player: Musik übertragen

Start

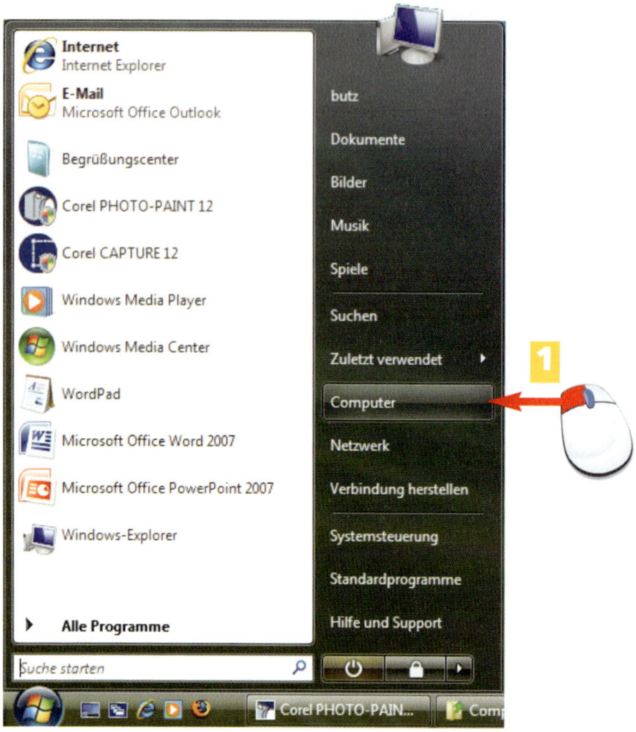

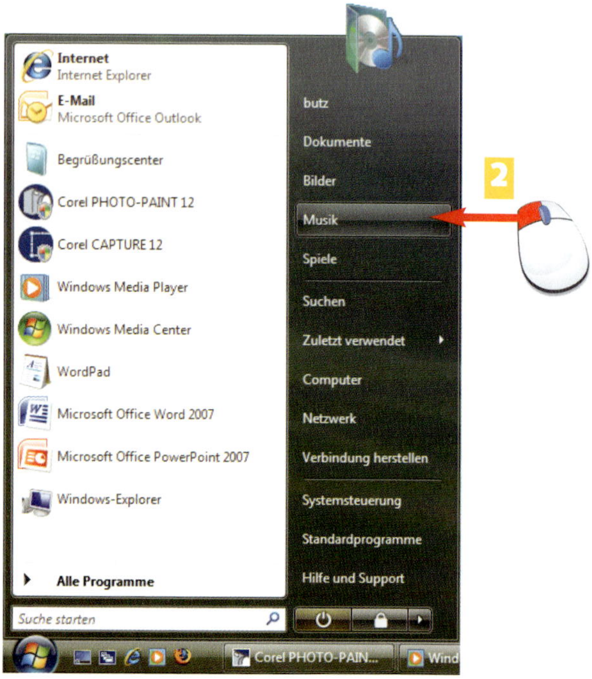

1 Öffnen Sie das Fenster *Computer* über *Start/Computer* ...

2 ... und das Fenster *Musik* über *Start/Musik*.

Wer keine Lust hat, sich mit dem Media Player auseinanderzusetzen, kann seine Musikdateien mit den beiden Fenstern *Computer* und *Musik* auch direkt von seinem Computer auf den MP3-Player ziehen.

WISSEN

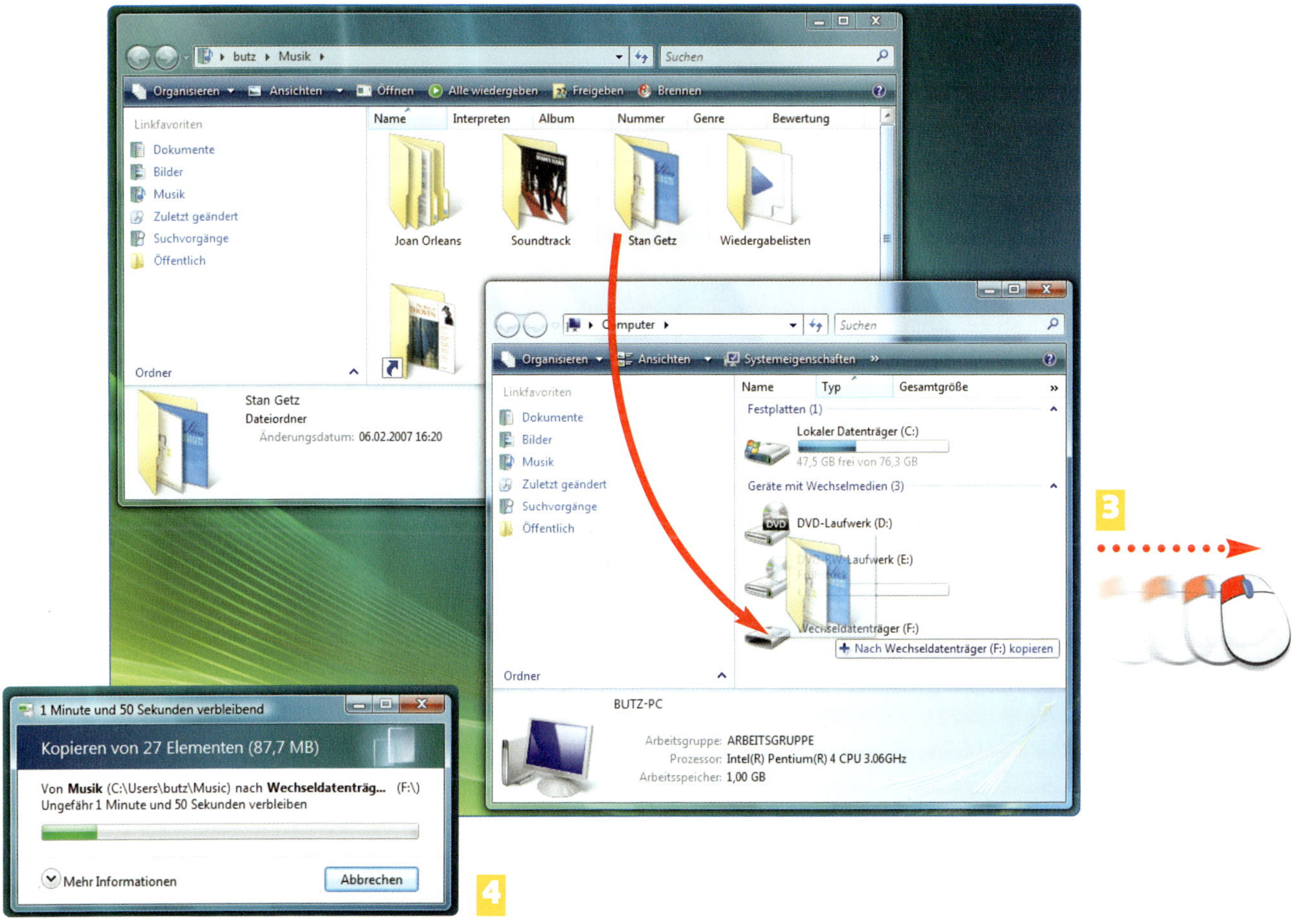

3 Ordnen Sie die beiden Fenster so an, dass Sie von beiden den Inhalt sehen können. Ziehen Sie mit gedrückter linker Maustaste das Album oder die markierten Titel direkt auf den Wechseldatenträger (MP3-Player). Lassen Sie die Maustaste wieder los.

4 Windows zeigt Ihnen die Dauer der Kopieraktion im folgenden Fenster an.

Ende

Wie Sie mit Dateien umgehen, lesen Sie in Kapitel 6 „Geschickte Dateiablage: Wie schaffe ich Ordnung?“ nach.

HINWEIS

Nach der Kopieraktion öffnen Sie mit Doppelklick auf den Wechseldatenträger den MP3-Player und sehen, welche Musiktitel schon kopiert wurden.

HINWEIS

13

Fotos laden, speichern und bearbeiten

Start

1

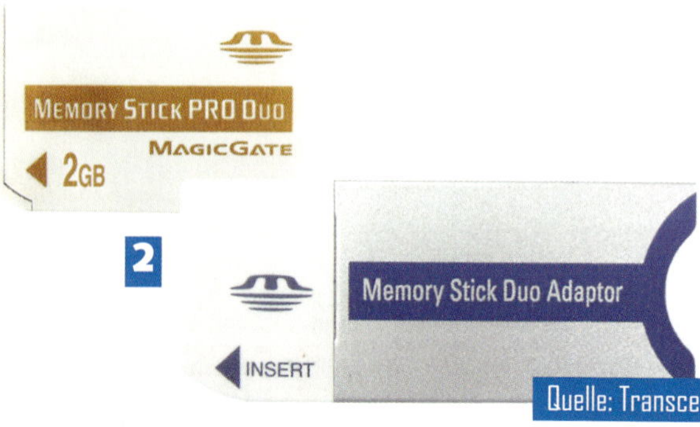

2

Quelle: Transcend

3

Quelle: Transcend

1 An dieser Kamera ist ein USB-Kabel angeschlossen, das Sie wiederum an den Computer anschließen.

2 Einige Kameras sind mit Memory Sticks ausgestattet. Mit einem Adapter lässt sich die Karte problemlos an Ihren Computer anschließen.

3 Wieder andere Kameras speichern ihre Daten auf einer CompactFlash-Karte. Falls ein Steckplatz im Computer integriert ist, führen Sie die Karte dort ein.

Je nachdem, welchen Kameratyp Sie verwenden, speichert die Kamera Ihre Bilder auf einer CompactFlash-Karte oder einem Memory Stick. In manchen Kameras finden Sie inwischen sogar schon eine kleine Festplatte integriert.

WISSEN

4

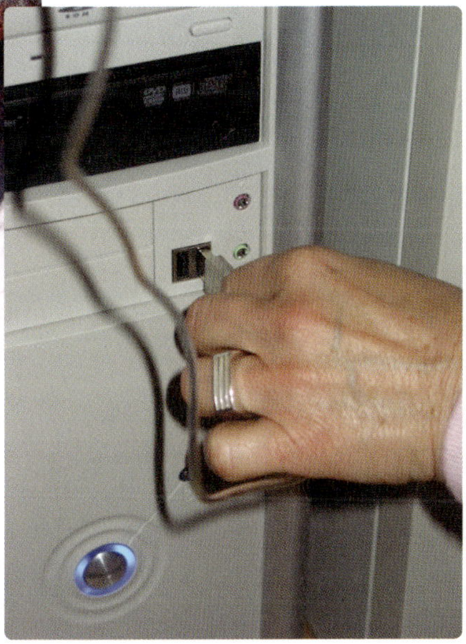

5

4 Schließen Sie die Kamera an den Strom und an das USB-Kabel an und stellen Sie die Kamera auf USB-Betrieb.

5 Schalten Sie die Kamera ein und stecken Sie den USB-Stecker in eine USB-Schnittstelle am Computer.

Ende

HINWEIS

Wichtig: Die Kamera muss auf USB-Betrieb umgestellt werden. Wie das geht, entnehmen Sie der Anleitung zu Ihrer Kamera.

HINWEIS

Manche Computer sind mit Steckplätzen für die CompactFlash- oder SmartMedia-Karte ausgerüstet. Wenn Sie nicht mit dem USB-Kabel arbeiten möchten, verwenden Sie die Steckplätze.

Start

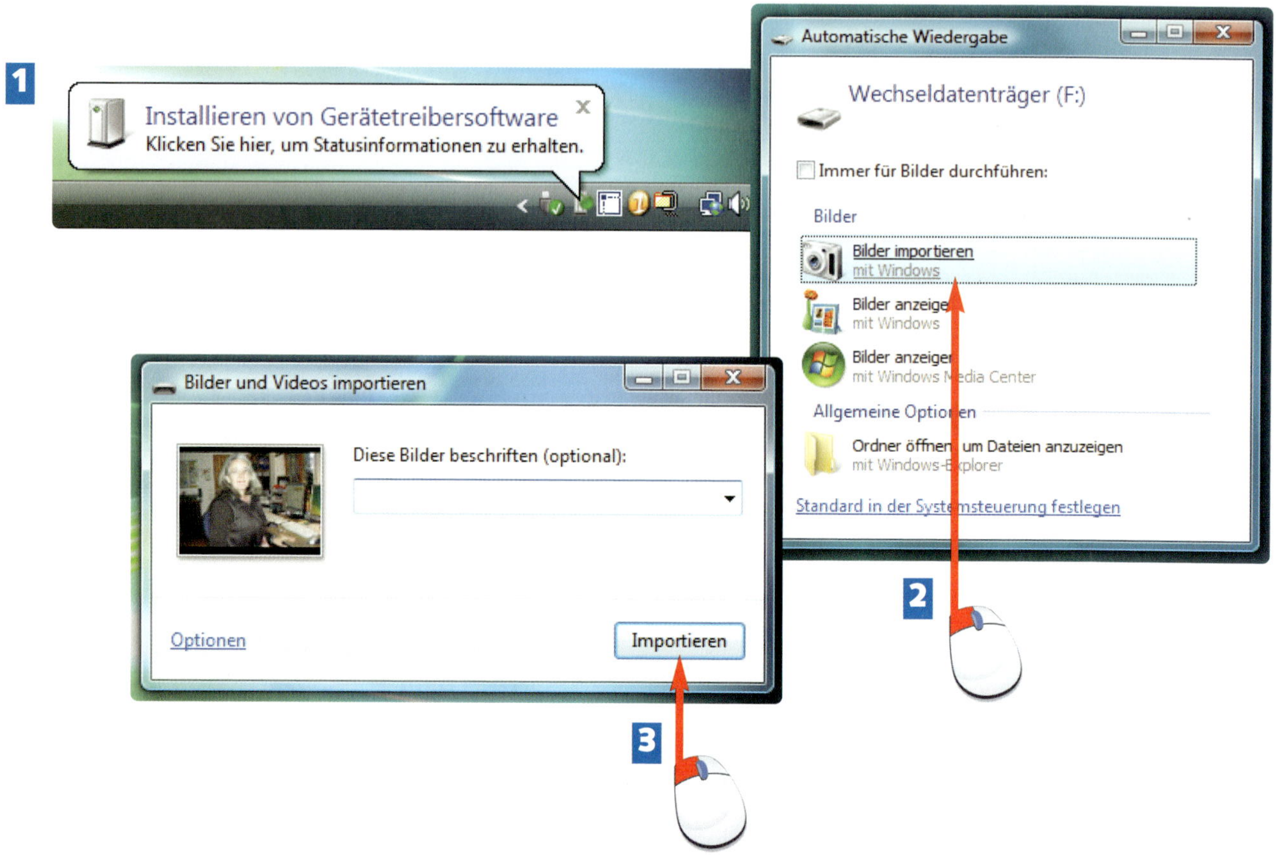

1. Nachdem Sie die Kamera und den Computer verbunden haben, erscheint rechts unten der Hinweis auf die Installation der Gerätetreibersoftware.
2. Nach ein paar Sekunden erscheint automatisch folgendes Dialogfenster: *Automatische Wiedergabe*. Klicken Sie auf *Bilder importieren.*
3. Entweder Sie klicken anschließend gleich auf *Importieren* …

Egal, ob Sie die Kamera per USB-Kabel angeschlossen haben oder eine der Karten einlegen: Nach der Auswahl des Scanner- und Kamera-Assistenten landen Sie im selben Fenster. Nur die ersten Schritte unterscheiden sich geringfügig.

WISSEN

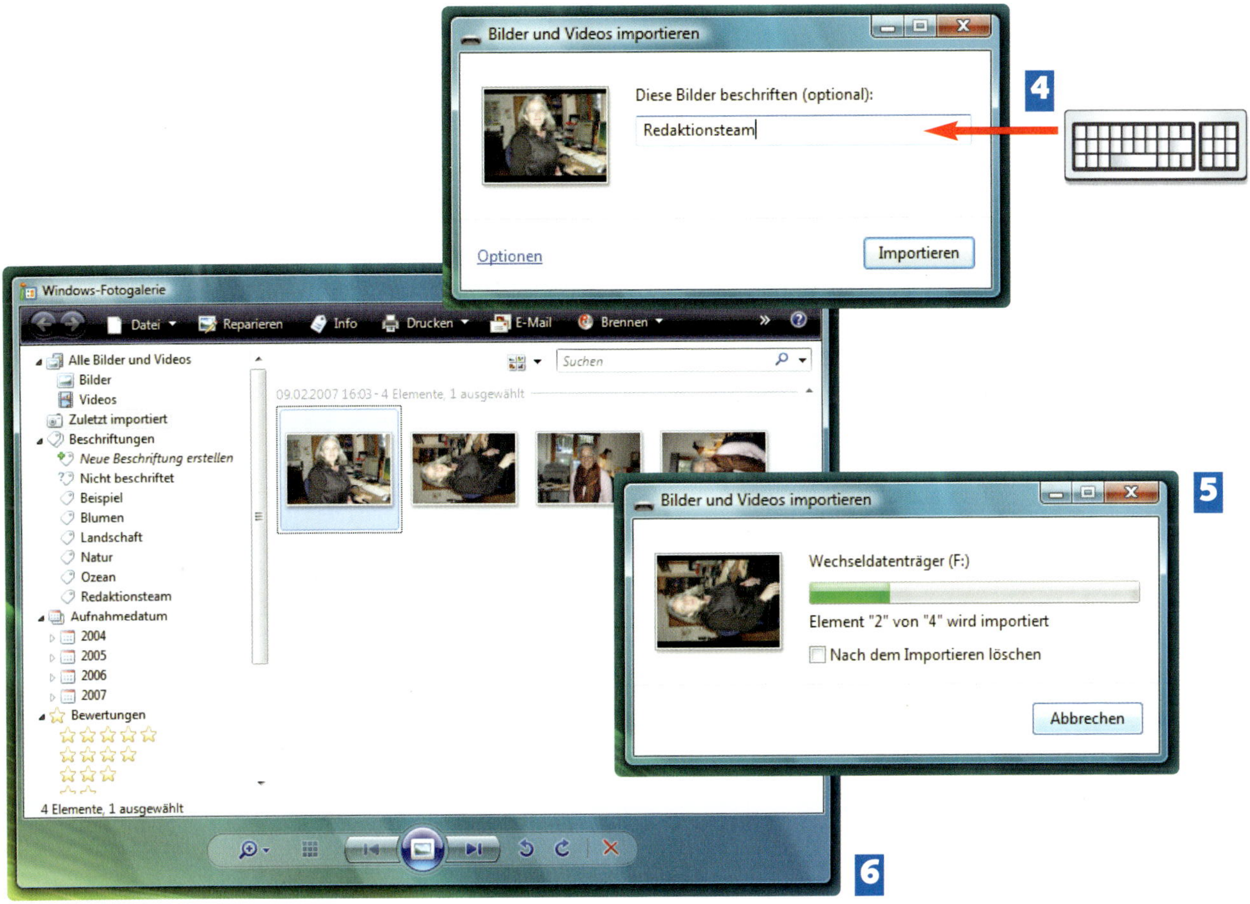

4 ... oder Sie geben hier einen Namen ein, der später in der Fotogalerie unter *Beschriftungen* erscheint.

5 Die Bilder werden von der Kamera auf den Computer übertragen.

6 Es öffnet sich die Windows-Fotogalerie und Sie sehen sofort Ihre importierten Bilder unter dem Punkt *Zuletzt importiert*.

Ende

Um Ihre Fotos zu verwalten, sollten Sie die Fotogalerie nutzen. Sie bietet Ihnen eine übersichtliche Struktur an.

HINWEIS

Start

1 Übrigens: Die Fotogalerie finden Sie unter *Start/Alle Programme/Windows-Fotogalerie*.

2 Die Bilder ordnet die Fotogalerie beispielsweise nach dem *Aufnahmedatum*. Wenn Sie also auf *2006* klicken, öffnen Sie die angelegte Struktur und blenden in der rechten Fensterhälfte die Fotos von 2006 ein.

3 Klicken Sie hingegen auf einen bestimmten Tag (hier: *Dienstag, 1. Aug.*), blendet die Fotogalerie nur die Fotos dieses Tages ein. Alle anderen verschwinden.

Einen ersten Eindruck von einem Ihrer Bilder machen Sie sich, wenn Sie die Maus auf das Bild bewegen und einige Sekunden ruhig halten. Das Bild poppt als größere Ansicht mit allen Angaben wie Dateiname, Speicherdatum usw. auf.

WISSEN

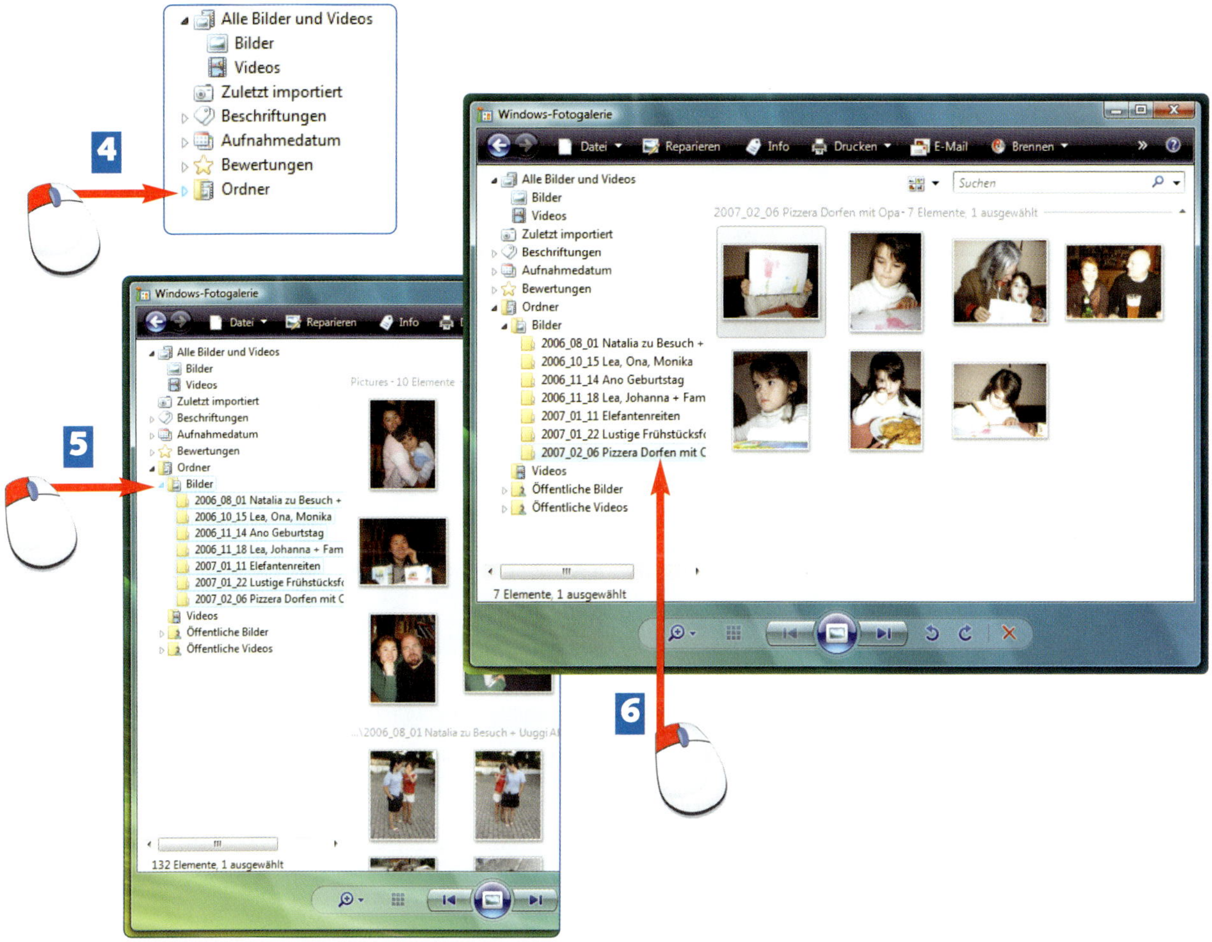

4 Wer eigene Ordner angelegt hat, blendet als Erstes die Struktur der Ordner mit einem Klick auf das vorangestellte Dreieck ein.

5 Anschließend klicken Sie auf *Bilder*. Jetzt sehen Sie die von Ihnen angelegten Ordner.

6 Mit einem Klick auf den entsprechenden Ordner blenden Sie die Bilder ein, die sich in diesem Ordner befinden.

Ende

Wer gleich die Bilder aus der Fotogalerie auf CD oder DVD brennen möchte, klickt in der Fotogalerie auf *Brennen* (siehe Seite 86).

HINWEIS

Klicken Sie auf das runde Symbol, um eine Diashow mit den zuvor ausgewählten Bildern zu starten.

HINWEIS

Der richtige Dreh für Ihre Bilder

Start

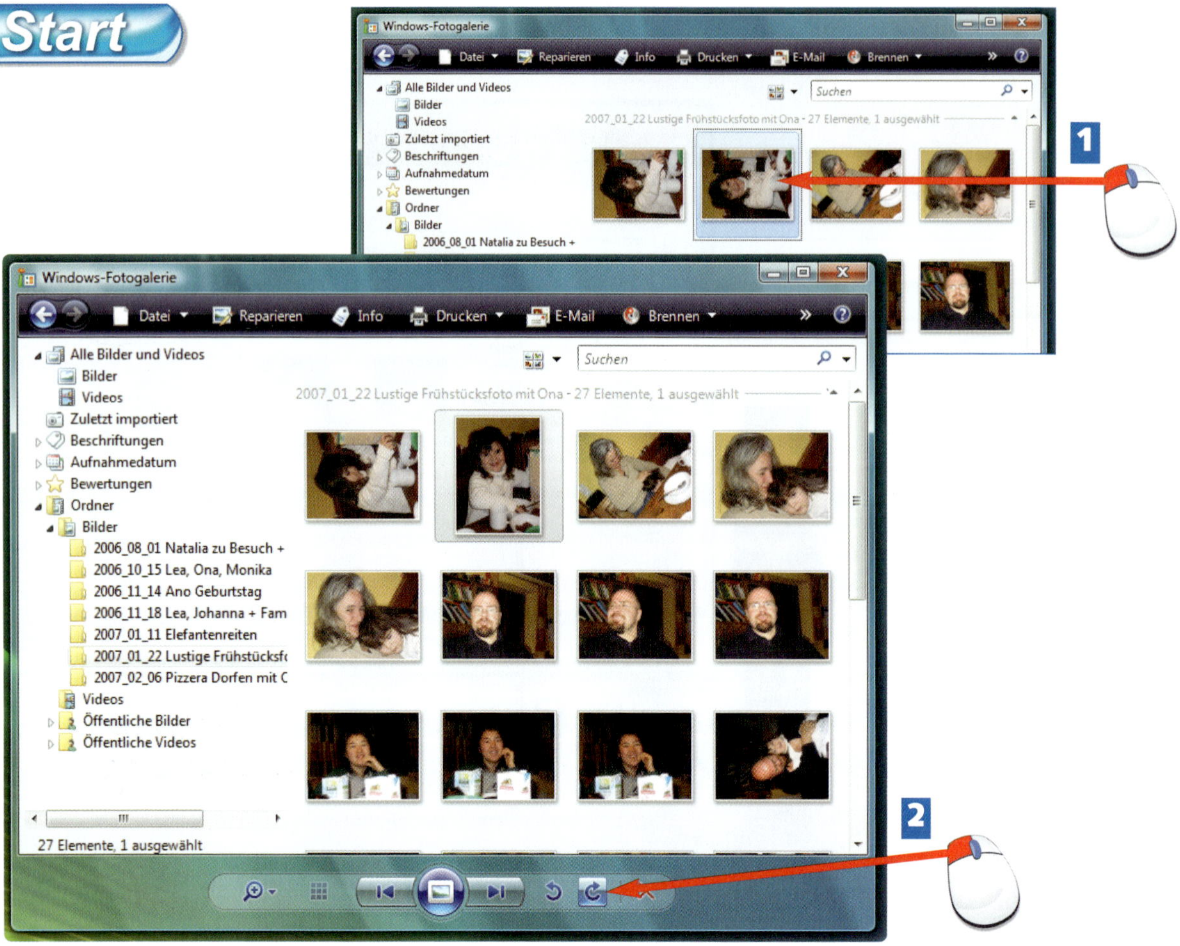

1 Ein Bild steht quer: Markieren Sie es mit einem Klick und …

2 …klicken Sie auf *Im Uhrzeigersinn drehen* oder *Gegen den Uhrzeigersinn drehen.* Fertig!

Beim Fotoschießen vergibt jede Kamera für die Bilder anstelle eines vernünftigen Namens eine Nummer, wie z.B. IMG_3727.JPG. Die Kamera hält die Daten fest und nummeriert dabei einfach durch. Das heißt, Sie müssen den Fotos später einen geeigneten Namen geben (siehe Schritte 3-6).

WISSEN

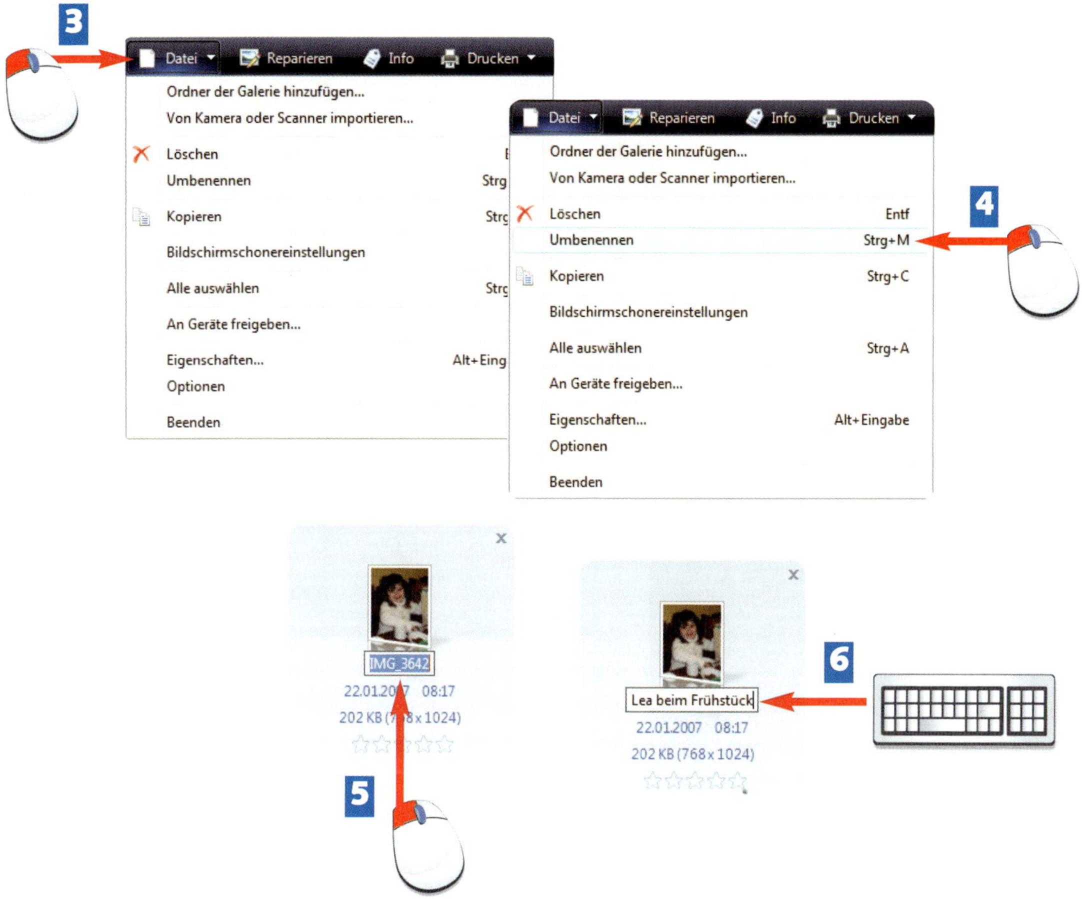

3 Markieren Sie ein Bild, das Sie umbenennen möchten. Klicken Sie auf *Datei*.

4 Wählen Sie aus dem Menü *Umbenennen*.

5 Das Bild erscheint in der rechten Fensterhälfte. Klicken Sie dort auf den Dateinamen.

6 Tippen Sie den Namen Ihrer Wahl ein und drücken Sie zur Bestätigung auf ⏎.

Ende

Wer für die Fotogalerie und ihre Sortierfunktionen noch genauere Einstellungen vornehmen möchte, der klickt auf *Datei/Optionen*.

HINWEIS

Ein Bild ist nicht gelungen? Dann löschen Sie es doch einfach mit einem Klick auf das rote X!

TIPP

Blitzlichtaugen blitzschnell verschwinden lassen

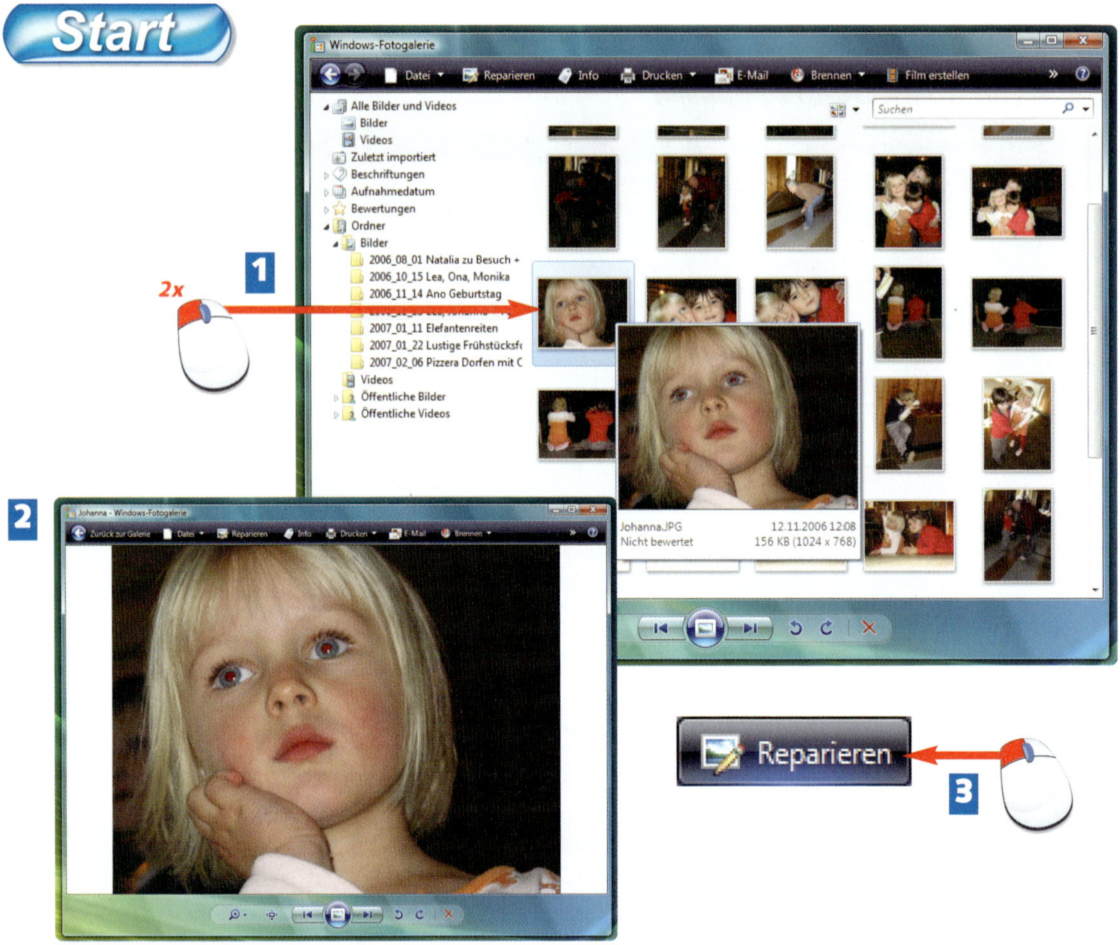

1 Doppelklicken Sie auf das Foto, das Sie bearbeiten möchten.

2 Das ausgewählte Bild zeigt sich in seiner vollen Größe. Die anderen Bilder werden ausgeblendet.

3 Klicken Sie in der Menüleiste auf *Reparieren*.

Viele Fotobearbeitungsprogramme bieten inzwischen die Möglichkeit an, rote Augen ganz leicht zu entfernen. Aber warum erst mit einem anderen Programm vertraut machen, wenn es in der Fotogalerie ebenfalls so spielend leicht funktioniert?

WISSEN

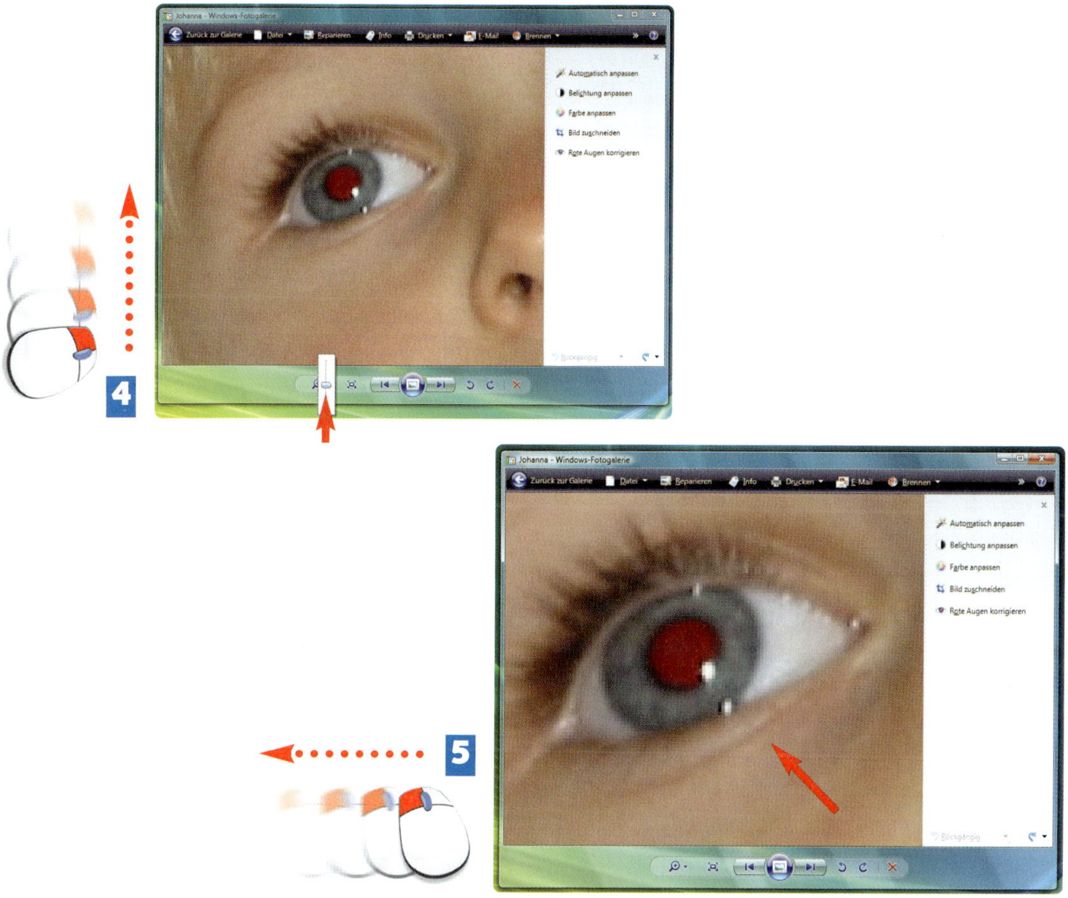

4 Vergrößern Sie die Ansicht eines Auges so groß wie möglich. Ziehen Sie an dem Schieberegler der Lupe.

5 Bewegen Sie die Maus in das Bild, bis eine Hand erscheint, und ziehen Sie bei gedrückter linker Maustaste das Auge so in den Ausschnitt, dass Sie es gut bearbeiten können.

Wer Fotos in ein anderes Bildformat umwandeln möchte, muss leider immer noch zu einem Fotobearbeitungsprogramm greifen: Günstige und leistungsstarke Programme hierfür sind zum Beispiel: PaintShopPro, Photoshop Elements oder Gimp.

HINWEIS

Vergrößern Sie erst Ihr Bild und bearbeiten Sie anschließend die roten Augen. Andernfalls ziehen Sie immer einen Bearbeitungsrahmen, ob Sie wollen oder nicht.

TIPP

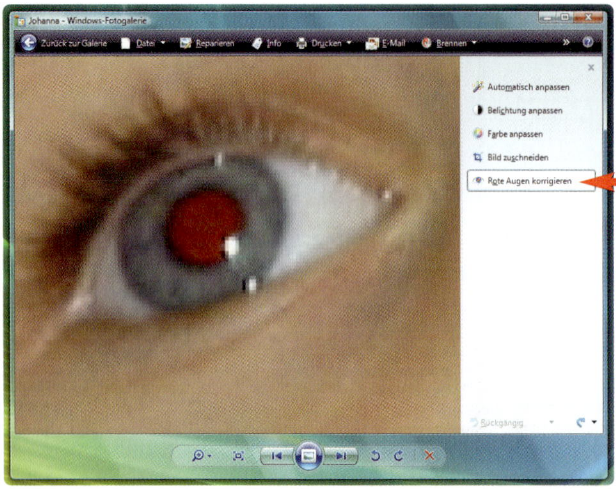

6

7

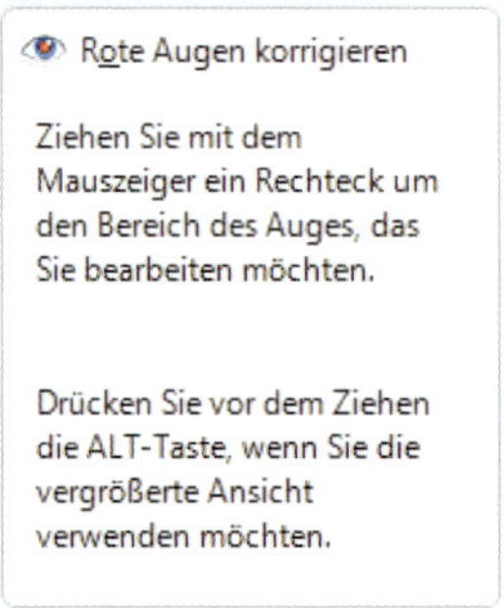

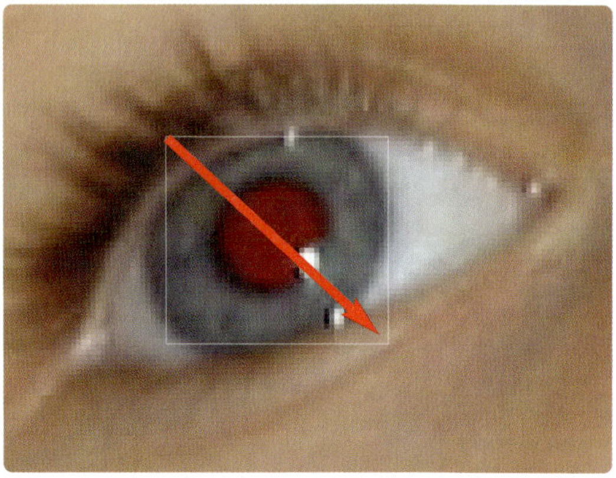

8

6 Klicken Sie jetzt auf *Rote Augen korrigieren.*

7 Im Prinzip steht die Erklärung, wie es weitergeht, schon im aufgeklappten Menü.

8 Ziehen Sie mit gedrückter linker Maustaste ein Rechteck über das rote Auge.

Rote Augen entstehen immer dann, wenn Sie mit einem Blitz arbeiten und das Umgebungslicht nicht stark genug ist, um das Motiv ausreichend zu beleuchten. Das Blitzlicht wird von der Netzhaut, die stark durchblutet ist, reflektiert. Deshalb entsteht die rote Farbe in den Augen auf Ihren Fotos.

WISSEN

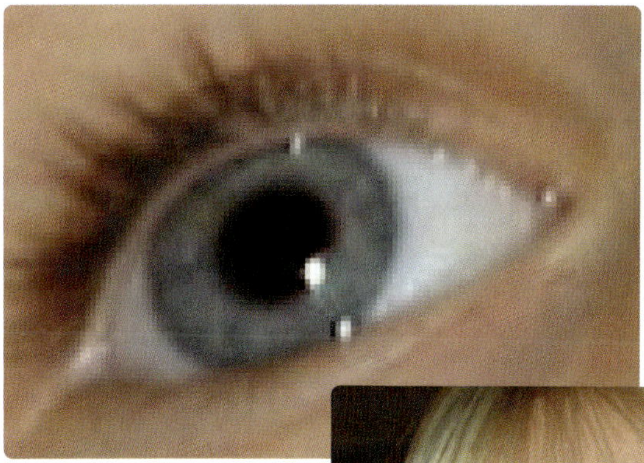

9

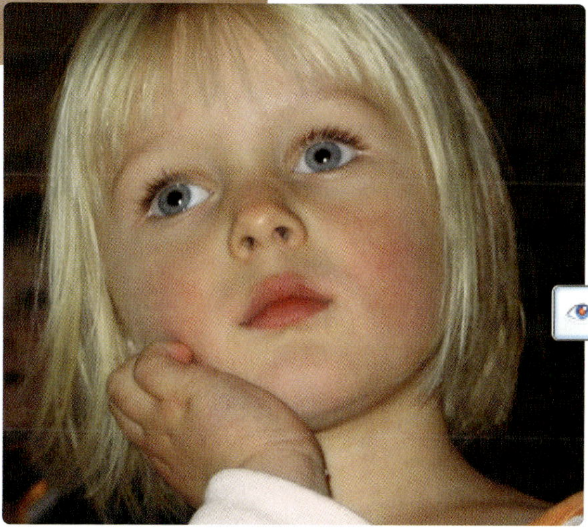

10

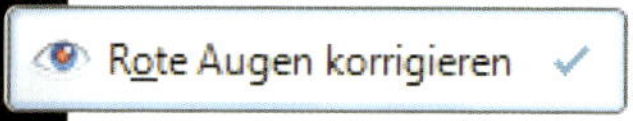

11

9 Sofort verschwindet die rote Färbung.

10 Wiederholen Sie den letzten Arbeitsschritt für das andere Auge. Perfekt!

11 Schließen Sie das Menü, indem Sie wieder auf *Rote Augen korrigieren* klicken. Das Häkchen zeigt Ihnen an, dass die roten Augen korrigiert wurden.

Ende

In der Tierfotografie lassen sich „Rote Augen" nicht so leicht bearbeiten, denn sie reflektieren nicht Rot, sondern andere Farben.

HINWEIS

Lasche Farben etwas auffrischen

Start

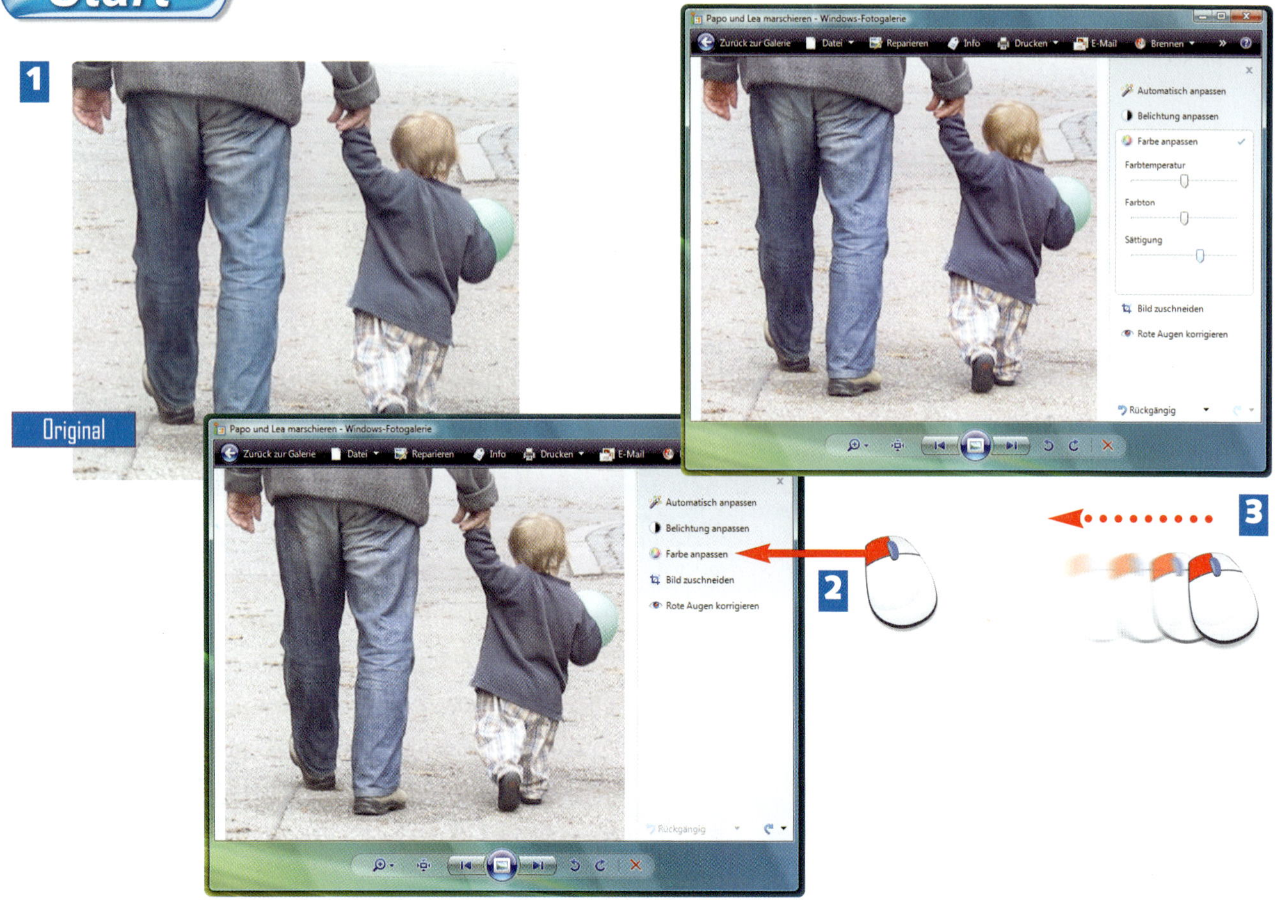

1 Hier das Originalbild mit sehr laschen und langweiligen Farben.

2 Doppelklicken Sie auf das Foto und klicken Sie anschließend auf *Reparieren*. Wählen Sie hier *Farben anpassen.*

3 Ziehen Sie an den Schiebereglern für *Farbtemperatur, Farbton* und *Sättigung*.

In der Fotogalerie finden Sie das Werkzeug *Automatisch anpassen.* Hierbei wird das Foto automatisch korrigiert. Mir persönlich gefallen die Ergebnisse nicht so gut. Deshalb bevorzuge ich die Einstellungen *Belichtung anpassen* und *Farbe anpassen.* Probieren Sie es trotzdem aus, das Ergebnis der Korrektur kommt auch stark auf das Motiv an.

WISSEN

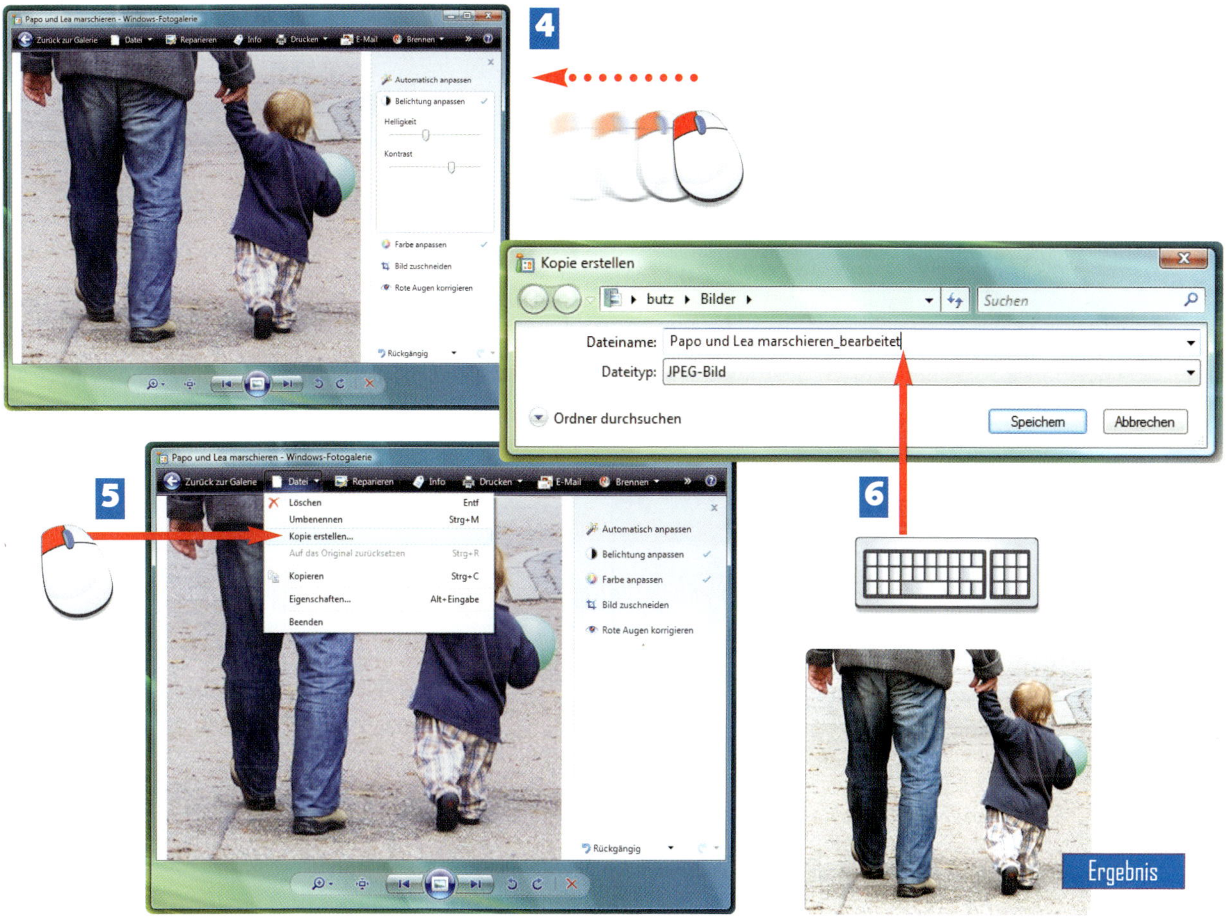

4 Wenn das noch nicht genügt, dann klicken Sie auf *Belichtung anpassen* und verschieben die Regler *Helligkeit und Kontrast* entsprechend.

5 Um das Originalbild zu behalten, klicken Sie auf *Datei/Kopie erstellen*.

6 Kennzeichnen Sie im folgenden Dialog, dass Ihr Foto bearbeitet ist (hier: mit dem Zusatz *_bearbeitet*).

Ende

HINWEIS

Das bearbeitete Bild finden Sie in der Fotogalerie nicht mehr unter dem ursprünglichen Aufnahmedatum, sondern an dem Tag, an dem Sie es bearbeitet haben.

HINWEIS

Mit *Rückgängig* löschen Sie Ihre Bearbeitungsschritte.

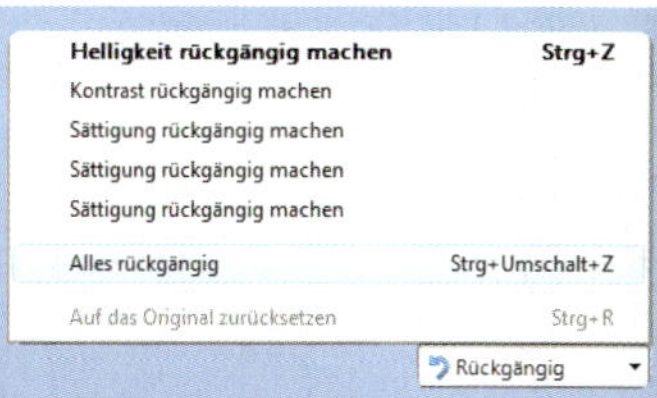

Schnipp, schnapp: Fotos ausschneiden

Start

1

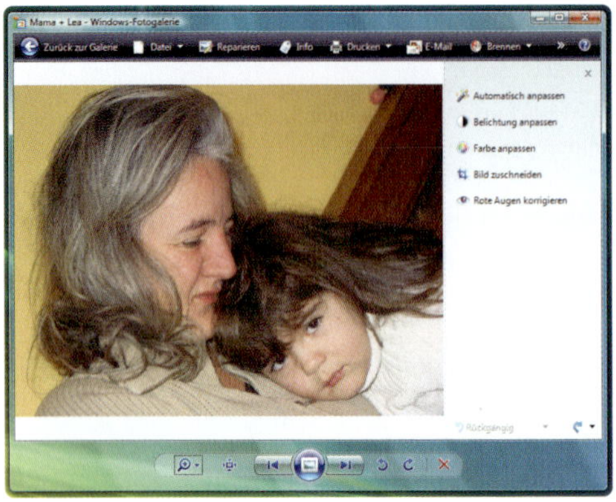

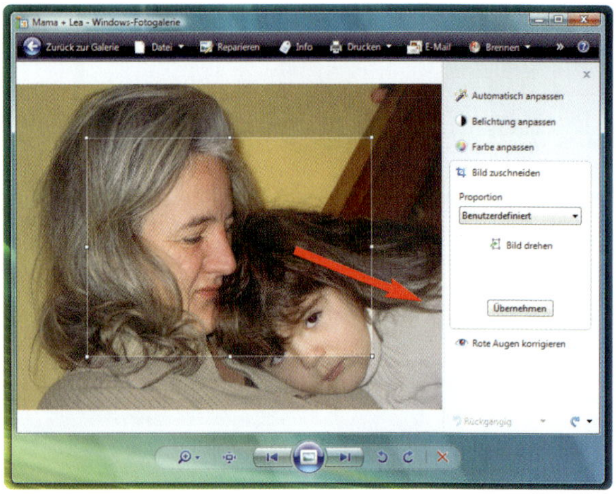

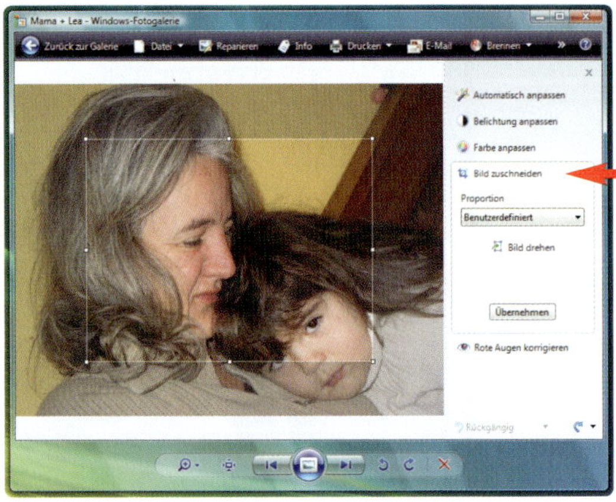

2

3

1 Doppelklicken Sie auf das Bild, das Sie ausschneiden möchten, und klicken Sie anschließend auf *Reparieren*.

2 Aktivieren Sie *Bild zuschneiden*.

3 Ein Rahmen setzt sich auf das Bild. Bewegen Sie den Mauszeiger in den Rahmen und ziehen Sie ihn bei gedrückter linker Maustaste an die richtige Position.

Die Oma, der Opa, die Mama, der Papa, irgendjemand oder irgendetwas stört das schöne Bild, das Sie geschossen haben. Macht nichts, mit der Funktion *Bild zuschneiden* in der Fotogalerie schneiden Sie störende Elemente wie mit der Schere einfach weg.

WISSEN

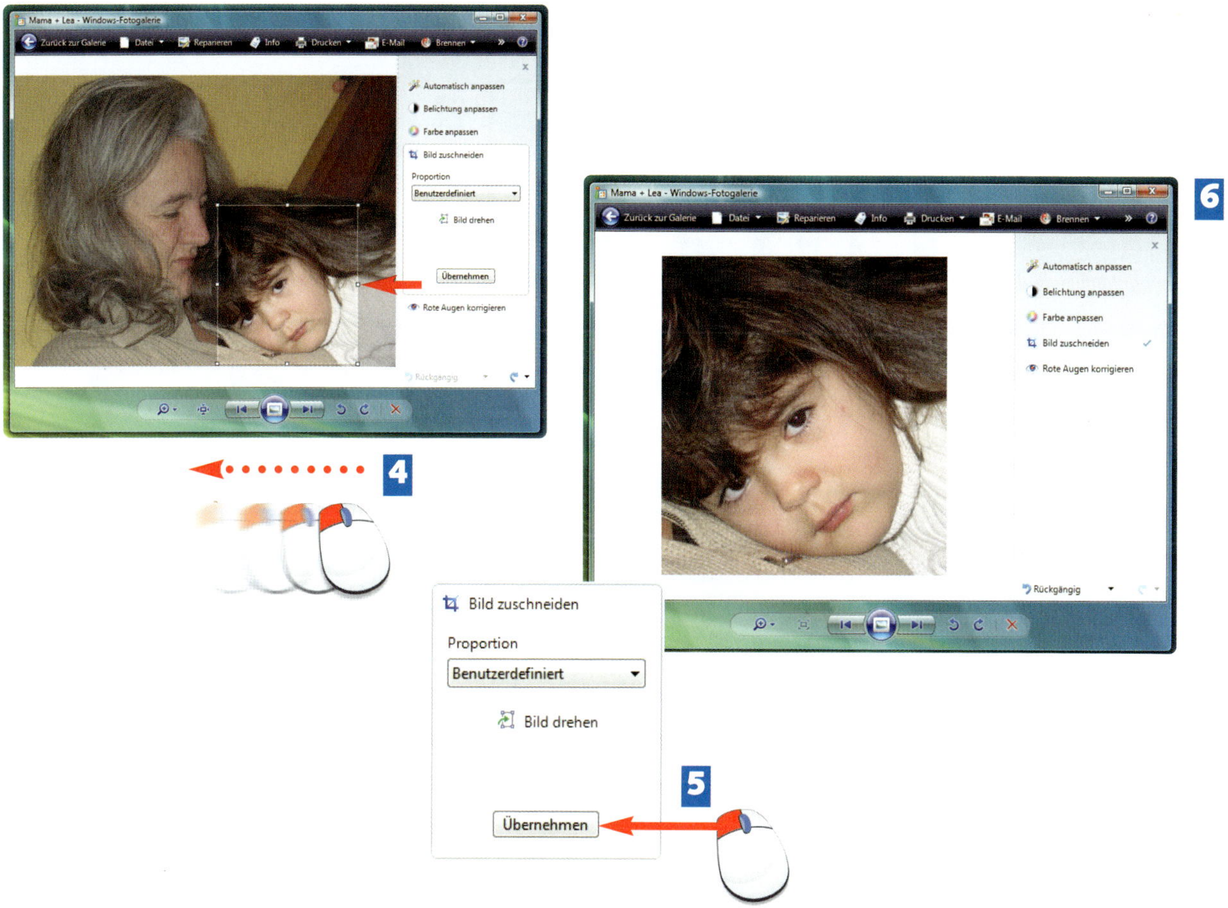

4 Packen Sie einen der kleinen Markierungspunkte mit gedrückter linker Maustaste und ziehen Sie den Rahmen in die richtige Breite bzw. Höhe.

5 Klicken Sie auf *Übernehmen*.

6 So könnte beispielsweise das ausgeschnittene Bild aussehen. Gefällt es Ihnen nicht, dann klicken Sie auf *Rückgängig*.

Ende

TIPP

Bevor Sie ein Bild ausschneiden, erstellen Sie eine Kopie über *Datei/Kopie erstellen.*

HINWEIS

Wenn Sie auf *Zurück zur Galerie* klicken, wird Ihr Bildausschnitt gespeichert. Dann gibt es kein *Zurück* mehr.

Start

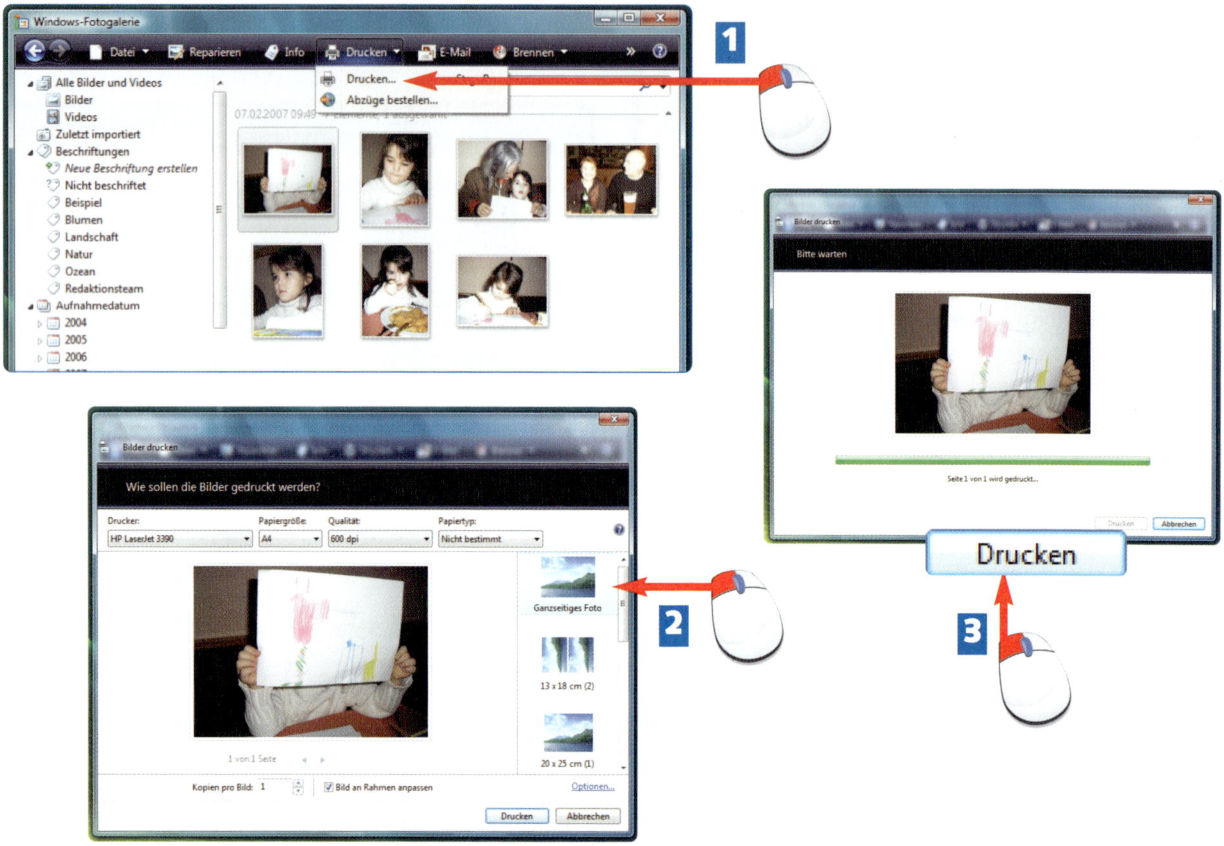

1 Markieren Sie das Bild, das Sie drucken möchten, und klicken Sie auf *Drucken/Drucken.*

2 Wählen Sie im folgenden Dialog die Größe aus, mit der Sie das Bild drucken möchten (hier: *Ganzseitiges Foto*).

3 Bestätigen Sie mit *Drucken.*

Es lohnt sich, die Preise der Fotolabors zu vergleichen. Teilweise schwanken die Preise enorm.
Unter folgenden Internetadressen vergleichen Sie schnell die Preise:
www.bilder-dienste.de
www.billige-fotos.de

WISSEN

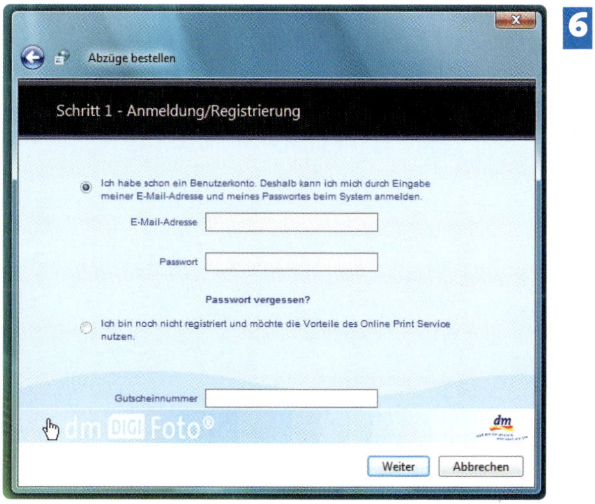

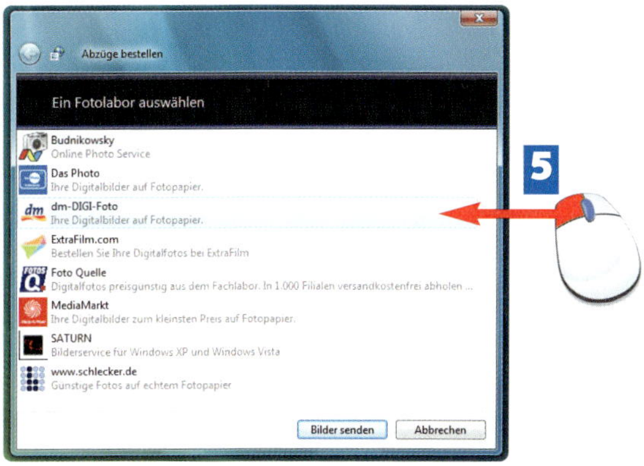

4 Oder Sie bestellen sich Abzüge von Ihren Fotos. Markieren Sie sie und wählen Sie *Drucken/Abzüge bestellen.*

5 Wählen Sie eines der Fotolabore aus und klicken Sie auf *Bilder senden.*

6 Anschließend werden Sie nach Ihren Daten gefragt. Lassen Sie sich registrieren und folgen Sie den Anweisungen des Fotolabors.

Ende

HINWEIS

Die Bilder werden Ihnen vom Fotolabor in der Regel zugeschickt. Wie Sie bezahlen, hängt vom jeweiligen Fotolabor ab.

HINWEIS

Wer sich einmal registrieren lässt, muss dies kein zweites Mal tun. Mit den entsprechenden Zugangsdaten können Sie sofort Ihre Bilder online bestellen.

14

Die angesagtesten Websites

Start

1 *www.adac.de:* Der ADAC bietet tolle Infos zu den Themen Verkehr, Sicherheitstraining, Reise, Kraftstoffpreise und noch viel, viel mehr.

2 *www.autobild.de:* AUTO BILD ist nicht nur als Zeitschrift erhältlich, sondern auch als Website abrufbar.

3 *www.autoscout24.de:* Über AUTO SCOUT 24 finden Sie schnell ein gebrauchtes oder neues Auto. Natürlich können Sie auch Ihr altes anbieten.

Warum nicht? Aus dem Internet schnell und bequem mit den richtigen Websites wichtige Infos ziehen. Beispielsweise die Route planen, sein Auto verkaufen oder die billigste Tankstelle im Umkreis ausfindig machen.

WISSEN

4 *www.radarfalle.de:* Lassen Sie sich beim zu schnell Fahren nicht erwischen, lieber sehen Sie bei Radarfalle nach, wo der graue Kamerakasten steht.

5 *www.map24.de:* Planen Sie Ihre Route mit map24, schnell und einfach.

6 *www.clever-tanken.de:* Suchen Sie in Ihrem Umkreis nach der billigsten Tankstelle.

Ende

Sie wohnen in einer größeren Stadt und haben keine Lust, ein eigenes Auto zu fahren? Dann mieten Sie eines, nur wenn Sie es brauchen: www.stattauto.de

HINWEIS

Weitere interessante Infos rund ums Auto finden Sie unter:
www.carsharing.de
www.reifendirekt.de
www.tuev.de
www.strafzettel.de

HINWEIS

Start

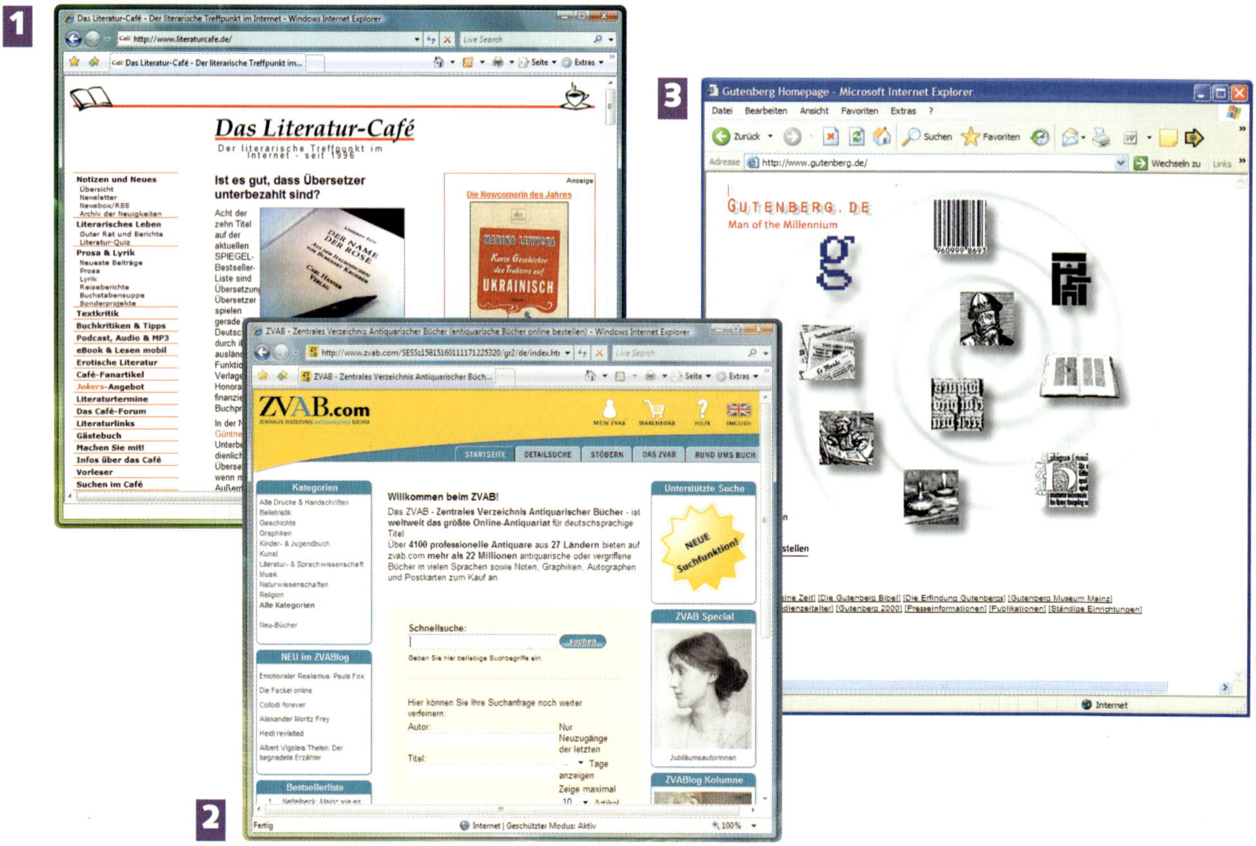

1 *www.literaturcafe.de:* Die Seite für den Nachwuchs. Selbstgeschriebenes können Sie hier veröffentlichen.

2 *www.zvab.com:* Für alle, die's gerne alt mögen! Sie finden in diesem Internet-Basar eine Menge gebrauchte und antiquarische Bücher.

3 *www.gutenberg.de:* Johannes Gutenberg ist ins Netz gewandert. Der Besucher hat die Möglichkeit, in einem riesigen Klassikerfundus zu stöbern.

Zugegeben, im Buchladen um die Ecke war das Bücherschmökern romantischer. Aber auf der Suche nach einem bestimmten Buch oder zum sofortigen Lesen einer Buchrezension ist das Internet schon viel schneller und praktischer.

WISSEN

4 *www.buecher.de:* Weitaus mehr als nur Bücher finden Sie auf der Website buecher.de, zum Beispiel Software, Spiele, Filme, Hörbücher usw.

5 *www.buch.de:* Bücher über Bücher. Schlaues, Unterhaltsames, Wissenswertes, Billiges. Dort werden Sie sicher fündig.

6 *www.amazon.de:* Die Website gibt's schon lange. Inzwischen bietet sie auch Musik und DVDs an.

Ende

Weitere gute Websites zum Thema Bücher finden Sie unter:
www.bol.de
www.infoball.de
www.geldbuch.de
www.bod.de

HINWEIS

Start

1

2

3

1 *www.machs-richtig.de:* Auf der Suche nach dem Traumjob? Das Angebot der Bundesagentur für Arbeit richtet sich an jüngere Jobsuchende.

2 *www.jobline.de:* Mit zusätzlichen Specials, wie zum Beispiel einer regionalen Jobsuche, wartet die Website auf und vereinfacht so für den Bewerber die Suche.

3 *www.jobfair24.de:* Deckt alles ab, vom „normalen“ Arbeitsplatz bis hin zu Diplomanden- und Praktika-Stellen.

Jobsuche, keine einfache Sache heutzutage. Trotzdem gibt's gerade im Internet jede Menge Websites mit vielen Jobangeboten.
Übrigens, nicht nur die Suche nach Jobs steht hier im Vordergrund. Ihre eigene Anzeige lässt sich ebenfalls auf den Websites schalten.

WISSEN

4 5 6

4 *www.nebenjob.de:* Wie der Name der Website schon sagt, es geht um Nebenjobs. Und das nicht zu knapp. Hier finden Sie tausend Ideen für Nebenjobs.

5 *www.stellenmarkt.de:* Ein komfortabler Service. Der kostenlose E-Mail-Service erspart viel Recherchearbeit.

6 *www.worldwidejobs.de:* Ein reichliches Jobangebot über den ganzen Planeten verteilt.

Ende

Weitere Websites zum Thema Jobs & Karriere finden Sie unter:
www.karriere.de
www.studienwahl.de
www.bankjob.de
www.freiberufler.de

HINWEIS

Start

1 *www.airline-direct.de:* Hier ist kein Reisebüro mehr nötig. Sie können alles von A bis Z selbst buchen.

2 *www.lastminute.de:* Buchstäblich im letzten Moment eine Reise buchen, dem Alltag doch noch schnell entfliehen mit lastminute.

3 *www.reiseplanung.de:* Möchten Sie eine Reise oder Rundreise selber planen, dann sind Sie hier richtig.

Gerade Fernweh bekommen? Dann nichts wie rein ins Internet und durch die Urlaubsländer surfen. Vielleicht ist ja das ein oder andere Angebot für Sie dabei.

WISSEN

4 *www.bahn.de:* Sie möchten mit dem Zug verreisen? Dann durchforsten Sie die Website von der Deutschen Bahn.

5 *www.mitfahrzentrale.de:* Nach der Registrierung können Sie eine Mitfahrgelegenheit anbieten oder danach suchen.

6 *www.fahrrad-tour.de:* Tolle Fahrradtouren finden Sie auf dieser Website.

Ende

Noch mehr zum Thema Reisen und Services finden Sie unter:
www.ltu.de
www.lufthansa.de
www.ruf.de
www.traveloverland.de

HINWEIS

Start

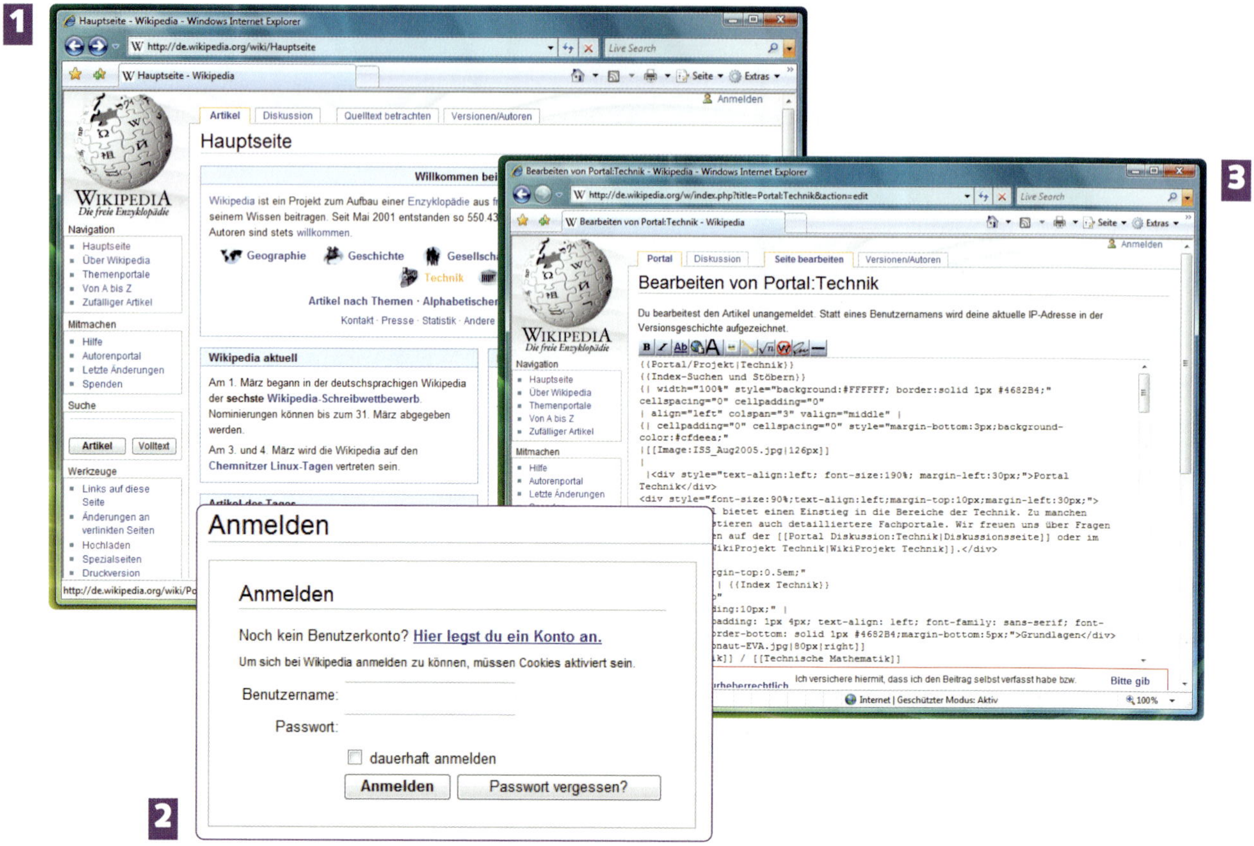

1 *www.wikipedia.de* ist inzwischen eine der bekanntesten „Mitmach"-Websites. Es handelt sich um eine Enzyklopädie, in der die Einträge von den Nutzern gepflegt werden.

2 Wenn Sie selbst einen Eintrag vornehmen oder bearbeiten möchten, müssen Sie sich vorher *Anmelden.*

3 Klicken Sie auf *Seite bearbeiten,* um beispielsweise Korrekturen vorzunehmen.

Mitmachen ist die neue Devise im Internet: „Web 2.0"-Websites ermöglichen dem Nutzer Internetseiten selbst zu gestalten und zu beseelen. Unentwegt können neue Inhalte geschaffen werden, wie z.B. Weblogs schreiben, Fotos in Online-Alben stellen, gemeinsam Artikel verfassen, interessante Links austauschen usw.

WISSEN

4

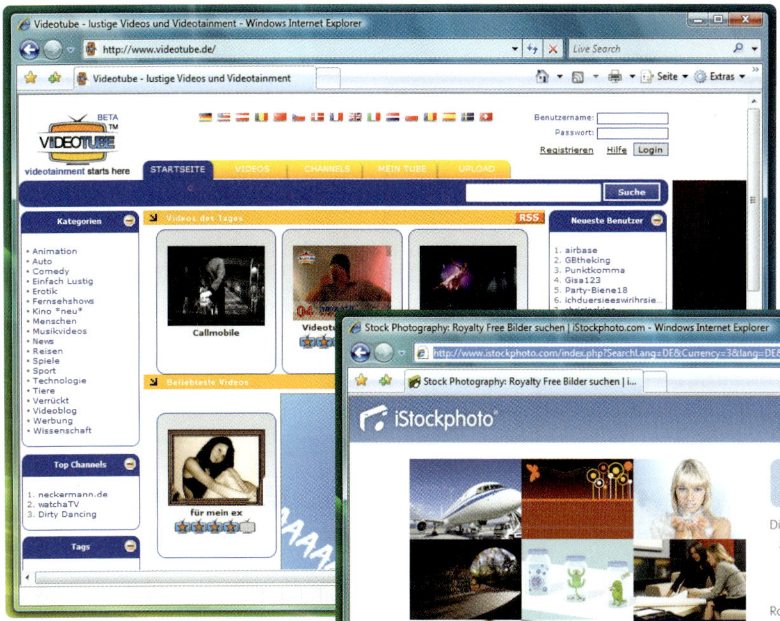

5

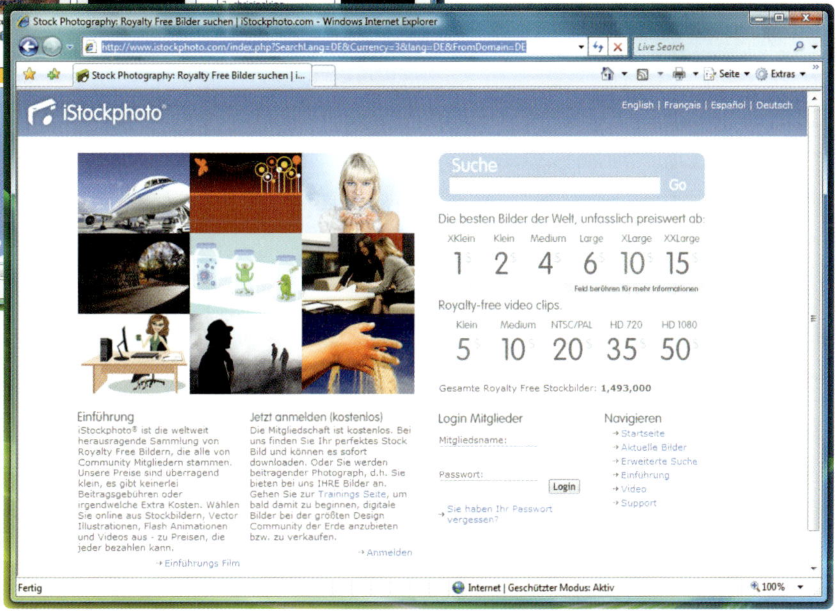

4 *www.youtube.de:* Erst registrieren und einloggen, dann kanns losgehen. Animationen, Spiele, Musikvideos usw. können Sie anschauen, spielen und hören oder selbst auf die Internetseite stellen.

5 *www.istockphoto.de:* Tolle Idee! Hier können Sie Fotos kaufen oder verkaufen, also auf der Website einstellen: Beides ist möglich.

Ende

Bevor Sie bei diesen Websites mitmachen dürfen, müssen Sie sich registrieren und einloggen!

HINWEIS

Web 2.0 ist der Oberbegriff für interaktive Techniken und Dienste im Internet. Der Begriff wurde durch den O'Reilly-Verlag ins Leben gerufen.

FACHWORT

Ein **Weblog** (engl. Wortkreuzung aus Web und Log), oder **Blog**, ist ein digitales Tagebuch, das am Computer geschrieben und im World Wide Web veröffentlicht wird.

FACHWORT

Start

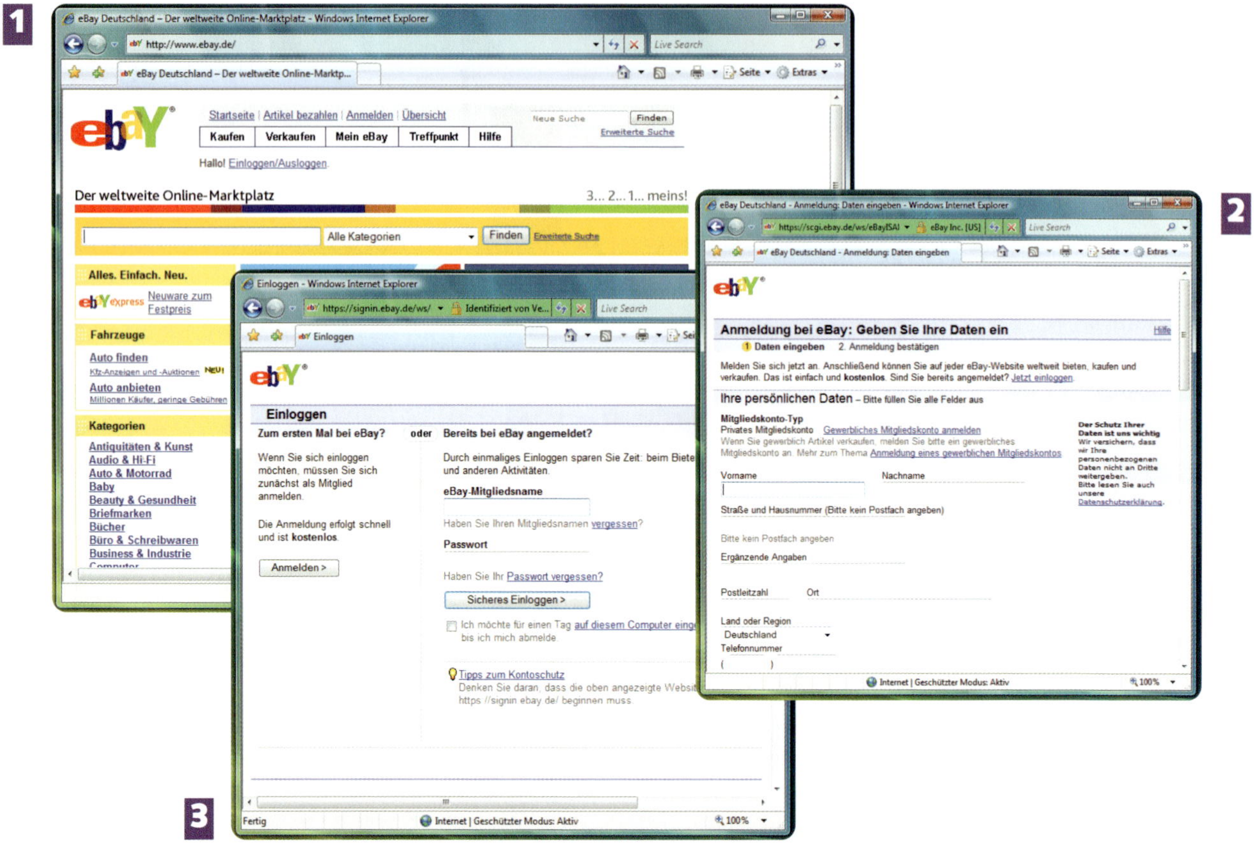

1 *www.ebay.de:* Die Adresse im Internet, um alles Mögliche zu Kaufen oder Verkaufen.

2 Bevor es losgeht, müssen Sie sich anmelden. Dazu geben Sie Ihre persönlichen Daten, einen Mitgliedsnamen und ein Passwort ein.

3 Oder Sie loggen sich ein, wenn Sie die Anmeldeprozedur schon hinter sich haben.

eBay ist das weltweit größte Internetauktionshaus. Im September 1995 wurde eBay von Pierre Omidyar in Kalifornien gegründet. Im Laufe der Zeit hat sich eBay vom Flohmarkt zu einer professionellen Plattform für Käufer und Verkäufer entwickelt. Sowohl private als auch gewerbliche Anbieter können eBay nutzen.

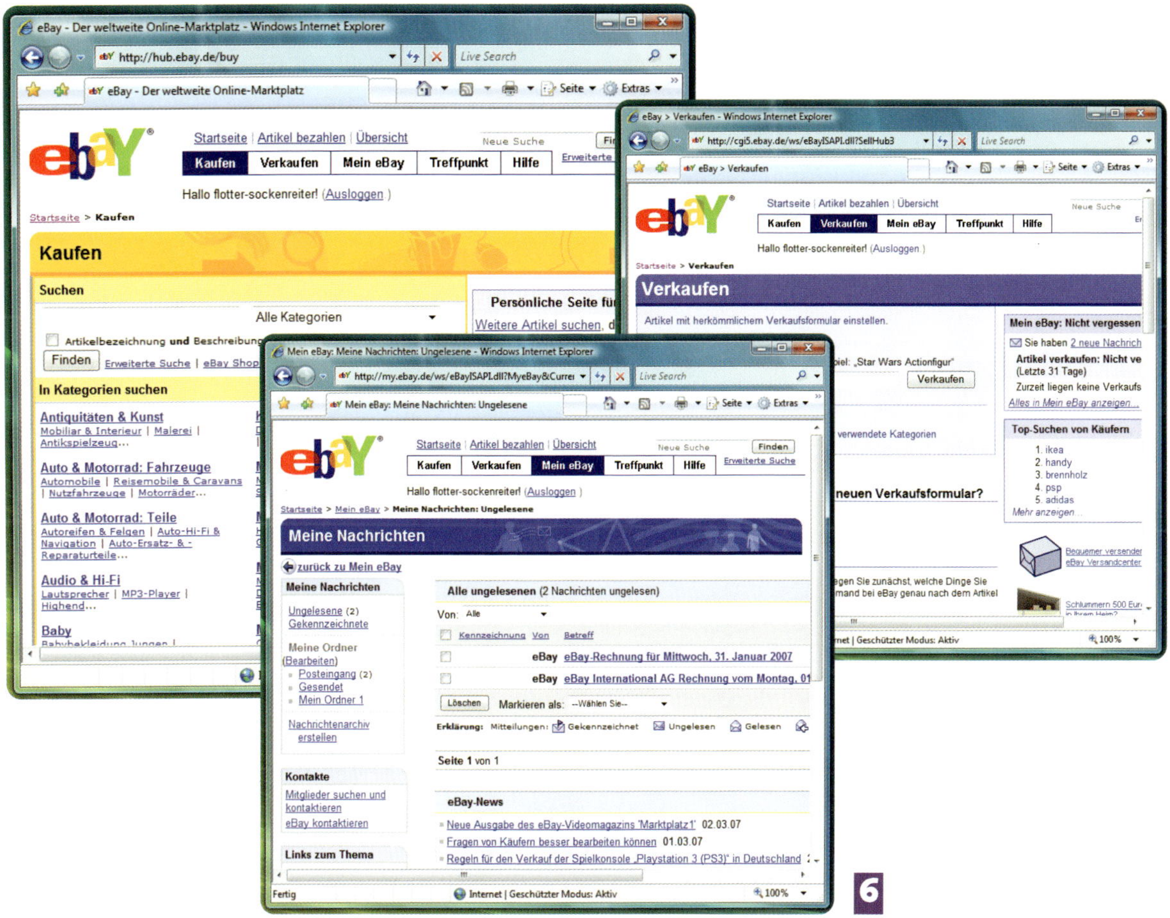

4 Über einen Klick auf *Kaufen* erhalten Sie alles „Kaufbare" nach Themen bzw. Kategorien geordnet. Oder Sie geben in das Suchenfeld ein, nach welchem Artikel Sie suchen.

5 Mit Klick auf *Verkaufen* landen Sie auf der Seite, auf der Sie Ihre Artikel in eBay einstellen können.

6 Über *Mein eBay* verwalten Sie Ihre Einkäufe und Verkäufe, sowie Ihre E-Mails, Bewertungen usw.

Ende

(Ausloggen)

Nicht vergessen! Sind Sie mit Ihren Einkäufen fertig, dann loggen Sie sich aus.

HINWEIS

Um die Privatsphäre zu schützen, verwenden die eBay-Mitglieder Fantasienamen. Erst nach einem abgeschlossenen Geschäft wird der richtige Name preisgegeben.

HINWEIS

Lexikon

Absatz

Sie erzeugen einen Absatz, wenn Sie beim Tippen die [↵]-Taste drücken, egal, ob das nach einem Wort, einer Zeile oder mehreren Zeilen stattfindet.

Account

Ein Account ist eine durch Name und Kennwort gesicherte Zugangsberechtigung, zum Beispiel die Zugangsberechtigung zu Ihrem E-Mail-Konto.

Auflösung

Die Auflösung eines Bildes bzw. Fotos wird in dpi (dots per inch, zu Deutsch: Pixel pro Zoll) angegeben. Eine hohe Auflösung steht für bessere Qualität als eine niedrige Auflösung.

Aufrüsten

Einen Computer aufrüsten bedeutet, nach einiger Zeit zusätzliche Komponenten einzubauen, zum Beispiel den Arbeitsspeicher zu erweitern.

Betriebssystem

Das Betriebssystem ist die grafische Oberfläche. Es ermöglicht Ihnen, mit dem Computer zu kommunizieren: Befehle entgegenzunehmen und zu erteilen.

Bildlaufleiste

Mit den Bildlaufleisten können Sie den Inhalt eines Fensters nach oben, unten, links oder rechts schieben.

Bildschirm

Flachbildschirme (TFT) stellen ihr Bild über eine LCD-Anzeige dar. Die „normalen" Monitore (CRT) funktionieren über eine Bildschirmröhre.

BMP

BMP-Bilder oder Bitmap-Bilder bestehen aus einzelnen Punkten, die Pixel genannt werden. Jedes Pixel erhält eine eigene Farbe, sodass ein Bild entsteht.

Browser

Den Internet Explorer bezeichnet man als Browser, mit dessen Hilfe Sie Internetseiten anschauen und bedienen können.

CD

Wenn Sie eine CD als Speichermedium nutzen wollen, dann ziehen Sie einfach die zu sichernden Dateien auf das CD- oder DVD-Laufwerkssymbol. Der Windows-Assistent zum Brennen meldet sich automatisch.

Cursor

Der Cursor ist der kleine blinkende Strich. Wenn Sie eine Taste auf der Tastatur drücken, erscheint an dieser Stelle das entsprechende Zeichen.

Datei

Eine Datei enthält vielerlei Daten (Informationen), die unter einem Namen auf der Festplatte gespeichert und von Windows verwaltet werden.

Desktop

Der Desktop (zu deutsch Schreibtisch) ist einfach die Oberfläche, die Sie nach dem Start des Computers sehen.

Druckdatei

Statt die Datei (z.B. Word-Dokument) auf den Drucker zu schicken, wird eine Datei erstellt und auf dem Rechner gespeichert. Diese Dateien erhalten die Endung *ps* oder *prn*.

Drucker (Standarddrucker)

Sind mehrere Drucker installiert, ist ein Drucker als Standarddrucker (mit Häkchen) definiert. Ohne Aufforderung drucken Sie automatisch mit dem Standarddrucker.

Druckertreiber

Als Druckertreiber wird die Software bezeichnet, die nötig ist, damit der Drucker Bilder und Texte ausdruckt. Ohne ihn würde der PC den Drucker nicht verstehen.

E-Mail

Als E-Mail wird in der Computersprache ein digitaler Brief bezeichnet. Über das Internet lassen sich solche Briefe wunderbar hin- und herschicken.

Festplatte

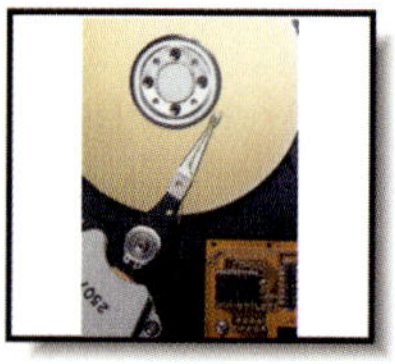

Die Festplatte besteht aus beschichteten Magnetscheiben. Mithilfe der Lese-Schreib-Köpfe werden die Daten auf die Festplatte geschrieben oder gelesen.

Format

Eine Datei speichert der Computer in einem bestimmten Format ab. Dahinter versteckt sich eine Verschlüsselung. MP3 ist zum Beispiel ein Musik-Dateiformat.

Formatieren (Text)

Formatieren bedeutet in der Computersprache nichts anderes als Gestalten. Unterstreichen Sie Text, formatieren Sie ihn.

FreeMail

FreeMail bedeutet, dass Sie sich eine kostenlose E-Mail-Adresse eingerichtet haben, über die Sie Ihre E-Mails verschicken und empfangen.

Freeware

Freeware sind Programme, die Sie kostenlos aus dem Internet holen und nutzen können. Es werden keine Gebühren fällig.

Hardware

Als Hardware bezeichnet man alle festen Bauteile des Computers, also alles, was Sie anfassen können. Die Tastatur und der Drucker gehören übrigens auch dazu.

Herunterfahren

Den Computer muss man ordnungsgemäß herunterfahren, sonst ist er nicht in der Lage, seine Daten auf die Festplatte zu speichern.

Icon

Icon kommt aus dem Englischen und bedeutet in der Computerfachsprache Symbol.

Internetportal

Eine Ansammlung von Internetseiten unter einem gemeinsamen Dach bezeichnet man als Portal oder Internetportal.

Kontextmenü

Wenn Sie mit der rechten Maustaste auf ein Element klicken, erscheint das Kontextmenü. Je nachdem, worauf Sie klicken, verändert das Kontextmenü seinen Inhalt.

Link

Ein Hyperlink oder Link ist ein Querverweis auf eine andere Datenquelle. Mit einem Klick auf einen Link landen Sie bei der neuen Webadresse.

Login

Mit Login ist der Verbindungsaufbau zu einem Netzwerk gemeint. Benutzerkennung und Passwort ermöglichen Ihnen zum Beispiel den Zutritt zu einem Onlinedienst.

Modem

Ein Modem oder die entsprechende Karte im Computer verbindet den Rechner mit dem Telefonnetz.

Navigieren

Navigieren bedeutet nichts anderes, als sich auf einer Website oder in einem Dokument fortzubewegen.

Netzwerk

Ein Netzwerk besteht aus vielen zusammengeschlossenen Rechnern. Es ist möglich, von einem Rechner auf den anderen zuzugreifen.

Optische Maus

Optische Mäuse nehmen die Bewegungen über ein Licht auf und verschmutzen nicht so schnell wie Mäuse, die auf einer Kugel gelagert sind.

Ordner

Die gelben aufgeklappten Symbole sind Ordner. Sie sind vergleichbar mit Schachteln oder Ordnern in Ihrem Schrank, in denen Sie Ihre Dokumente aufbewahren.

PDF

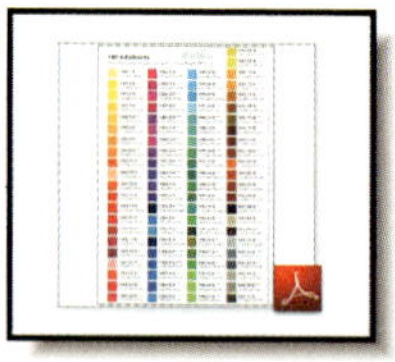

PDF bedeutet Portable Document Format (zu Deutsch: Portables Dokumentformat). Eigentlich ist das die Dateinamenserweiterung der Acrobat-Dateien.

PostScript

PostScript ist eine Seitenbeschreibungssprache. Um mit PostScript erstellte Seiten auszudrucken, braucht man einen PostScript-Drucker.

Provider

Ein Provider ist ein Dienstleistungsunternehmen: Es stellt Ihnen die Verbindung über die Telefonleitung zum Internet gegen eine Gebühr zur Verfügung.

Readme-Datei

Nach einer Programminstallation wird die sogenannte Readme-Datei aufgerufen. Sie enthält zusätzliche Informationen über das gerade installierte Programm.

Seitenrand

Der Seitenrand ist der Bereich, der nicht bedruckt wird. Er wird vom Blattrand oben, links, rechts und unten gemessen.

Setup

Das Installationsprogramm für eine bestimmte Software (zum Beispiel Paint Shop Pro) wird als Setup bezeichnet.

Shareware

Als Shareware wird Software bezeichnet, die für einen gewissen Zeitraum kostenlos getestet und anschließend für einen relativ geringen Preis erworben werden kann.

Sonderzeichen

Es gibt viele Zeichen, die Sie nicht auf der Tastatur finden. Diese Zeichen bezeichnet man als Sonderzeichen.

Soundkarte

Die Soundkarte produziert Sound und Musik. Über die angeschlossenen Lautsprecher hören Sie den Sound.

Spam-Mail

Eine lästige Angelegenheit: Spam-Mails. Das sind unverlangt zugesandte Werbe-E-Mails.

Spyware

Spyware ist Software, die sich ohne Zustimmung des Anwenders auf dessen Rechner selbst installiert und verschlüsselte Daten an den Hersteller sendet.

Synchronisieren

Beim Synchronisieren werden Daten zwischen zwei Geräten (z.B. Handy und Computer) automatisch verglichen und anschließend aktualisiert.

Taskleiste

Die Leiste ganz unten am Bildschirm, die Sie nach einem Systemstart sehen, wird Taskleiste genannt.

Titelleiste

Die blaue Leiste ganz oben in jedem Fenster heißt Titelleiste. Hier zeigt Windows an, in welchem Fenster Sie sich gerade befinden.

Touchpad

Ein Touchpad ist eine sensible Fläche auf einem Notebook, auf der Sie mit den Fingern den Mauszeiger/Cursor auf dem Bildschirm bewegen.

Treiber

Der Treiber ist eine Software, der die Steuerung für das angeschlossene Gerät an den Computer übernimmt, zum Beispiel für einen Drucker.

Update

Mit einem Update verbessert ein Hersteller immer wieder seine Software. Der Anwender hat die Möglichkeit, sich die Updates kostenlos aus dem Internet zu holen.

USB

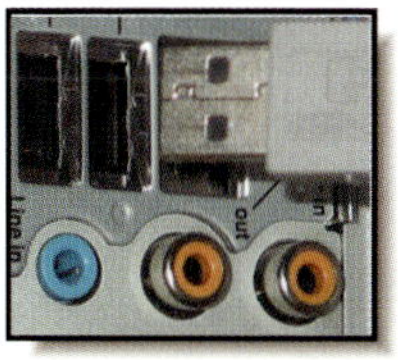

An eine USB-Schnittstelle (Universal Serial Bus) können Sie im Gegensatz zu den anderen Anschlüssen jedes Gerät anschließen.

Virus

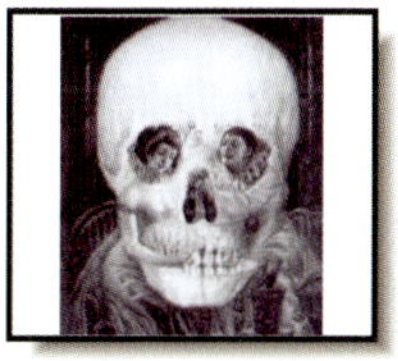

Programm, das Sie über E-Mails oder im Internet aufschnappen und Schaden auf Ihrem Rechner anrichtet. Nur durch Antivirenprogramme können Sie sich davor schützen.

Website

Eine Website besteht aus einzelnen Seiten, die miteinander verknüpft sind. Eine Präsentation im Internet umfasst mehrere Seiten, die man Webseiten nennt.

Zeilenumbruch

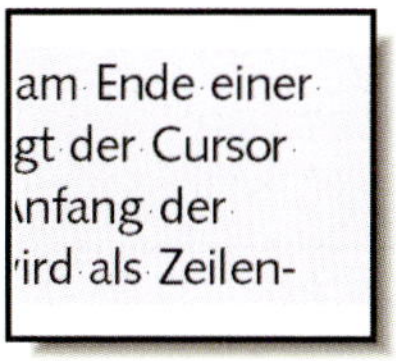

Sind Sie beim Tippen am Ende einer Zeile angelangt, springt der Cursor automatisch an den Anfang der nächsten Zeile. Das wird als Zeilenumbruch bezeichnet.

Zwischenablage

Mit den Befehlen *Bearbeiten/Kopieren* oder *Bearbeiten/Ausschneiden* legen Sie zuvor markierten Text in die Zwischenablage.